普通高等院校经济管理类"十三五"应用型规划教材

【金融系列】

商业银行会计

主编 王海霞 范淑芳

机械工业出版社
CHINA MACHINE PRESS

图书在版编目（CIP）数据

商业银行会计 / 王海霞，范淑芳主编 . —北京：机械工业出版社，2019.7（2024.6 重印）
（普通高等院校经济管理类"十三五"应用型规划教材 · 金融系列）

ISBN 978-7-111-63242-9

I. 商⋯　II. ①王⋯　②范⋯　III. 商业银行 - 银行会计 - 高等学校 - 教材　IV. F830.42

中国版本图书馆 CIP 数据核字（2019）第 142769 号

本书是一本系统介绍商业银行会计理论与实务的教材，内容可分为六大部分（共十四章）。第一部分为基础理论与实务（第一章和第二章），第二部分为商业银行的日常会计业务（第三章到第九章），第三部分为商业银行的其他重要资产业务（第十章和第十一章），第四部分为所有者权益（第十二章），第五部分为财务损益，即收入、费用与利润（第十三章），第六部分为财务会计报告（第十四章）。本书在每一章都以实际业务为例讲解会计核算，并在章末设计了形式多样的思考练习题，如重要概念、思考题、单项选择题、多项选择题、判断题、核算题等。

本书突出会计准则的要求，体现了准则的新近变化，强调内容的实用性，注重业务的操作性，同时还具有一定的前沿性，可作为普通高等院校会计学或金融学专业银行会计课程的教材，也可作为金融机构的会计培训教材。

出版发行：机械工业出版社（北京市西城区百万庄大街 22 号　邮政编码：100037）
责任编辑：朱　妍　彭　箫　　　　　　　　　　责任校对：殷　虹
印　　刷：北京建宏印刷有限公司　　　　　　　版　　次：2024 年 6 月第 1 版第 5 次印刷
开　　本：170mm×242mm　1/16　　　　　　　印　　张：21
书　　号：ISBN 978-7-111-63242-9　　　　　　定　　价：45.00 元

客服电话：(010) 88361066　68326294

版权所有 · 侵权必究
封底无防伪标均为盗版

Preface·前言

商业银行会计历来都是许多财经类院校金融学或会计学专业的必修课程之一，其课程特点表现为：一是知识的复合性，有助于学生从会计的角度理解金融，或从金融的角度学习会计；二是知识的实践性，有助于院校培养应用型的专业人才。

本书基于课程的自身特点，经过近两年的精心编写才最终定稿，在编写中突出了以下几点：

第一，突出准则的要求。商业银行尽管有其业务的特殊性，但其会计业务终归要按照会计准则的要求来处理与列报。所以本书主要以财政部颁布的《企业会计准则——基本准则》为标准阐述银行会计业务，同时也兼顾中国人民银行等监管机构颁布的相关制度。

第二，体现制度的变化。2006年颁布的《企业会计准则——基本准则》是目前商业银行会计业务执行的主要依据。2014年、2017年《企业会计准则——基本准则》先后进行了较大的修改，以适应我国企业和资本市场发展的实际需要，实现我国企业会计准则与国际财务报告准则的持续趋同；同时"营改增"也在金融业全面执行。本书在编写中将变化了的相关制度均进行了全面反映。

第三，强调内容的实用。本书运用了大量的案例，以便将较为难懂的准则条款转化为易于理解的案例业务；同时每章都提供了类型多样的思考练习题，便于学生自测自查、夯实基础。

第四，注重实务操作。本书在相关章节设计了可供动手操作的案例及相应实训用凭证、账簿与报表等，为学生训练银行会计业务的基本技能提供了丰富的素材。

第五，反映理论的前沿。除了传统会计业务外，本书还介绍了商业银行金融衍生工具的一般会计核算，进一步体现了"创新性、国际化"的特点。

本书共分为十四章，由王海霞和范淑芳主编。其中第一章到第三章、第五章由范淑芳编写，第六章、第七章、第九章、第十章、第十三章、第十四章由王海霞编写,第四章由范淑芳和王海霞编写,第八章由范淑芳和红梅编写,第十一章由谢群和史明编写,第十二章由王海霞和霍晓荣编写。

  在本书编写过程中,编者借鉴、吸收了诸多国内外学者的会计理论研究和相关优秀教学成果,也得到许多金融工作者的指导,在此一并深表感谢。由于作者水平有限,书中难免存在疏漏之处,恳请读者不吝赐教。

编者

2019 年 7 月

Suggestion · 教学建议

本书内容是将会计理论运用到商业银行这一特殊企业而形成的，通过学习本课程，学生不仅可以夯实会计基础理论，而且可以从会计的视角全面、系统地认识商业银行的业务规律与一般流程，达成会计与金融知识的综合运用，进而有助于实现培养复合型人才的目标。

教学方式方法及手段建议

商业银行会计是一门实务性很强的学科，表现为会计准则在商业银行业务中的具体运用；同时在内容上还具有较强的综合性，表现为知识点涉及会计理论与实务、商业银行业务与经营、担保法、票据法等。为了使教学达到预期效果，建议教师在以课堂讲授为主的基础上，通过大量的案例业务练习强化学生对会计准则运用的理解；同时应安排一定的实训课时，训练学生对银行核算流程的认知、对一般会计方法的使用、对银行日常业务的合规性判断等，从而提高学生的会计核算能力、判断与分析能力及实务操作能力等。

学时分配建议（供参考）

章号	教学内容	学习要点	学时安排	备注
第一章	总论	中国商业银行体系概述	2	
		商业银行会计概述		
		商业银行会计的基本假设与会计基础		
		商业银行会计信息质量要求和会计要素		

（续）

章号	教学内容	学习要点	学时安排	备注
第二章	商业银行会计基本核算方法	会计科目	2	本章可安排实训课时
		记账方法		
		会计凭证		
		账务组织		
		财务会计报告		
第三章	存款业务	存款业务概述	4	本章可安排实训课时
		存款业务		
		存款利息		
第四章	贷款和贴现业务	贷款业务概述	6	
		贷款业务		
		贷款利息		
		票据贴现		
		贷款减值		
第五章	中间业务	中间业务概述	8	本章可安排实训课时
		票据业务		
		结算方式		
		银行卡业务		
		委托及代理业务		
第六章	衍生金融工具	衍生金融工具概述	2	本章适合金融学专业，其他专业可择机安排
		衍生金融工具的会计核算		
第七章	系统内资金汇划及清算	系统内资金汇划及清算概述	2	
		系统内资金汇划与清算日常业务		
第八章	金融机构往来业务	金融机构往来业务概述	2	
		商业银行与中国人民银行往来业务		
		商业银行往来业务		
第九章	外汇业务	外汇业务概述	6	
		货币兑换业务		
		外汇存贷款业务		
		外汇结算业务		
第十章	投资业务	以摊余成本计量的金融资产	4	本章适合会计学专业，其他专业可择机安排
		以公允价值计量且其变动计入其他综合收益的金融资产		
		以公允价值计量且其变动计入当期损益的金融资产		
		长期股权投资		
第十一章	其他资产业务	固定资产	2	
		无形资产		

（续）

章号	教学内容	学习要点	学时安排	备注
第十二章	所有者权益	所有者权益概述	2	
		实收资本		
		资本公积和其他综合收益		
		一般风险准备		
		留存收益		
第十三章	财务损益	收入与利得	2	
		费用与损失		
		利润		
第十四章	财务会计报告	财务会计报告概述	4	本章可安排实训课时
		资产负债表		
		利润表		
		现金流量表		
		所有者权益变动表		
		附注		
合计			48	

目录 · Contents

前言
教学建议

第一章 总论 1
  第一节 中国商业银行体系概述 1
  第二节 商业银行会计概述 4
  第三节 商业银行会计的基本假设与会计基础 7
  第四节 商业银行会计信息质量要求和会计要素 9

第二章 商业银行会计基本核算方法 15
  第一节 会计科目 15
  第二节 记账方法 21
  第三节 会计凭证 25
  第四节 账务组织 32
  第五节 财务会计报告 41

第三章 存款业务 47
  第一节 存款业务概述 47
  第二节 存款业务 52
  第三节 存款利息 62

第四章 贷款和贴现业务 74
  第一节 贷款业务概述 74

　　　　第二节　贷款业务　　　　　　　　　　77
　　　　第三节　贷款利息　　　　　　　　　　85
　　　　第四节　票据贴现　　　　　　　　　　88
　　　　第五节　贷款减值　　　　　　　　　　92

第五章　中间业务　　　　　　　　　　　　　102
　　　　第一节　中间业务概述　　　　　　　　102
　　　　第二节　票据业务　　　　　　　　　　106
　　　　第三节　结算方式　　　　　　　　　　127
　　　　第四节　银行卡业务　　　　　　　　　138
　　　　第五节　委托及代理业务　　　　　　　144

第六章　衍生金融工具　　　　　　　　　　　155
　　　　第一节　衍生金融工具概述　　　　　　155
　　　　第二节　衍生金融工具的会计核算　　　157

第七章　系统内资金汇划及清算　　　　　　　168
　　　　第一节　系统内资金汇划及清算概述　　168
　　　　第二节　系统内资金汇划与清算日常业务　172

第八章　金融机构往来业务　　　　　　　　　183
　　　　第一节　金融机构往来业务概述　　　　183
　　　　第二节　商业银行与中国人民银行往来业务　185
　　　　第三节　商业银行往来业务　　　　　　199

第九章　外汇业务　　　　　　　　　　　　　206
　　　　第一节　外汇业务概述　　　　　　　　206
　　　　第二节　货币兑换业务　　　　　　　　210
　　　　第三节　外汇存贷款业务　　　　　　　214
　　　　第四节　外汇结算业务　　　　　　　　222

第十章　投资业务 …… 237

- 第一节　以摊余成本计量的金融资产 …… 237
- 第二节　以公允价值计量且其变动计入其他综合收益的金融资产 …… 240
- 第三节　以公允价值计量且其变动计入当期损益的金融资产 …… 242
- 第四节　长期股权投资 …… 244

第十一章　其他资产业务 …… 254

- 第一节　固定资产 …… 254
- 第二节　无形资产 …… 262

第十二章　所有者权益 …… 271

- 第一节　所有者权益概述 …… 271
- 第二节　实收资本 …… 272
- 第三节　资本公积和其他综合收益 …… 273
- 第四节　一般风险准备 …… 275
- 第五节　留存收益 …… 276

第十三章　财务损益 …… 281

- 第一节　收入与利得 …… 281
- 第二节　费用与损失 …… 286
- 第三节　利润 …… 291

第十四章　财务会计报告 …… 299

- 第一节　财务会计报告概述 …… 299
- 第二节　资产负债表 …… 301
- 第三节　利润表 …… 307
- 第四节　现金流量表 …… 310
- 第五节　所有者权益变动表 …… 318
- 第六节　附注 …… 320

参考文献 …… 326

Chapter 1 第一章

总论

学习目标

1. 了解商业银行的性质和中国商业银行体系演变历程
2. 了解商业银行会计制度体系
3. 掌握商业银行会计的概念及其特点
4. 了解商业银行会计的基本假设与会计基础
5. 掌握商业银行会计信息质量要求和会计要素

第一节 中国商业银行体系概述

一、商业银行

商业银行是指依照《中华人民共和国商业银行法》和《中华人民共和国公司法》设立的吸收公众存款、发放贷款、办理结算等业务的企业法人。商业银行以安全性、流动性、效益性为经营原则,实行自主经营、自担风险、自负盈亏、自我约束。商业银行依法开展业务,不受任何单位和个人的干涉。商业银行以其全部法人财产独立承担民事责任。

商业银行可以经营下列部分或者全部业务:
(1) 吸收公众存款;
(2) 发放短期、中期和长期贷款;
(3) 办理国内外结算;
(4) 办理票据承兑与贴现;

(5) 发行金融债券；
(6) 代理发行、代理兑付、承销政府债券；
(7) 买卖政府债券、金融债券；
(8) 从事同业拆借；
(9) 买卖、代理买卖外汇；
(10) 从事银行卡业务；
(11) 提供信用证服务及担保；
(12) 代理收付款项及代理保险业务；
(13) 提供保管箱服务；
(14) 经国务院银行业监督管理机构批准的其他业务。

商业银行经营范围由商业银行章程规定，报国务院银行业监督管理机构批准。

二、中国商业银行体系演变历程

新中国成立后，中国银行业的演变随着经济体制的变革而呈现出显著的阶段性特点，大致可以划分为以下五个阶段。

第一阶段（1949～1978年）：改革前的这段时期我国实行的是社会主义计划经济体制，与此相适应，也就形成了"大一统"的一元银行体系。在高度集中的计划经济体制下，中国人民银行集中央银行和商业银行的作用于一身，既负责货币发行和金融管理，又具体从事各种业务经营，呈现出作用从属化、业务指令化、信用单一化的特点，非银行金融机构和金融市场等也就无从存在。

第二阶段（1979～1993年）：这一时期为金融改革的准备和起步阶段，各类银行陆续得以恢复或设立。1979年为适应农村改革需要，农业银行恢复设立，之后中国银行、建设银行、工商银行相继设立。四家银行的恢复成立或独立运营，构成了当时以产业分工为主要特征的四大专业银行机构。工商银行承办原来由中国人民银行办理的工商信贷和储蓄业务；农业银行负责统一管理支农资金，集中办理农村信贷，发展农村信贷业务；中国银行作为国家指定的外汇专业银行，统一经营和集中管理全国的外汇业务；建设银行除办理拨改贷外，还利用自己吸收的存款发放基本建设贷款，重点支持企业的挖潜改造工程，并发放城市综合开发和商品房建设贷款。1984年，中国人民银行停止经营商业银行业务，独立信贷管理和货币发行权，真正地开始行使中央银行的职能。从此，二元化的银行体系形成了。同时，一批具有现代企业特征的股份制商业银行也陆续设立，如交通银行、招商银行、中信实业银行（后更名为中信银行）、深圳发展银行（后更名为平安银行）、广东发展银行、光大银行等。股份制商业银行逐渐成为我国商业银行体系中一支富有活力的生力军，成为银行业乃至国民经济发展不可缺少的重要组成部分。另外，改革开放后出现的另一类银行业金融机构——城市信用社，在这一阶段经历了萌芽、壮大、整顿，逐步走向规范。

第三阶段（1994～2002年）：这一时期是银行体系走向市场化的转变与探索阶段，实现了由专业银行向商业银行的转变，具体表现在管理制度上的放权让利、银行间业务交叉的实行、竞争机制和市场机制的引入，风险、利润、成本等开始成为银行的关注点。1994年三家政策性银行成立，即国家开发银行、中国进出口银行和中国农业发展银行，将原有国有专业银行的政策性业务与商业性业务分离，使原有专业银行逐步转化为国有商业银行。1995年颁布《中华人民共和国商业银行法》，要求商业银行以"效益性、安全性、流动性"为经营原则（后修订为"安全性、流动性、效益性"），实行自主经营、自担风险、自负盈亏、自我约束，并逐步完善了银行资本金制度，实行商业银行资产负债比例管理、风险管理和加强内部控制的制度建设。1999年相继成立了信达、东方、长城、华融四家金融资产管理公司，接收从工、农、中、建剥离出来的约1.4万亿元的不良资产，以减轻国有商业银行的历史包袱、改善资产负债状况，为进一步改革发展创造了有利条件。这一在向金融体系市场化的转变过程中进行的卓有成效的探索，为原有金融体系逐步迈向现代市场化金融体系奠定了基础。同时，各地的城市商业银行在原城市信用社的基础上开始改造。

第四阶段（2003～2013年）：这一时期是银行业改革的深化时期，国有商业银行实现了由国有独资银行向国家控股的股份制商业银行的转变。经过政府注资、股份制改造、引进战略投资者等一系列准备，2005年10月27日，建设银行在香港主板挂牌上市（2007年9月，成功回归A股市场），2006年6月中国银行上市，同年10月工商银行实现A+H股同步上市，2010年6月，农业银行也实现了A+H股上市。同时，部分股份制商业银行、城市商业银行也实现了上市。2007年3月中国邮政储蓄银行在改革原有邮政储蓄管理体制基础上正式成立；同年，村镇银行开始纷纷设立，进一步丰富了银行业体系，也大大繁荣了农村金融市场。

第五阶段（2014年至今）：随着移动互联网的迅速发展，2014年我国互联网金融异军突起。而互联网银行就是借助现代数字通信、互联网、移动通信及物联网技术，通过云计算、大数据等方式，在线实现为客户提供存款、贷款、支付、结算、汇转、电子票证、电子信用、账户管理、货币互换、P2P金融、投资理财、金融信息等金融服务。我国首家互联网银行——微众银行2014年获批开业，与传统银行相比，该行没有设立物理柜台和网点，获客、风控、服务等业务均可以在移动App端完成，标志着一种新的银行业态已然成形，对未来传统银行业的商业模式、商业思维等都将产生深刻的影响。

第二节　商业银行会计概述

一、商业银行会计

商业银行作为经营货币资金的特殊企业，其会计仍然是企业财务会计的一个重要分支，是将会计学的基本原理和基本方法应用于商业银行的一门经济应用科学。概括地说，商业银行会计是以货币为主要计量单位，采用确认、计量、记录和报告等会计专门方法，对商业银行的经营活动进行全面、综合、系统、连续的核算和监督，并向有关各方提供会计信息的一种经济管理活动。

二、商业银行会计制度体系

商业银行虽然不同于一般的工商企业，但作为依法设立的企业法人，在会计核算中同样要遵循企业会计制度。目前，商业银行遵循的会计制度体系主要包括会计法律、会计行政法规和会计规章三个层次。

（一）会计法律

会计法律是指由全国人民代表大会及其常务委员会经过一定立法程序制定的有关会计工作的法律。1999年10月31日第九届全国人大常委会第十二次会议修订了《中华人民共和国会计法》。该法主要规定了会计工作的基本目的、会计管理权限、会计责任主体、会计核算和会计监督的基本要求、会计人员和会计机构的职责权限，并对会计法律责任做出了详细规定。这部法律是会计工作的基本法，是指导我国会计工作的最高准则。此外，由于商业银行处于全国的票据结算中心，1995年实施，后于2004年修订的《中华人民共和国票据法》也是商业银行会计部门办理业务时的重要法律依据。

（二）会计行政法规

会计行政法规是指由国务院制定发布或者国务院有关部门拟订经国务院批准发布的、调整经济生活中某些方面会计关系的法律规范，制定依据是《中华人民共和国会计法》。2001年起施行的《企业财务会计报告条例》就是属于这一层次的法律规范，其目的就是为了规范企业财务会计报告，保证财务会计报告的真实、完整。

（三）会计规章

会计规章是指由主管全国会计工作的行政部门——财政部门根据《中华人民共

和国会计法》制定发布的关于会计核算、会计监督、会计机构和会计人员以及会计工作管理的制度。它是国务院财政部门在其职权范围内依法制定、发布的会计方面的法律规范,包括各种会计规章和会计规范性文件。财政部于1992年公布了《企业会计准则——基本准则》,适用于设在中华人民共和国境内的所有企业;2006年发布了新的企业会计准则体系,包括1个基本准则、38个具体准则和应用指南等。为保持我国会计准则与国际财务报告准则的持续趋同,财政部于2014年正式修订了5项、新增了3项企业会计准则,发布了1项准则解释,并修改了《企业会计准则——基本准则》中关于公允价值计量的表述。这些准则中与银行业务关系最紧密、影响最大的主要有《企业会计准则第22号——金融工具确认和计量》《企业会计准则第23号——金融资产转移》《企业会计准则第24号——套期保值》《企业会计准则第37号——金融工具列报》以及其他准则,如《企业会计准则第8号——资产减值》《企业会计准则第13号——或有事项》《企业会计准则第18号——所得税》等涉及金融企业业务方面的规定。2017年同样出于与国际财务报告准则趋同的目的,财政部再次修订了第22号、23号、24号、37号、42号、16号及14号准则,并新增会计准则解释。

《会计基础工作规范》《会计档案管理办法》《会计从业资格管理办法》等也是银行会计必须遵循的规则。除此之外,中国人民银行制定的《支付结算办法》《支付结算会计核算手续》《票据管理实施办法》和《银行会计基本规范指导意见》也是商业银行会计工作的重要依据。

三、商业银行会计的特点

商业银行会计作为会计体系中的一种专业会计,除具有会计的共性之外,在会计核算的内容、方法和程序等方面还独具特点,主要表现在以下几个方面。

(一)微观和宏观经济反映的双重性

银行会计核算面向全社会,面向国民经济各部门、各单位、各企业以及社会公众,会计数据除反映自身的财务状况与经营状况外,在微观上还可以反映一个部门、一个单位、一个企业,乃至每个人的经济活动情况。同时由于银行在国民经济中的特殊地位,商业银行通过系统内会计资料从下到上的逐级汇总,能够反映出一个地区、一个省乃至全国的经济活动情况,为宏观经济决策提供依据。因此,商业银行会计既反映微观经济活动,又反映宏观经济活动,具有双重性。

(二)会计核算与业务处理的统一性

在一般的工商企业,经济活动中的业务活动与会计(财务)活动在多数情况下是相分离的，业务活动由业务部门处理，财务活动由财会部门以货币形式集中反映。而在银行，由于其经营的商品自始至终表现为货币形式，作为处于银行业务活动第一线的会计部门，必然要对发生的业务或信息进行确认、计量、记录与报告，这个过程既是在进行会计核算，同时又是在处理银行业务。因此，商业银行的会计核算与业务处理具有统一性。

（三）监督和服务的兼容性

银行是国民经济的综合部门，是社会资金活动的枢纽，国民经济各部门、各单位、各企业经济活动都通过银行业务来办理，这就使银行成为全国范围的信贷中心、转账结算中心、现金出纳中心、外汇收支中心。正是这样的特殊地位，商业银行才能通过会计的基本职能，对各部门、各单位、各企业经济活动的合法性、合规性进行有效的监督。同时，银行又是国家第三产业的重要组成部分，属于服务行业，要履行优质文明高效服务的职责，全心全意为客户服务。这就使得商业银行会计既发挥监督作用，又执行服务职能，具有监督和服务的兼容性职能。

（四）会计处理的及时性

会计处理的及时性是商业银行会计比其他专业会计更为突出的要求。虽然所有企业、事业单位都要求账务处理都必须遵循及时性原则，但其他行业会计处理的及时程度与严格性，大多还弱于银行会计。这是客户对银行服务的要求，同时也是银行加强内部管理和提高竞争力的需要。主要表现在及时为客户办理支付结算、当日业务当日处理完毕、在核对当日账务处理正确的基础上编制当日会计报表等方面。

（五）会计核算的电子网络化

会计网络化是基于互联网平台上的会计核算、财务管理在电子商务中的应用。在网络环境下，网络、通信与数据库等先进技术被用于会计信息的获取、加工、处理、传输、储存、应用。目前，不论是商业银行内部各分支机构之间，还是跨系统商业银行之间、商业银行与人民银行之间，通过天地对接、卫星传输等先进技术都建立了四通八达的电子联网系统，使得银行卡、网上支付等新型业务快速发展，既拓展了银行的业务，同时也对传统的会计业务提出了挑战。

（六）商业银行会计核算流程的特殊性

其他行业除了货币资金的周转外，还伴随着大量的物流，而商业银行是经营货币资金的特殊企业，其主要业务是货币资金流，而很少涉及物流；同时，银行会计的业务量远远多于其他行业，与外部企业、其他银行往来业务频繁等。这些特点决定了商业银行会计在科目设置、凭证编制、账务处理程序及具体业务上，都有别于其他行业的会计。如银行为适应业务需要和核算处理的要求，授权处理业务、广泛使用原始凭证代记账凭证、每日结账等。

第三节　商业银行会计的基本假设与会计基础

一、商业银行会计基本假设

会计的基本假设是企业会计确认、计量和报告的前提，是对会计核算所处时间、空间环境所做的合理设定。

会计核算所处的社会环境极为复杂且变化不定，在这种情况下，会计人员有必要对所处的环境做出判断，确定一些假设条件。只有做出了这些假设，会计核算才能得以正常进行。会计核算的假设条件是人们在长期会计实践中认识和总结形成的。会计基本假设包括会计主体、持续经营、会计分期和货币计量。

(一) 会计主体

会计主体是指企业会计确认、计量和报告的空间范围，是会计工作服务的特定单位或组织。

任何企业的活动都是社会化的经济活动，每一家企业总会与其他单位的经营活动相联系。因此，会计核算首先需要确定核算的范围，明确哪些经济活动应当予以确认、计量和报告，哪些经济活动不应包括在核算的范围内。在会计主体假设下，企业应当对本身发生的交易或事项进行确认、计量和报告，反映自身所从事的各项生产经营活动。明确会计主体，是开展会计工作的重要前提。

商业银行以总行或其分支机构为会计主体，对其经济活动进行确认、计量和报告。银行分支机构尽管不是法律主体，但却是会计主体。

(二) 持续经营

持续经营是指在可以预见的将来，某一企业将会按照当前的规模和状态继续经营下去，不会停业，也不会大规模削减业务。这是相对于不能持续经营而言的，即会计主体在可预见的未来不会破产。持续经营假设是对企业会计核算时间范围的界定。

企业会计核算中使用的一系列会计方法都是建立在持续经营前提的基础上的，如果不能持续经营，会计方法就应当变化。根据持续经营假设，会计原则应建立在非清算基础之上，从而解决了很多常见的资产计价和收益确定问题，同时也为流动资产和长期资产、流动负债和长期负债的划分提供了基础。然而，持续经营假设并不意味着企业将永久存在下去，亦非认为清算价值永远不被采用；而仅是表示企业可以存续到足以执行现有的计划，如购入的机器可用至该机器经济寿命终了时，以及完成应履行契约的责任。当有证据表明企业将不能继续存在下去时，会计人员应放弃持续经营假设而改用清算价格对资产和负债进行计量。

（三）会计分期

会计分期是指将企业持续不断的经营活动划分为一个个连续的、长短相等的期间。

会计分期的目的，是通过会计期间的划分将持续进行的生产经营活动划分成连续的、相等的期间，以结算各期账目、编制各期的会计报表，从而定时向财务报告使用者提供企业的财务状况、经营成果和现金流量等的相关会计信息。会计分期的前提是持续经营假设。根据持续经营假设，一家企业将会按照当前的规模和状态持续经营下去，会计分期可以将这个模糊的持续期间划分为连续的、相等的会计期间，于是才产生了前期、本期、未来期间之分，使不同类型的会计主体有了记账的时间基准，进而有了收付实现制与权责发生制之分；同时有了应收、应付、预收、预付、递延等会计处理方法。

会计期间分为年度、半年度、季度、月度，均按公历起讫日期确定。其中，半年度、季度、月度为会计中期。

（四）货币计量

货币计量是指会计主体在财务会计确认、计量和报告时以货币为计量尺度，反映会计主体的生产经营活动。

在商品经济社会，只有货币才是计量一切有价物的共同尺度，因此，货币成为会计核算的计量标准。商业银行的经营活动多数表现为资金运动，以货币计量是必然的，同时银行的房屋及其设备和其他财务也必须以货币作为计量单位。不过货币计量也有一定的缺陷。比如，货币计量实际上是假定货币的币值稳定不变，如果出现持续的恶性通货膨胀，货币计量这个前提就会受到破坏。另外，某些影响企业财务状况的和经营成果的因素（如经营战略、人力资源、市场竞争力等），往往难以用货币计量，但这些信息对于使用者决策也很重要。

商业银行的会计核算通常以人民币为记账本位币。在办理外汇业务的过程中，外汇分账制下也会以外币记账，但在编报的财务会计报告中要折算为人民币。我国在境外设立的商业银行向国内报送的财务会计报告，也应当折算为人民币。

二、商业银行会计基础

包括商业银行在内的企业会计的确认、计量和报告应当以权责发生制为基础。

权责发生制是指企业应当按照取得收入的权利和承担费用的责任来确认各项收入和费用的归属期,即凡是当期已经实现的收入和已经发生或应当负担的费用,不论款项是否收付,都应当作为当期的收入和费用;凡是不属于当期的收入和费用,即使款项已在当期收付,也不应当作为当期的收入和费用。

与权责发生制相对应的是收付实现制。收付实现制以收到或支付现金作为确认收入和费用的依据。

第四节 商业银行会计信息质量要求和会计要素

一、商业银行会计信息质量要求

会计信息质量要求是对企业财务报告中所提供会计信息质量的基本要求,是使财务报告中所提供会计信息对投资者等使用者决策有用应具备的基本特征,主要包括可靠性、相关性、可理解性、可比性、实质重于形式、重要性、谨慎性和及时性。

(一)可靠性

可靠性要求银行应当以实际发生的交易或者事项为依据进行会计确认、计量和报告,如实反映符合确认和计量要求的各项会计要素及其他相关信息,保证会计信息真实可靠、内容完整。

(二)相关性

相关性要求银行提供的会计信息应当与投资者等财务报告使用者的经济决策需要相关,有助于财务报告使用者对企业过去、现在或者未来的情况做出评价或者预测。

(三)可理解性

可理解性要求银行提供的会计信息应当清晰明了,便于投资者等财务报告使用者理解和使用。

(四)可比性

可比性要求银行提供的会计信息应当相互可比,具体包括下列要求。

(1)纵向可比,即同一家银行对于不同时期发生的相同或者相似的交易或者事项,应当采用一致的会计政策,不得随意变更。

(2)横向可比,即不同银行同一会计期间发生的相同或者相似的交易或者事项，应当采用规定的会计政策，确保会计信息口径一致、相互可比，即对于相同或者相似的交易或者事项，不同银行应当采用一致的会计政策，以使不同银行按照一致的确认、计量和报告基础提供有关会计信息。

（五）实质重于形式

实质重于形式要求银行应当按照交易或者事项的经济实质进行会计确认、计量和报告，不应仅以交易或者事项的法律形式为依据。如果银行仅仅以交易或者事项的法律形式为依据进行会计确认、计量和报告，那么就容易导致会计信息失真，无法如实反映经济现实和实际情况。

（六）重要性

重要性要求银行提供的会计信息应当反映与其财务状况、经营成果和现金流量有关的所有重要交易或者事项。

（七）谨慎性

谨慎性要求银行在对交易或者事项进行会计确认、计量和报告时，应当保持应有的谨慎，不应高估资产或者收益、低估负债或者费用。

（八）及时性

及时性要求银行对于已经发生的交易或者事项，应当及时进行确认、计量和报告，不得提前或者延后。

二、商业银行的会计要素

银行会计核算和监督的内容，也就是银行会计的对象，一般是指银行能以货币表现的经济活动，即银行的资金运动。银行会计要素是根据交易或者事项的经济特征所确定的银行会计对象的具体分类。银行会计要素按照其性质分为资产、负债、所有者权益、收入、费用和利润六类，其中，资产、负债、所有者权益要素侧重反映银行在某一时点上的财务状况，收入、费用和利润要素侧重反映银行在某一期间内的经营成果。

（一）资产

资产是指企业过去的交易或事项形成的，由企业拥有或者控制的，预期会给企业带来经济利益的资源。商业银行的资产可按流动性分为流动资产和非流动资产，其中流动资产主要有现金及银行存款、存放中央银行款项、短期贷款、交易性金融资产等；非流动资产（长期资产）主要有中长期贷款、长期股权投资、固定资产和无形资产等。

（二）负债

负债是指企业过去的交易或事项形成的，预期会导致经济利益流出企业的现时义务。商业银行的负债按照流动性，可分为流动负债和非流动负债。其中流动负债主要有短期存款、向中央银行借款、汇出汇款、应付款项、应交税费等；非流动负债主要有长期存款、长期借款、应付债券、长期应付款等。

（三）所有者权益

所有者权益是指资产扣除负债后，由所有者享有的剩余权益。所有者权益按照来源，主要包括所有者投入的资本、直接计入所有者权益的利得和损失、留存收益等。商业银行的所有者权益通常由实收资本（或股本）、资本公积、盈余公积、一般风险准备和未分配利润等组成。

（四）收入

收入是指企业在日常活动中所形成的，会导致所有者权益增加的，与所有者投入资本无关的经济利益的总流入。商业银行日常活动所取得的收入主要包括贷款利息收入、贴现利息收入、手续费及佣金收入和其他业务收入等。收入不包括为第三方或者客户代收的款项。

（五）费用

费用是指企业在日常活动中所发生的，会导致所有者权益减少的，与向所有者分配利润无关的经济利益的总流出。商业银行日常活动所发生的费用主要包括利息支出、手续费及佣金支出、业务及管理费、其他业务成本等。费用不包括为第三方或客户垫付的款项。

（六）利润

利润是指企业在一定会计期间的经营成果。利润包括收入减去费用后的净额、直接计入当期利润的利得和损失等。其中，收入减去费用后的净额反映企业日常经营活动的业绩；直接计入当期利润的利得和损失反映企业非日常活动的业绩。

思考练习题

一、重要概念

商业银行　会计假设　会计要素　权责发生制　可靠性　可比性　实质重于形式

谨慎性　资产　负债　所有者权益　收入　费用　利润

二、思考题

1. 简述银行会计的特征。
2. 说明银行会计基本假设各项内容的含义。
3. 如何理解银行会计核算基础？
4. 说明银行会计信息质量要求的各项内容。

三、单项选择题

1. 下列业务中，目前商业银行不能经营的是（　　）。
   A. 吸收公众存款　　　　　　　B. 发放贷款
   C. 办理国内外结算　　　　　　D. 从事股票投资业务
2. 商业银行会计核算与业务处理的统一性特点是由商业银行（　　）决定的。
   A. 经营商品的特殊性　　　　　B. 在国民经济中的特殊地位
   C. 第三产业特征　　　　　　　D. 客户的需求
3. 商业银行财务会计向外部提供的会计信息通常不包括（　　）。
   A. 财务状况信息　　　　　　　B. 经营成果信息
   C. 客户信息　　　　　　　　　D. 现金流量信息
4. 明确会计反映的特定对象，界定会计核算范围的基本假设是（　　）。
   A. 会计主体　　B. 持续经营　　C. 会计分期　　D. 货币计量
5. 形成权责发生制和收付实现制不同的记账基础，进而出现应收、应付、预收、预付、折旧、摊销等会计处理方法所依据的会计基本假设是（　　）。
   A. 会计主体　　B. 持续经营　　C. 会计分期　　D. 货币计量
6. 权责发生制会计基础要求商业银行对（　　）进行确认和计量。
   A. 资产和负债　　　　　　　　B. 本期实现的收入
   C. 所有者权益　　　　　　　　D. 前期发生或应负担的费用
7. 《企业会计准则——基本准则》规定"会计信息质量要求"的一般原则不包括（　　）。
   A. 相关性原则　　　　　　　　B. 可比性原则
   C. 历史成本原则　　　　　　　D. 实质重于形式原则
8. 根据《企业会计准则——基本准则》的规定，下列不属于会计信息质量要求内容的是（　　）。
   A. 企业应当按照交易或者事项的经济实质进行会计确认、计量和报告，不应仅以交易或者事项的法律形式为依据
   B. 企业提供的会计信息应当反映与企业财务状况、经营成果和现金流量等有关的所有重要交易或者事项
   C. 企业对交易或者事项进行会计确认、计量和报告应当保持应有的谨慎，不应高

估资产或者收益、低估负债或者费用

D. 企业应当以权责发生制为基础进行会计确认、计量和报告

9. 以下哪一项不属于商业银行的资产项目（　　）。

   A. 应收利息　　　B. 应付利息　　　C. 短期贷款　　　D. 长期股权投资

10. 某商业银行的所有者权益为 25 万元，即（　　）。

    A. 该企业的注册资本为 25 万元

    B. 该企业的净资产总额为 25 万元

    C. 该企业的全部投入资本为 25 万元

    D. 该企业的资产总额和权益总额均为 25 万元

四、多项选择题

1. 关于会计基本假设，下列说法中正确的有（　　）。

   A. 会计主体界定了会计确认、计量和报告的空间范围

   B. 持续经营和会计分期明确了会计核算的时间长度

   C. 会计分期有利于分期结算账目和编制财务报告

   D. 货币计量能够全面地反映会计主体的生产经营的业务收支等情况

2. 下列项目中，可以作为会计主体的是（　　）。

   A. 总行　　　B. 分行　　　C. 中心支行　　　D. 支行

3. 商业银行会计与一般工商企业会计相比，其特点是（　　）。

   A. 微观和宏观经济反映的双重性

   B. 会计核算与业务处理的统一性

   C. 监督和服务的兼容性

   D. 会计处理的及时性

4. 依据企业会计准则的规定，下列有关收入和利得的表述中，正确的有（　　）。

   A. 收入源于日常活动，利得源于非日常活动

   B. 收入会影响利润，利得不一定会影响利润

   C. 收入会导致经济利益的流入，利得不一定会导致经济利益的流入

   D. 收入会导致所有者权益的增加，利得不一定会导致所有者权益的增加

5. 下列各项中，属于反映商业银行经营成果的有（　　）。

   A. 收入　　　B. 费用　　　C. 利润　　　D. 存款

6. 负债具有的基本特征有（　　）。

   A. 负债是由现在的交易或事项引起的偿债义务

   B. 负债是由过去的交易或事项引起的现时义务

   C. 负债是由将来的交易或事项引起的偿债义务

   D. 负债会导致经济利益流出企业

7. 下列各项中，属于商业银行会计规章的有（　　）。
   A. 中华人民共和国会计法　　　　B. 企业财务报告条例
   C. 银行会计基本规范指导意见　　D. 企业会计准则
8. 下列项目中，属于商业银行所有者权益项目的有（　　）。
   A. 所有者投入的资本　　　　　　B. 一般风险准备
   C. 留存收益　　　　　　　　　　D. 应付职工薪酬

五、判断题

1. 会计信息质量的谨慎性要求，一般是指对可能发生的损失和费用应当合理预计，对可能实现的收益不预计，但对很可能实现的收益应当预计。（　　）
2. 无论在何种情况下，企业都应按照持续经营的基本假设选择会计核算的原则和方法。（　　）
3. 银行计划购买的短期政府债券可以确认为流动资产。（　　）
4. 如果某项资产不能再为企业带来经济利益，即使是由企业拥有或者控制的，也不能作为企业的资产在资产负债表中列示。（　　）
5. 企业在一定期间发生亏损，则企业在这一会计期间的所有者权益总额一定减少。（　　）
6. 财务报告包括财务报表和其他应当在财务报告中披露的相关信息和资料。（　　）
7. 由于有了会计分期假设，因此才出现了应收、应付、摊销等会计处理方法。（　　）
8. 企业宣告分派现金股利，能够引起负债和所有者权益同时变动。（　　）

Chapter 2 第二章

商业银行会计基本核算方法

学习目标

1. 了解会计科目的概念及其作用、会计科目代号与账户
2. 掌握商业银行会计科目的分类、体系结构
3. 了解银行记账方法的沿革
4. 掌握借贷记账法的主要内容及基本应用
5. 了解会计凭证的概念和作用与设置要求
6. 掌握银行会计凭证的种类、特点、基本内容及填制与审核要求
7. 掌握银行会计账务组织系统、账务处理程序和账务核对
8. 了解记账的一般规则及错账的冲正
9. 熟悉商业银行财务会计报告的种类及披露方式

第一节 会计科目

一、会计科目的概念及其作用

会计科目是按照经济内容对会计要素所做的进一步分类。银行会计科目是对银行各项业务和财务活动按照不同的经济特征进行分类的名称。它是总括反映、监督各项业务和财务活动的一种方法。银行会计科目贯穿于会计核算的始终,在会计核算体系中意义重大。

（一）连接核算方法的纽带

会计科目是经济业务分类的基础,是总括分类反映银行业务、财务活动的基

础。在会计核算中，从编制会计凭证、登记账簿，到编制会计报表都离不开会计科目。也就是说，会计科目将各种核算方法连接起来，形成一个有机的核算体系，确保会计核算科学有序地进行。因此，会计科目在会计核算中发挥着纽带的作用。

(二) 取得系统资料的保证

银行每天要办理数量众多、种类繁杂的经济业务，通过会计科目将这些错综复杂的经济业务加以归类整理，不仅可以保证会计核算工作有条不紊地进行，而且还是取得系统化会计核算资料的保证。

(三) 统一核算口径的基础

会计科目是区分经济业务的标志。因此，根据具有不同经济特征的经济业务，给予一定的名称、代号，规定一定的核算内容，便于银行各行处办理的众多业务按照相同口径进行归类核算，以便各行处都能取得统一口径的核算资料，为有关方面进行宏观、微观经济决策、预测服务。

二、会计科目的设置原则

银行会计科目在会计核算中起着重要的作用。为了充分发挥会计科目的作用，保证会计核算工作按照既定的目标进行，应科学、合理地设置会计科目。

(一) 按资金性质设置会计科目

银行会计的业务纷繁复杂，往往具有不同的性质、作用和管理要求，会计科目首先要按照六大会计要素对这些业务进行分类，将性质、具体内容相同的业务归为一类，设立一个会计科目。这样，凡是具备同类性质的业务都可以在这个科目下核算。

(二) 按业务特点设置会计科目

商业银行作为经营货币信用业务的特殊企业，与一般的工商企业在业务上存在显著差别，因此在遵循《企业会计准则——应用指南》规定的基础上，也应体现商业银行的业务特点。所以会计制度也允许银行根据其内部管理的不同需要灵活掌握，适当增加、减少或合并某些会计科目。比如商业银行可以根据业务经营的需要，设置有资产负债共同类会计科目，这是一般工商企业没有的。

另外，不同银行在设置会计科目时，还应考虑与会计科目的统一性和相对稳定性，以便于归类和汇总，满足宏观决策和管理的需要。

(三) 按核算需要设置会计科目

会计科目是经济业务分类的标志，设置科目应名称准确、含义确切、界限分明，以便于正确核算。另外，设置科目也应繁简适宜、多寡适中，既能满足会计核算的需要，又有利于减轻会计人员的工作负担。同时，设置会计科目还应与信贷、统计等部门的有关经济指标的口径尽量一致，以便相互联系、相互适应、相互衔接和相互利用。

（四）按"统一领导，分级管理"的原则设置会计科目

全国银行统一会计科目由财政部制定，各系统银行的会计科目由各自的总行制定，并应明确其与全国银行统一会计科目的归属。会计科目的名称、代号、核算内容、账务处理和排列次序由总行统一规定，修改和解释权归总行，所属行处只能遵照执行，无权随意合并、更改其内容。但考虑到各地区的具体情况不同，为了适应各地区的需要，省级分行可增设辖内专用会计科目，但上报会计报表时，应并入总行统一制定的有关会计科目内，以便统一归口管理。

三、会计科目体系

为了便于正确使用会计科目和适应管理工作的需要，对设置的会计科目还应进行科学的分类，即将统一制定的会计科目，按其性质和用途的不同，进行分类排列，使之构成一个完整的体系。

按照会计科目与资产负债表的关系，商业银行的会计科目分为表内科目与表外科目两大类，其中表内会计科目按照所反映的经济内容分类，分为资产类科目、负债类科目、资产负债共同类科目、所有者权益类科目和损益类科目。商业银行会计科目如表 2-1 所示。

表 2-1 商业银行会计科目表

代号	会计科目名称	代号	会计科目名称
	一、资产类	1304	贷款损失准备
1001	库存现金	1311	代理兑付证券
1002	银行存款	1321	代理业务资产
1003	存放中央银行款项	1431	贵金属
1011	存放同业	1441	抵债资产
1031	存放系统内款项	1501	债权投资
1101	交易性金融资产	1502	债权投资减值准备
1111	买入返售金融资产	1503	其他债权投资
1131	应收股利	1504	其他权益工具投资
1132	应收利息	1511	长期股权投资
1221	其他应收款	1512	长期股权投资减值准备
1301	贴现资产	1531	长期应收款
1302	拆出资金	1532	未实现融资收益
1303	贷款	1601	固定资产

(续)

代号	会计科目名称	代号	会计科目名称
1602	累计折旧		三、资产负债共同类
1603	固定资产减值准备	3001	清算资金往来
1604	在建工程	3002	货币兑换
1606	固定资产清理	3101	衍生工具
1701	无形资产	3201	套期工具
1702	累计摊销	3202	被套期项目
1703	无形资产减值准备		四、所有者权益类
1711	商誉	4001	实收资本
1801	长期待摊费用	4002	资本公积
1811	递延所得税资产	4101	盈余公积
1901	待处理财产损溢	4102	一般风险准备
2002	存入保证金	4103	本年利润
2003	拆入资金	4104	利润分配
2004	向中央银行借款	4201	库存股
2111	卖出回购金融资产款		其他综合收益
2211	应付职工薪酬		六、损益类
2221	应交税费	6011	利息收入
2231	应付利息	6021	手续费及佣金收入
2232	应付股利	6041	租赁收入
2241	其他应付款	6051	其他业务收入
2311	代理买卖证券款	6061	汇兑损益
2312	代理承销证券款	6101	公允价值变动损益
2313	代理兑付证券款	6111	投资收益
2314	代理业务负债	6301	营业外收入
2401	递延收益	6403	税金及附加
	二、负债类	6411	利息支出
2001	短期借款	6421	手续费及佣金支出
2011	吸收存款	6601	业务及管理费
2012	同业存放	6701	资产减值损失
2013	系统内款项存放	6711	营业外支出
2021	贴现负债	6801	所得税费用
2101	交易性金融负债	6901	以前年度损益调整
2501	长期借款		表外科目
2502	应付债券		应收未收利息
2701	长期应付款		重要空白凭证
2702	未确认融资费用		代保管有价值品
2801	预计负债		不可撤销贷款承诺
2901	递延所得税负债		银行承兑汇票
			开出保函

（一）表内科目

表内科目是反映银行资金实际增减变化的会计科目，其变动会影响会计报表的平衡。表内科目一般采用复式记账法记录。

1. 资产类科目

资产类科目反映银行的资金占用与分布情况，包括各种资产、债权和其他权利。设置如"库存现金""存放中央银行款项""贷款""固定资产"等科目。其中"贷款"科目是最重要的会计科目之一，在这个一级科目下设"短期贷款""中期贷款""长期贷款""抵押贷款""质押贷款""保证贷款"等二级科目。在实务中有的银行直接使用二级科目处理业务，在编制报表时一律并入"贷款"科目。

2. 负债类科目

负债类科目反映银行的资金取得与形成的渠道，包括各种债务、应付款项和其他应偿付的债务。银行的负债主要是其吸收的各种存款及借入款。如银行的"吸收存款"一级科目下设"单位活期存款""单位定期存款""活期储蓄存款""定期储蓄存款"等二级科目。在实务中有的银行直接使用二级科目处理业务，编制报表时一律并入"吸收存款"科目。

3. 资产负债共同类科目

商业银行出于业务需要，还设置了一类比较特殊的会计科目——资产负债共同类会计科目，用于各级联行往来和金融衍生业务。这类科目具有资产、负债双重性特点，余额没有确定的方向，借方余额表示债权，贷方余额则表示负债。

4. 所有者权益类科目

所有者权益类科目反映银行所有者权益增减变化及余额情况，包括"实收资本/股本""资本公积""盈余公积""一般风险准备""本年利润"和"未分配利润"等科目，一般都属于商业银行的核心一级资本。

5. 损益类科目

损益类科目反映银行业的财务收支及经营成果，包括银行的收入、支出和费用等科目。

（二）表外科目

表外科目是指不纳入资金负债表内，用以记载不涉及资金运动的重要业务事项的科目。这类业务不影响银行的实际资金增减变动，只表明银行对外承担了某种经济责任或拥有某种经济权利。如重要空白凭证、银行承兑汇票、不可撤销的贷款承诺、应收未收利息、理财产品等。

关于表外业务，《企业会计准则——基本准则》和《金融企业会计制度》都没有具体和统一的规范，而且各家商业银行实际开展的表外业务也不同，所以使用的会计科目也不同。表2-1列示了商业银行部分表外科目。在记账方法上，有的银行采用单式记账法，有的银行则采用借贷记账法。

四、会计科目代号与账户

（一）科目代号

会计科目代号是为了便于处理账务而对会计科目设置的代号。科目代号应严格按照规定的会计科目和核算内容使用。

科目代号的编排具有一定的规则。一级会计科目的代号，一般采用四位数字表示。第一位数字表示会计科目的类别，代表科目的资金性质，即1代表资产类科目；2代表负债类科目；3代表资产负债共同类科目；4代表所有者权益类科目；6代表损益类科目。第二位数字，表示大类下面的小类，业务性质相同的会计科目该位数字也相同。剩余两位为流水号，在第一位、第二位数字相同的情况下，需要以第三位依次排列各个会计科目。第二位小类的排列顺序是：资产类是按照变现能力大小排序；负债类是按照流动性大小排序；所有者权益类是按照转化为资本的能力大小排序。

二级会计科目的代号，一般采用六位编码，其中前四位为一级科目的代码，后两位为流水号。一般情况下，二级科目都是根据银行的需要来设置的。但无论一级科目、二级科目如何设置，其前提都必须要保证代码的唯一性。

同时，为便于会计科目的增减，一般情况下，代码要考虑到未来的扩展性，在编码时代码之间通常要留有一定的间隔。商业银行会计科目代号如表2-1所示。

（二）账户

账户是按照规定的会计科目开设的，具有一定的结构，用来连续、系统地记载各项经济业务的一种手段。

会计科目只是对核算的项目进行分类，本身并没有具化的格式，不能用来记录经济业务。因此，设置科目以后，还必须按照规定的会计科目开设一系列反映不同经济内容的账户，以对各项经济业务进行记录。比如，银行以"单位活期存款"为科目，为每个开户企业设立账户以记录客户的存款资金活动情况；以"短期贷款"为科目设立贷款账户，以记录客户的贷款情况（关于账户的具体内容见本章第四节）。可见，账户就是分类核算的载体，会计科目则是分类核算的依据。

第二节 记账方法

一、银行记账方法的沿革

记账方法是根据一定的原理和准则，采取一定的计量单位，利用一定的记账符号来记载经济业务的一种专门方法。它是随着会计的产生、发展而日臻完善的一种处理经济业务的特定技术方法。记账方法最初是单式记账法，后来逐步演变为复式记账法。记账方法在会计核算方法体系中占据重要地位。

从 1948 年 12 月中国人民银行成立以来，我国银行曾先后多次变更记账方法，但总的来说，是收付记账法与借贷记账法之间的变换。中国人民银行建行之初沿袭根据地银行的收付习惯，采用复式收付记账法。1949 年 11 月，中国人民银行在北京召开的第一次全国银行会计工作会议制定了全国银行统一会计制度，规定银行采用借贷记账法。1950 年又改用收付记账法。1954 年再次将收付记账法改为借贷记账法。1965 年又改为收付记账法，且称之为现金收付记账法。1979 年则改为资金收付记账法。而中国银行于 1981 年率先恢复采用了借贷记账法。随着经济、金融体制改革的进一步深化，银行会计制度也发生了重大变化，1993 年起全国银行系统全都恢复采用国际通用的借贷记账法。

二、借贷记账法的主要内容

借贷记账法是以"借""贷"为记账符号，以"资产＝负债＋所有者权益"的会计等式为理论依据，以"有借必有贷，借贷必相等"为记账规则的一种复式记账法。借贷记账法的主要内容为以下四个方面。

（一）记账原理

借贷记账法是以"资产＝负债＋所有者权益"的会计平衡公式为依据的。这一平衡公式，体现了银行的资产总额与负债和所有者权益总额之间数量上的平衡关系，是会计处理必须遵循的记账原理。

（二）记账符号

借贷记账法是以"借""贷"作为记账符号，反映资金增减变化情况的。因此，每一个会计科目所属账户的账页，都区分为借方、贷方和余额三个基本栏次，通常是借方在左，贷方在右，其中一方用以记录经济业务数额的增加，而另一方则用以记录经济业务数额的减少。究竟哪方记增加，哪方记减少，要根据其是什么性质的资金，应该记入什么性质的账户来确定。

（1）资产类账户。资产增加记借方，资产减少记贷方，余额在借方，表示期末资产的数额。期末余额的计算公式是：

期末借方余额＝期初借方余额＋本期借方发生额－本期贷方发生额

（2）负债类及所有者权益类账户。负债、所有者权益增加记贷方，负债、所有者权益减少记借方，余额在贷方，表示期末负债、所有者权益的数额。期末余额的计算公式是：

期末贷方余额＝期初贷方余额＋本期贷方发生额－本期借方发生额

（3）损益类账户。收益类账户与负债类账户处理，损失成本类账户与资产类账户处理相同。

上述各类账户的记账方向，归纳如表2-2所示。

表2-2　各类账户借贷方记账方向

借方	贷方
资产增加	资产减少
负债减少	负债增加
所有者权益减少	所有者权益增加
收入减少	收入增加
费用增加	费用减少
余额表示资产或费用的数额	余额表示负债、所有者权益或收入的数额

（三）记账规则

借贷记账法以"有借必有贷，借贷必相等"作为记账规则。经济业务发生后，根据它所涉及的资金增减变化的内在联系，要以相等的金额记入至少一个账户的借方和另一个账户的贷方，或者记入一个账户的借方和至少另一个账户的贷方，从而全面、相互联系、相互制约地反映和监督每项经济业务涉及资金的来龙去脉。

【例2-1】银行发放给志远商厦流动资金贷款150 000元，转入该企业活期存款账户。

该项经济业务涉及"短期贷款"和"单位活期存款"两个科目，短期贷款属资产类科目，单位活期存款属负债类科目。资产增加应记入借方，负债增加应记入贷方。会计分录为：

借：短期贷款——志远商厦　　　　　　　　　　150 000
　　贷：单位活期存款——志远商厦　　　　　　　　　　　150 000

【例2-2】银行收到客户张笑1 000元现金，用以偿还贷款利息。

该项经济业务涉及"利息收入"和"库存现金"两个科目，利息收入属收入类科目，现金属资产类科目。现金增加应记入借方，收入增加应记入贷方。会计分录为：

 借：库存现金 1 000
  贷：利息收入 1 000

【例2-3】银行通过转账支付志远商厦活期存款利息5 000元。

该项经济业务涉及"单位活期存款"和"利息支出"两个科目，单位活期存款属负债类科目，利息支出属支出类科目。支出增加应记入借方，负债增加应记入贷方。会计分录为：

 借：利息支出 5 000
  贷：单位活期存款——志远商厦 5 000

【例2-4】银行签发现金支票一张，从中央银行存款账户中支取现金120 000元。

该项经济业务涉及"存放中央银行款项"和"库存现金"两个科目，存放中央银行款项和现金均属资产类科目。现金增加应记入借方，存放中央银行款项减少应记入贷方。会计分录为：

 借：库存现金 120 000
  贷：存放中央银行款项 120 000

【例2-5】银行将100 000元盈余公积转增资本金。

该项经济业务涉及"盈余公积"和"实收资本"两个科目，盈余公积和实收资本均属所有者权益类科目。所有者权益类盈余公积减少应记入借方，所有者权益类实收资本增加应记入贷方。会计分录为：

 借：盈余公积 100 000
  贷：实收资本 100 000

上述经济业务体现了银行资产、负债、所有者权益、收入、费用的增减变化情况，反映出资金运动的规律，即经济业务的发生，如果涉及不同性质的会计要素，则必定是同时增加或同时减少，总额会发生变化；如果涉及相同性质的会计要素，则必定是一个增加，同时另一个减少，总额不会变化。

（四）试算平衡

试算平衡是用来检查账户所反映的资产总额和负债及所有者权益总额是否正确、平衡的一种方法。

（1）发生额的平衡。发生额的平衡是所有账户的本期借方发生额合计等于所有账户的本期贷方发生额合计，这是按照"有借必有贷、借贷必相等"的记账规则记账后产生的必然结果。用公式表示为：

$$全部账户本期借方发生额合计 = 全部账户本期贷方发生额合计$$

（2）余额平衡。运用借贷记账法记载账务，资产类账户为借方余额，负债及所有者权益类账户为贷方余额。从上述资金变化的四种类型可以看出：资产项目或负债、所有者权益项目一增一减，其余额不变；资产项目与负债、所有者权益项目同增同减，则余额等量增加或减少。根据"资产＝负债＋所有者权益"的平衡理论，资产总额与负债、所有者权益总额必然平衡。用公式表示为：

$$全部账户借方余额合计 = 全部账户贷方余额合计$$

根据上述经济业务的会计分录，通过试算平衡表进行试算平衡，如表2-3所示。

表2-3 试算平衡表

会计科目	期初余额		本期发生额		期末余额	
	借方	贷方	借方	贷方	借方	贷方
库存现金	800 000		121 000		921 000	
存放中央银行款项	500 000			120 000	380 000	
短期贷款	240 000		150 000		390 000	
吸收存款——单位活期存款		300 000		155 000		455 000
吸收存款——活期储蓄存款						
实收资本		900 000		100 000		1 000 000
盈余公积		260 000	100 000			160 000
利息收入		240 000		1 000		241 000
利息支出	160 000		5 000		165 000	
合计	1 700 000	1 700 000	376 000	376 000	1 856 000	1 856 000

三、表外科目的记账方法

银行有些业务事项不必经过表内科目核算，但又必须记载反映的，则通过表外科目核算。这类业务事项无须表内核算，只进行表外登记，如未发行的国家债券、重要空白凭证、应收未收利息、有关委托事项等。关于表外核算，各家银行的业务量不同，记账方法也不尽相同。表外业务数量不多、增减变动发生的次数较少的银行，核算方法相对比较简单，一般采用单式收付记账方法，即以收入和付出作为记账符号，业务事项发生时，记收入；注销或冲减时，记付出，余额表示尚未结清的业务事项。而表外业务较多的银行，则会采用借贷记账法，如农业银行使用"备查登记类借方余额"科目与相应科目对转。

【例2-6】客户张玲交存现金20 000元，办理存期为三年的整存整取存单业务。银行审核无误并进行会计处理。

表内的会计分录为：

借：库存现金　　　　　　　　　　　　　　　　20 000
　　贷：定期储蓄存款——张玲　　　　　　　　　　　　20 000
表外业务表现为定期存单的减少，会计分录为：
借：重要空白凭证　　　　　　　　　　　　　　　1
　　贷：备查登记类借方余额　　　　　　　　　　　　　1
如采用单式收付记账法，则表外业务的会计分录为：
付出：重要空白凭证　　　　　　　　　　　　　　　1

第三节　会计凭证

一、会计凭证的概念和作用

（一）会计凭证的概念

会计凭证是记录业务事实，明确经济责任的书面证明，是登记账簿、核对业务及事后查考的依据。会计凭证是完成银行会计工作任务，实现会计基本职能必不可少的工具和手段。

银行每天要连续不断地处理数量庞大、情况复杂的业务事项，要全面地、完整地反映和监督这些业务事项，应填制会计凭证。随着会计核算的进行，会计凭证需要在其内部组织进行必要的传递，办理有关手续，所以又叫传票。不过随着信息技术的发展，信息的传递已经在很大程度上取代了纸质凭证的传递。

（二）会计凭证的作用

填制和审核会计凭证是银行会计核算的起点，它对组织会计核算、维护国家财产安全和确保核算质量有着重要的作用。

1. 组织核算工作的工具

银行业务活动的过程，在一定程度上是进行会计核算的过程。尽管银行的业务种类多、数量大，但通过分类填制、严格审核和组织传递会计凭证，可以将业务处理过程中的各个环节有机地联系起来，保障其业务活动的会计核算工作按照一定的程序有条不紊地进行。所以说，会计凭证是组织核算工作的工具。

2. 保证财产安全的手段

银行业务活动的对象，主要是国民经济各部门、各单位以及社会公众。业务活动的具体内容，主要是吸收存款、发放贷款、办理结算及外汇业务等。因此，银行会计核算的正确与否，不仅影响到银行本身的核算质量高低，而且关系到客户财产的安危。要保证会计核算的正确无误，首先要保证作为会计核算起点的会计凭证填写清楚、手续完备、处理及时。从这个意义上说，正确无误、手续完备、合法有效的会计凭证，是保护财产安全的一个重要手段。

3. 事后检查工作的根据

会计凭证不仅是银行业务完成的书面证明和记载账务的依据，而且还是凭以办理单位资金收付的原始凭证。因此，银行的账务核对和事后检查，都要利用会计凭证。如在日常会计核算中，若出现账务不平或者银行与单位之间账项不符等情况，通过核对会计凭证可发现账务处理过程中的问题，及时予以更正。同样，事后的会计检查也是根据会计凭证来进行的。

二、银行会计凭证的设置要求

既然会计凭证在会计核算中发挥重要作用，科学合理地设置会计凭证就显得十分重要。根据长期的会计工作实践经验，设置会计凭证应注意下面几个基本要求。

（一）适应业务需要

银行业务种类繁多，且各具特点。为了适应各种业务的不同需要，应根据银行业务的特点，按一般凭证内容的要求设置一定的基本凭证，同时又按某些业务的特殊需要设置一些专用凭证，以明确反映银行的各种不同的业务。

（二）内容简明适用

会计凭证的内容应具备进行核算时所必需的事项，以明确反映每一笔业务活动的情况。但也不可忽视客户和银行填写使用时的方便，以避免不必要的工作量。因此，设置会计凭证还应力求做到简明适用、规范标准。

（三）尽量方便客户

银行的业务活动，一般都是由客户主动提交会计凭证，申请银行办理的。为了方便客户，缩短办理业务的时间，从而加快资金周转和减少会计工作量，应从必要性和可能性出发，尽可能利用客户来行办理业务时提交的会计凭证进行会计核算。

三、银行会计凭证的种类、特点和基本内容

（一）银行会计凭证的种类

银行会计凭证形式多样、种类繁多。按照一定的标准对会计凭证进行归类，有利于有效地认识和使用会计凭证。会计凭证按不同的标准有以下几种分类。

1. 按会计凭证的处理程序和用途划分,可分为原始凭证和记账凭证

原始凭证是指在经济业务发生时直接取得或填制的凭证。它用来证明经济业务实际发生或完成情况、明确经济责任,是编制记账凭证的原始根据。原始凭证按照来源不同,可分为外来原始凭证和自制原始凭证。

记账凭证是根据原始凭证填制、记载经济业务简要内容、确定会计分录、作为记账依据的会计凭证。

2. 按会计凭证的表面形式划分,可分为单式记账凭证和复式记账凭证

单式记账凭证是指一张凭证只填记一个会计科目。也就是说,当一笔经济业务发生时,由于其涉及两个或两个以上会计科目,所以就需要对应填制两张或两张以上会计凭证。

复式记账凭证是指一张凭证集中填列一笔经济业务涉及的所有对应会计科目。

3. 按会计凭证的格式和使用范围划分,可分为通用的基本凭证和专用的特定凭证。

(1)通用的基本凭证是银行根据有关原始凭证或业务事实自行编制的记账凭证。通用的基本凭证按其性质的不同,可以区分为八种:现金收入传票、现金付出传票、转账借方传票、转账贷方传票、特种转账借方传票、特种转账贷方传票、表外科目收入传票和表外科目付出传票,如图 2-1～图 2-8 所示。

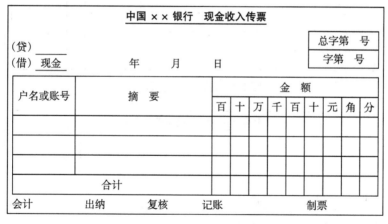

图 2-1 现金收入传票示例

(2)专用的特定传票是根据有关业务的特殊需要而制定的具有专用格式的凭证,一般由银行统一设置印制,客户填写,提交银行据以办理业务。如各种结算凭证、贷款凭证和国库凭证等。但也有由银行根据客户申请进行填制并据此办理业务的,如银行汇票、银行本票、定期存单和联行报单等专用的特定凭证。这类凭证多采用一式数联,以便于银行和客户根据有关联次处理业务和账务。

中国 ×× 银行　现金付出传票

（贷）现金

（借）______　　　　年　　月　　日

总字第　号
字第　号

户名或账号	摘　要	金　额								
		百	十	万	千	百	十	元	角	分
合计										

会计　　　出纳　　　复核　　　记账　　　　　　制票

图 2-2　现金付出传票示例

中国 ×× 银行　转账借方传票

年　　月　　日

总字第　号
字第　号

科目（借）		对方科目（贷）	

户名或账号	摘　要	金　额								
		百	十	万	千	百	十	元	角	分
合计										

会计　　　复核　　　记账　　　制票

图 2-3　转账借方传票示例

中国 ×× 银行　转账贷方传票

年　　月　　日

总字第　号
字第　号

科目（贷）		对方科目（借）	

户名或账号	摘　要	金　额								
		百	十	万	千	百	十	元	角	分
合计										

会计　　　复核　　　记账　　　制票

图 2-4　转账贷方传票示例

中国 ×× 银行　特种转账借方传票														
									总字第　号					
		年　　月　　日							字第　号					
付款单位	全称			收款单位	全称									
	账号与地址				账号与地址									
	开户银行		行号		开户银行			行号						
金额	人民币（大写）				百	十	万	千	百	十	元	角	分	
原始凭证金额		赔偿金												
原始凭证名称		号码		科目（贷）										
转账原因				对方科目（借）										
			银行盖章	会计　　复核　　记账　　制票										

图 2-5　特种转账借方传票示例

中国 ×× 银行　特种转账贷方传票														
									总字第　号					
		年　　月　　日							字第　号					
收款单位	全称			付款单位	全称									
	账号与地址				账号与地址									
	开户银行		行号		开户银行			行号						
金额	人民币（大写）				百	十	万	千	百	十	元	角	分	
原始凭证金额		赔偿金												
原始凭证名称		号码		科目（贷）										
转账原因				对方科目（借）										
			银行盖章	会计　　复核　　记账　　制票										

图 2-6　特种转账贷方传票示例

中国 ×× 银行　表外科目收入传票											
									总字第　号		
表外科目（收入）	年　　月　　日								字第　号		
户名或账号	摘要	金　额									
		亿	千	百	十	万	千	百	十	元	角	分
会计　　出纳　　复核　　记账　　制票											

图 2-7　表外科目收入传票示例

	中国××银行　表外科目付出传票											
								总字第　号				
								字第　号				
表外科目（付出）		年　　　月　　　日										
户名或账号	摘要	金额										
		亿	千	百	十	万	千	百	十	元	角	分
会计　　出纳　　复核　　记账　　制票												

图 2-8　表外科目付出传票示例

（二）银行会计凭证的特点

1. 替代性

替代性即指银行大量使用外来原始凭证代替记账凭证。银行在办理各项业务时，一般由客户提交有关凭证，为了避免重复劳动，提高效率，银行大量采用客户所提交的外来原始凭证，经审核后代替记账凭证用来记账。

2. 传递性

银行会计部门在办理会计业务时，会计凭证需要在涉及的部门间进行传递，有的还有可能涉及同城或异地的两家或两家以上的银行，这样凭证就必须在同一家银行的不同部门间或不同银行间进行传递。目前，由于信息载体的变化，这种传递性通常表现为电子信息的传递。

3. 单式性

在日常业务中，银行通常采用单式记账凭证，一张会计凭证只反映一个会计科目，这样便于记账工作的分工和传递。

（三）银行会计凭证的基本内容

会计凭证的基本内容是其合理、合法与有效的基本要素。尽管银行会计凭证的格式和内容因业务性质的不同而有所差异，但一般应具备下列基本要素。

（1）凭证的名称及填制日期；

（2）收、付款人的名称、账号和开户行；

（3）货币名称、符号及大小写金额；

（4）经济业务摘要、用途及附件张数；
（5）会计分录和凭证编号；
（6）单位按照有关规定的签章；
（7）银行办理业务的印章及经办人员的签章。

四、会计凭证的处理

会计凭证的处理是指从银行受理或填制凭证开始，经过审核、传递（含记账），到整理装订保管为止的处理过程，一般也叫会计凭证的处理程序。

（一）会计凭证的填制

会计凭证是银行会计核算的起点，正确填制凭证对确保会计核算的质量有着十分重要的意义。因此，填制会计凭证时应注意以下几点要求。

（1）不同业务应填制适应各业务种类的会计凭证；
（2）填制凭证要求做到标准化、规范化，要素齐全、数字正确、字迹清晰、不错漏、不潦草、防止涂改；
（3）除单联式凭证（如基本凭证）可以分别填制外，多联式专用凭证要一式数联嵌套填写，不得分张单独填写；
（4）对外传递的会计凭证，单位名称应填写全称，出省、出县（市）的凭证，应在单位全称前冠以省名、县（市）名。

（二）会计凭证的审核

审核会计凭证就是确认会计凭证的真实性、正确性、合法性和有效性，这是反映和监督经济业务的重要环节。审核的具体内容主要有：

（1）是否属本行受理的凭证；
（2）使用的凭证种类是否正确，凭证的基本内容、联数与附件是否完整齐全，是否超过有效期限；
（3）账号与户名是否相符；
（4）大小写金额是否一致，字迹有无涂改；
（5）密押、印鉴是否真实齐全；
（6）款项来源、用途是否填写清楚，是否符合有关规定；
（7）内部科目的账户名称使用是否正确。

（三）会计凭证的传递

银行会计凭证的传递，是指从收到或编制凭证起，到业务处理完毕、凭证装订保管为止的整个过程。

会计凭证的传递应遵循以下原则。

（1）准确及时、手续严密，先外后内、先急后缓；

（2）现金收入业务，先收款后记账；现金付出业务，先记账后付款；

（3）转账业务，先记付款人账户，后记收款人账户；

（4）代收他行票据收妥抵用。

（四）会计凭证的整理、装订与保管

会计凭证既是平时记载账务的根据，又是重要的经济档案资料，为了保证其完整无缺，便于事后检查，对会计凭证应及时整理、装订和妥善保管，并且不论其是否超过保管期限，未经批准不得擅自销毁。

银行会计凭证一般是按日整理装订的，装订的顺序，以日计表上会计科目排列的次序为准。每日银行营业终了，对已纳入本日会计核算的会计凭证，按科目整理，每一科目的传票按借方、贷方，分现金、转账顺序整理排列，附于科目日结单之后。凭证整理好了之后，应另加传票封面、封底，填明有关内容，用线绳装订成册，并在绳结处盖章，以明确责任。如传票过多，可分册装订。

已经装订成册的传票，应编制传票总号，其总号应与传票总数相符。并且，应及时登记"已用传票账表登记簿"，定期捆扎，定期装箱，入库保管。保管中应注意防止霉烂、虫蛀、鼠咬，不得任意拆封。如确因工作需要拆封时，应在封面上批明拆开日期、拆开原因，并由批准拆封人签章证明。

第四节　账务组织

一、账务组织系统

账务组织是银行经办业务的步骤和方法，表明凭证、账簿、报表等各种核算工具的构成及其相互关系。账务组织是银行会计基本核算方法的重要组成部分，也是银行会计核算的最基本的组织形式。

银行会计核算的账务组织包括明细核算和综合核算两个系统。明细核算是在每个会计科目下按所属账户进行的核算，是综合核算的具体化，反映客户各种资金增减变动的明细情况，对综合核算起补充说明作用；综合核算是按会计科目进行的核算，是明细核算的概括，反映各科目下资金增减变化的总体情况，对明细核算起概括统驭作用。二者相互配合、相互补充、相互联系、相互制约，即构成了会计核算完整的账务组织体系。

(一) 明细核算系统

明细核算是在会计科目下对具体账户的详细记录,由分户账、余额表、登记簿和现金收付日记簿组成。

1. 分户账

分户账是明细核算的主要形式,是按账户详细、具体、连续地记载各项交易,也是银行同客户对账的依据。客户在银行开立的账户是办理信贷、结算和现金收付业务的工具,各级银行应遵照上级银行制定的有关账户管理办法和规定,加强对账户的管理。分户账的格式除根据业务需要所规定的专用格式外,一般有下列几种。

(1) 甲种账 (见图2-9)。甲种账簿设有借、贷方发生额和余额三栏,适用于余额表计息或不计息账户及内部科目账户。

户名:		账号:		××银行( ) 账 领用凭证记录:					
年		摘要	凭证号码	对方科目代码	借方	贷方	借或贷	余 额 (位数)	复核盖章
月	日								
会计				记账					

图2-9 甲种账示例

(2) 乙种账 (见图2-10)。乙种账设有借、贷方发生额和余额、积数四栏,适用于在账页上计息的账户。

户名:		账号:		××银行( ) 账 领用凭证记录:		利率:		本账页总数 本户页数			
年		摘要	凭证号码	对方科目代码	借方 (位数)	贷方 (位数)	借或贷	余额 (位数)	日数	积数 (位数)	复核盖章
月	日										
会计				记账							

图2-10 乙种账示例

(3) 丙种账 (见图2-11)。丙种账设有借、贷方发生额和借、贷方余额四栏,适用于借贷双方反映余额的账户。

图 2-11 丙种账示例

	×× 银行（　　）								
								本账页总数	
								本户页数	
户名：	账号：	领用凭证记录：		利率：					
年		摘要	凭证号码	对方科目代码	发生额		余额		复核盖章
月	日				借方(位数)	贷方(位数)	借方(位数)	贷方(位数)	
会计			记账						

图 2-11 丙种账示例

（4）丁种账（见图 2-12）。丁种账簿设有借、贷方发生额和余额以及销账日期四栏，适用于逐笔记账、逐笔销账的一次性业务的账户。

	×× 银行（　　）											
				账								
										本账页总数		
										本户页数		
年		账号	户名	摘要	凭证号码	对方科目代码	借方(位数)	销账			贷方(位数)	借或贷	余额(位数)	复核盖章
月	日							年	月	日				
会计					记账									

图 2-12 丁种账示例

2. 余额表

余额表是反映每日营业终了分户账最后余额的一种专门表格形式，是明细核算的一种特殊形式，是核对分户账余额与总账余额是否相符和计算利息的工具（见图 2-13）。

3. 登记簿

登记簿是明细核算的另一种形式，是为了对某些业务备忘、控制和管理而分户设置的一种辅助性账簿账卡，例如用来控制重要空白凭证、有价单证和实物，以及统驭卡片账。其记载的目的主要是备查和起控制作用。

4. 现金收入日记簿和现金付出日记簿

现金收入日记簿（见图 2-14）、现金付出日记簿（见图 2-15）是记载现金收入、付出数的明细账簿，也是现金业务的序时记录，一般是根据现金收入和现金付出凭证、按照收付款先后顺序逐笔登记的，于每天营业终了加计现金收入和现金付出合计数，以反映现金收付总额，并与当天实际现金收付数和"库存现金"科目发生额核对。

××银行计息余额表

年　　月　　日

科目名称：　　　　　科目代号：　　　　　利率：　　　　　共　页　第　页

日期 / 户名及账号 / 余额	（位数）	（位数）	（位数）	（位数）	复核
至上月底累计未计息积数					
1					
2					
…					
…					
10天小计					
11					
12					
…					
…					
20天小计					
21					
22					
…					
…					
本月合计					
应加积数					
应减积数					
本期累计应计息积数					
结息日计算利息数					
备　注					

会计　　　　　　　复核　　　　　　　记账

图 2-13　余额表示例

××银行现金收入日记簿

年　　月　　日

第　页　共　页

凭证编号	科目代号	户名或账号	金额	凭证编号	科目代号	户名或账号	金额

复核　　　　　　　出纳

图 2-14　现金收入日记簿示例

××银行现金付出日记簿
年 月 日   第 页 共 页

凭证编号	科目代号	户名或账号	金额	凭证编号	科目代号	户名或账号	金额

复核   出纳

图 2-15 现金付出日记簿示例

（二）综合核算系统

综合核算是以会计科目为基础，综合概括地反映银行资金增减变化情况的系统。综合核算系统由科目日结单、总账和日计表组成。

1. 科目日结单

科目日结单是每个会计科目当天借贷方发生额和传票张数的汇总记录，是登记总账的依据，也是轧平当天账务发生额的工具（见图2-16）。

科目日结单
年 月 日

科目代号：   名称：

借方		贷方		附件
传票张数	金额（位数）	传票张数	金额（位数）	
现金 张		现金 张		张
转账 张		转账 张		
合计 张		合计 张		

会计   复核   记账

图 2-16 科目日结单示例

2. 总账

总账是按科目设立的，每日根据科目日结单的借、贷发生额分别记载，并结出余额。它是综合核算与明细核算相互核对、统驭明细分户账的主要工具，也是编制各种会计报表和核对利息积数的依据。总账设有借、贷方发生额和借、贷方余额四栏，账页每个科目一张，按月更换一次（见图2-17）。

3. 日计表

日计表是反映当日业务、财务活动和轧平当日全部账务的工具。它是银行按日编制的一种会计报表。日计表主要由科目名称，借、贷方发生额和借、贷方余额四栏组成（见图 2-18）。

××银行（ ）
总　　　账

科目代号：
科目名称：　　　　　　　　　　　　　　　　　　　　　　　　　　　　　第　号

年　　月	借方	贷方			
	（位数）	（位数）			
上年底余额					
本年累计发生额					
上月底余额					
上月底累计未计息积数					
日期	发生额		余额		核对盖章
	借方	贷方	借方	贷方	复核员
	（位数）	（位数）	（位数）	（位数）	
1					
2					
…					
…					
10 天小计					
11					
12					
…					
…					
20 天小计					
21					
22					
…					
31					
月　计					
自年初累计					
本期累计计息积数					
本月累计未计息积数					

会计　　　　　　　　复核　　　　　　　　记账

图 2-17　总账示例

日计表
年　月　日

科目代号	科目名称	本日发生额		余额	
		借方	贷方	借方	贷方
合计					

行长（主任）　　　　会计　　　　　复核　　　　　　制表

图 2-18　日计表示例

二、账务处理程序

银行会计账务处理程序是指明细核算和综合核算的账务核算过程及其先后顺序,包括明细核算程序和综合核算程序。

(一) 明细核算程序

明细核算程序是指根据有关业务或事项受理、编制、审核会计凭证(传票),并根据会计凭证登记分户账或登记簿或现金收入、付出日记簿;营业终了,根据各分户账当天最后余额填制余额表。

(二) 综合核算程序

综合核算的基本核算程序是指每日营业终了,首先将纳入当天会计核算的传票按科目分别整理编制科目日结单,并据此轧平所有科目当天借贷方发生额;然后根据科目日结单登记科目总账,结出各科目余额;最后根据总账编制当天的日计表,轧平当日全部账务。明细核算程序与综合核算程序对比如表2-4所示。

表2-4 明细核算程序与综合核算程序

	明细核算	综合核算
核算依据	按科目所属的账户进行核算,详细地具体反映各账户的资金变动情况	按科目进行核算,综合地概括反映各科目的资金变动情况
主体结构	分户账、登记簿、日记账、余额表	科目日结单、总账、日计表
核算程序	根据经济业务受理或编制、审查传票 登记→分户账(日记账、登记簿) 编制→余额表	汇总传票 填制→科目日结单 登记→总账 编制→日计表

三、账务核对

账务核对是指为防止会计核算程序中相关环节的差错,所进行的核对查实工作,是保证会计核算正确的重要措施。银行的账务核对,从时间上划分,可分为每日核对和定期核对;从内容上划分,可分为账账核对、账款核对、账实核对、账表核对、账据核对和内外账务核对六个方面。

(一) 每日核对

每日会计账务核对的内容主要是:

(1)总账各科目发生额与相同科目所属分户账发生额核对相符;
(2)总账各科目余额与相同科目所属分户账余额核对相符;
(3)现金收入、付出日记簿总数与总账"现金"科目的发生额核对相符;
(4)现金库存簿的库存数与总账"现金"科目余额和实际库存现金核对相符。

（二）定期核对

定期核对是指按规定日期对未纳入每日核对的账务所进行的核对查实工作，主要内容有：

（1）未编制余额表又未按日核对余额的各科目的余额核对；
（2）各类贷款的账据核对；
（3）金银、外币、有价单证、房屋、器具等的账实核对；
（4）银行内外账的核对。

银行的核算系统、账务处理程序与每日核对关系如图 2-19 所示。

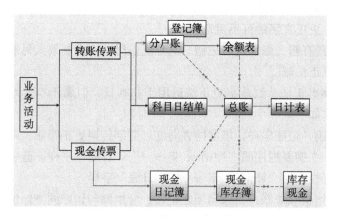

图 2-19　核算系统、账务处理程序与每日核对关系

四、记账规则和错账冲正

（一）记账规则

（1）账簿的各项内容，必须根据传票的有关事项记载，做到内容完整，数字准确。摘要应当简明，字迹清晰，严禁弄虚作假。

（2）记账应用蓝、黑墨水钢笔书写，复写账页可用蓝、黑圆珠笔、复写纸书写。红色只用于划线和错账冲正，以及按规定用红字批注的有关文字说明。

（3）账簿上所书写的文字及金额，一般占整个格的 1/2，摘要一行写不完，可在次行续写，但金额应记在最后一行的金额栏内。账簿金额结清时，应在"元"位划"—0—"表示。

（4）账簿上的一切记载，不得涂改、挖补、刀刮、用橡皮擦和用药水销蚀。

（5）因漏记使账页发生空格时，应在空格的摘要栏内用红字注明"空格"字样。

(二) 错账更正

1. 手工错账的更正

在手工记账的条件下，错账的更正方法有三种：划线更正法、红蓝字更正法和蓝字反方向更正法。每种错账更正法有不同的适用范围。

（1）划线更正法。划线更正法适用于当日差错，当日发现，并当时更正。具体操作如下。

1）会计传票无错，账簿记载出错。当日更正时，将错误的整笔数字划一条红线，表示注销，并将正确数字（蓝/黑颜色）写在划销数字的上边，由记账员在红线左端盖章证明，更正文字的可不盖章。

2）会计传票有错，账簿随之记错。当日更正时，应由制票人另制传票，然后在账簿上划红线更正错账。

（2）红蓝字更正法。红蓝字更正法适用于非本日，但属于本会计年度内的错账更正。具体操作如下。

1）传票正确，记账串户，填制同方向红、蓝字传票更正错账。用红字传票登记原错误的账户，在摘要栏注明"冲销×年×月×日账"字样。蓝字传票登记正确的账户，在摘要栏注明"补记×年×月×日账"字样。

2）传票填错金额或账户，账簿随之记错。应填制与错账同方向的红字传票，将错账全部冲销，再按正确内容填制借方、贷方蓝字传票补记入账，并在摘要栏注明情况。同时在原错误传票上批注"已于×年×月×日冲正"字样。

（3）蓝字反方向更正法。蓝字反方向更正法适用于发现上年度错账时间更正。具体操作如下。

发现上年度错账，先用蓝字填制一张与错账方向相反的传票。用以冲销错账，并在摘要栏注明"冲正×年×月×日错账"字样。然后，再用蓝字填制一张正确传票，用蓝字补充记入账簿中。

无论使用什么方法更正错账，都应注意以下事项。

一是据以更正错账的传票，必须经会计主管人员审查盖章才能办理错账更正。

二是因更正错账而影响利息计算的，应计算应加应减利息积数，并在余额表或乙种账页中注明。

2. 电脑错账的更正

电脑记账下的错账更正要根据不同情况进行相应处理。一般来说主要有以下几种情况。

（1）当操作员在数据输入前，发现手工记账凭证填制错误，这时数据还没有录入计算机内，不能由操作员擅自直接对手工凭证进行修改、将正确的记账凭证输入计算机，或者根本就不修改，而直接将自以为正确的凭证输入计算机。正确的做法是退请数据审核员审核，确认是手工填制错误时，再由填制人进行纠错处理后再返还操作员。

（2）当记账凭证已经输入会计软件系统，在没有记账前发现有误，这时可分两种情况处理：若是操作员发生输入错误，可由操作员直接修改错误。如果是手工制单错误，应先由填制人纠错，然后再由操作员将纠错后的记账凭证输入计算机；若是记账凭证已经输完，但还没有登记"账簿"，复核员在复核过程中发现错误，应提醒操作员修改凭证，修改正确后再审核。

（3）当记账凭证已经输入会计软件系统，经审核"无误"并记账，然后才发现错误，只能使用红字冲销法进行更正（调用"冲账/更正""补账"功能），即填制一张与错误凭证内容一致，只是金额为红字（在会计软件中一般以"负数"或"括号"表示）的记账凭证，予以冲销，然后再填制一张正确的记账凭证，予以入账。需要注意的是，使用"冲账/更正""补账"功能时，"冲账日期""补账日期"均应小于或等于当前日期，且必须经过系统主管授权。

第五节　财务会计报告

一、财务会计报告及构成

财务会计报告（又称财务报告）是反映一定时期企业财务状况和经营成果的书面文件，是会计核算的一种专门方法，也是会计核算的结果和最后环节。

财务会计报告包括会计报表和会计报表附注两个组成部分。其中，会计报表包括资产负债表、利润表、现金流量表、所有者权益变动表；会计报表附注包括对会计报表各要素的补充说明、对会计报表中无法描述的其他财务信息的补充说明，如企业生产经营的基本情况，利润实现和分配情况，对企业财务状况、经营成果和现金流量有重大影响的其他事项等。

二、商业银行财务会计报告的种类

按照编报时间划分，银行财务会计报告分为年度报告、半年度报告、季度报告、月度报告和日计表。银行应按《企业财务会计报告条例》《企业会计准则——基本准则》的规定及时编报会计报表。

(一) 年度报告

年度报告是指年度终了对外提供的财务会计报表,是银行全年业务状况和财务成果的总结。银行财务会计报表,至少应包括会计报表、会计报表附注,需要编制财务情况说明书的银行,还应当包括财务情况说明书。年度报告应包括资产负债表、利润表、现金流量表、所有者权益变动表。

(二) 半年度报告

半年度报告是指在每个会计年度的前六个月结束后对外提供的财务会计报表。半年度财务会计报表,应当包括会计报表和会计报表附注中有关重大事项的说明,会计报表至少应当包括资产负债表、利润表,以及重大事项的说明。半年度财务会计报表报出前发生的资产负债表日后事项、或有事项等,除特别重大事项外,可不做调整或披露。

(三) 季度报告

季度报告是指季度终了银行对外提供的财务会计报表。季度报告通常仅指会计报表,会计报表至少应当包括资产负债表和利润表。

(四) 月度报告

月度报告是银行月度终了提供的财务会计报表。月度报告编报内容与季度会计报表相同。

(五) 日计表

日计表是反映当日业务、财务活动和轧平当日全部账务的工具。日计表是银行按日编制的一种会计报表,是其他会计报表的基础。

三、商业银行财务会计报告的披露

(一) 披露对象

(1) 银行的财务会计报告应当报送当地财政机关、税务部门、银行业监管机构、人民银行以及其他财务报告法定使用者;

(2) 股份制商业银行应按规定向股东和社会公众提供财务报告。

(二) 披露时间

(1) 年度财务报告应当于会计年度终了后 4 个月内对外提供。法律、法规另有规定的从其规定；

（2）半年度财务报告应当于半年度结束后 60 天内（节假日顺延，下同）对外提供；

（3）季度会计报告应当于季度终了后 15 日内对外提供；

（4）月度会计报告应当于月度终了后 6 天内对外提供；

（5）日计表应当于当日营业终了编制完成，逐级汇总。

思考练习题

一、重要概念

会计科目　借贷记账法　记账凭证　账务组织　明细核算系统　综合核算系统　账务核对

二、思考题

1. 银行的会计科目体系结构是怎样的，与一般企业有什么不同？
2. 银行会计凭证是如何进行分类的，有什么特点，会计凭证传递的原则是什么？
3. 银行的账务组织包括哪些内容，其各自的作用是什么？
4. 银行账务处理程序是怎样的？
5. 银行会计的账务核对的内容是什么？

三、单项选择题

1. 在下列各项中，作为被会计科目进一步分类的是（　　）。
   A. 会计对象　　B. 会计账簿　　C. 会计要素　　D. 资金运动
2. 用于反映权责已经形成，但尚未涉及资金增减变化的会计事项应列入（　　）核算。
   A. 表内科目　　B. 表外科目　　C. 资产类科目　　D. 负债类科目
3. "货币兑换"属于银行的资产负债共同类科目，其余额一般（　　）。
   A. 在借方　　B. 在贷方　　C. 为零　　D. 在借方或贷方
4. 银行在办理现金付出业务，应遵循（　　）原则。
   A. 先收款后记账　B. 先记账后付款　C. 先记账后收款　D. 先付款后记账
5. 银行统驭明细分户账，进行综合核算与明细核算的相互核对的主要工具是（　　）。
   A. 总账　　B. 分户账　　C. 科目日结单　　D. 余额表
6. 银行会计的综合核算系统是按照（　　）进行核算的。
   A. 会计科目　　B. 会计凭证　　C. 分户账　　D. 科目日结单
7. 银行会计的明细核算系统是按照（　　）进行核算的。
   A. 会计科目　　B. 会计凭证　　C. 账户　　D. 科目日结单

8. 如果要查看某开户单位存款资金详细的活动情况，应查找该单位的（   ）。
   A. 总账　　　　　　B. 分户账　　　　　C. 登记簿　　　　　D. 日记簿
9. 在银行的账簿中，与企业"银行存款"账户对应的是（   ）。
   A. "活期存款"科目总账　　　　　　B. "短期贷款"科目总账
   C. "活期存款"账户余额表　　　　　D. "活期存款"分户账
10. 每日营业终了，银行综合核算系统的处理程序是（   ）。
    A. 会计凭证→科目日结单→总账→日计表
    B. 会计凭证→分户账→余额表
    C. 会计凭证→现金收入日记簿与付出日记簿→现金库存簿
    D. 分户账→余额表→总账→日计表

四、多项选择题

1. 如果某账户表现为贷方余额，则可以判断该账户可能属于（   ）类。
   A. 资产　　　　　B. 负债　　　　　C. 所有者权益　　　　　D. 收益
2. 下列经济业务中，引起商业银行资产项目一增一减的有（   ）。
   A. 向中央银行提取现金　　　　　B. 以现金形式向某农户发放贷款
   C. 某储户提取现金　　　　　　　D. 将盈余公积转增资本金
3. 账户的借方发生额表示（   ）。
   A. 资产增加　　　B. 收入减少　　　C. 费用增加　　　D. 负债减少
4. 下列项目中，属于银行资产类的有（   ）。
   A. 短期贷款　　　　　　　　　B. 存放同业
   C. 活期存款　　　　　　　　　D. 存放中央银行款项
5. 银行发生经济业务可以引起（   ）。
   A. 资产和所有者权益一增一减　　　B. 资产和负债一增一减
   C. 负债和所有者权益一增一减　　　D. 资产和负债同时增加
6. 银行会计核算中，其使用的会计凭证特点突出，主要表现在（   ）。
   A. 大量使用外来原始凭证代替记账凭证
   B. 大量使用复式记账凭证以便于传递
   C. 大量使用单式记账凭证以便于传递
   D. 大量使用复式凭证和特定凭证
7. 为贯彻银行不垫款原则，银行办理转账业务中应坚持的会计凭证传递的原则是（   ）。
   A. 先收款后记账　　　　　　　B. 先记付款单位账户
   C. 后记收款单位账户　　　　　D. 代收他行票据收妥抵用
8. 银行的明细核算系统包括（   ）。

A. 转账凭证　　　　B. 分户账　　　　　C. 登记簿　　　　　D. 余额表

9. 银行的综合核算系统包括（　　）。

A. 科目日结单　　　B. 分户账　　　　　C. 总账　　　　　　D. 日计表

10. 账务核对是保证会计核算正确的重要环节，其中每日核对的内容是（　　）。

A. 总账各科目发生额与相同科目所属分户账发生额核对相符

B. 总账各科目余额与相同科目所属分户账余额核对相符

C. 现金收入、付出日记簿总数与总账现金科目的发生额核对相符

D. 现金库存簿的库存数与总账现金科目余额和实际库存现金核对相符

五、判断题

1. 资产类会计科目的排序中，变现能力越弱的，排序越在前。（　　）
2. "本年利润"属于损益类账户。（　　）
3. 账户就是分类核算的载体，会计科目则是分类核算的依据。（　　）
4. 凡是余额在借方的都属于资产类账户。（　　）
5. 银行办理现金收入业务，应遵循先收款后记账的原则。（　　）
6. 会计制度绝对不允许各级银行根据需要自行设置会计科目。（　　）
7. 某建设银行为客户发放一笔贷款，并为客户转存到存款账户内，此时该行资产和负债同时增加。（　　）
8. 科目日结单是综合核算系统的组成部分，能够轧平当日账务的发生额和余额。（　　）
9. 余额表是银行与开户企业对账的重要依据。（　　）
10. 现金收入日记簿的当日合计应与总账"现金"科目的借方发生额核对相符。（　　）

六、核算题

甲银行的相关资料如下：

1. 甲银行20××年3月1日的账户余额如下：

资产类账户	余额	负债及所有者权益类账户	余额
库存现金	160 000	吸收存款（单位活期存款）	867 000
存放中央银行款项	380 000	吸收存款（活期储蓄存款）	200 000
存放同业	20 000	实收资本	293 000
短期贷款	500 000		
固定资产	300 000		
合计	1 360 000	合计	1 360 000

2. 甲银行两家开户单位的活期存款分户账如下表：

单位活期存款　账　　　　　　　　　　本账页总数
　　　　　　　　　　　　　　　　　　　　　　　　　　本户页数

户名：志远商厦　　账号：　　　领用凭证记录：　　　利率：

年		摘要	凭证号码	对方科目代码	借方	贷方	借或贷	余　额（位数）	复核盖章
月	日								
3	1	承前页						3 200	
	2								

会计　　　　　　　　　　　　　　　记账

单位活期存款　账　　　　　　　　　　本账页总数
　　　　　　　　　　　　　　　　　　　　　　　　　　本户页数

户名：远华公司　　账号：　　　领用凭证记录：　　　利率：

年		摘要	凭证号码	对方科目代码	借方	贷方	借或贷	余　额（位数）	复核盖章
月	日								
3	1	承前页						170 000	
	2								

会计　　　　　　　　　　　　　　　记账

3. 甲银行两家开户单位志远商厦、远华公司3月1日的余额分别为3 200元、170 000元。

4. 20××年3月2日该银行发生下列业务。

（1）开户单位志远商厦交存现金80 000元；

（2）甲银行向开户单位远华公司发放6个月期贷款500 000元，转入其存款账户；

（3）甲银行向人民银行交存现金100 000元；

（4）储户李森来行支取活期储蓄存款2 000元现金；

（5）志远商厦转账向远华公司支付货款70 000元。

要求：

（1）编制银行3月2日业务的会计分录；

（2）登记活期存款分户账、现金收付日记簿（参见图2-14、图2-15）及余额表（参见图2-13）；

（3）编制科目日结单（参见图2-16）；

（4）登记总账（参见图2-17）；

（5）以资料1为基础编制日计表（参见图2-18）。

Chapter 3 第三章

存款业务

学习目标

1. 了解商业银行存款的种类和存款业务核算要求
2. 熟悉商业银行存款账户的种类与管理
3. 理解存款业务的初始确认、后续计量及终止确认
4. 理解实际利率与合同利率对核算的影响
5. 掌握单位存款业务和储蓄存款业务的核算
6. 熟悉存款利息计算的一般规则
7. 掌握单位活期存款和单位定期存款利息的计算、核算及账户登记
8. 掌握储蓄存款利息的计算及核算

第一节 存款业务概述

一、存款业务的意义

存款业务是商业银行以信用方式吸收社会闲散资金的活动。存款是商业银行负债的重要组成部分，是商业银行筹集资金的主要来源，是发放贷款的基础。

存款对于银行的生存与发展，对于社会经济的健康发展都有重要意义。对于银行而言，自有资本是无法满足银行经营资金需要的，增加存款可以扩大银行的信贷资金来源，存款是商业银行立行之本；对于整个社会而言，存款业务首先为社会公众提供了金融服务，存款也是银行动员和吸收社会闲散资金的一种信用行为，它将诸多小额的资金聚集在一起，为大额的资金需求提供有偿的支持，实现整个社会资

金的有效融通；对政府而言，可以利用货币政策等市场手段适度、有效地调节存款量，从而有效地调控宏观经济的发展。

二、存款业务的核算要求

（一）切实有效地维护存款单位和个人的合法权益

银行吸收存款是一种信用行为，是资金使用权的暂时让渡，银行在进行存款业务的会计核算时应该坚持"谁的钱，进谁的账，由谁支配"的原则，维护存款人对合法资金的支配权，除国家法律另有规定外，不得代任何单位和个人查询、冻结、扣划他人账户的资金，有效地保护存款者的合法权益。对储蓄客户而言，储蓄机构在办理储蓄业务和会计核算时，必须遵循"存款自愿，取款自由，存款有息，为储户保密"的原则，保护个人合法储蓄存款的所有权及其他合法权益。

（二）正确、及时办理业务，提高服务质量

商业银行经营对象的特殊性及其在社会经济生活中具有的重要作用，要求商业银行会计更具及时性、准确性。商业银行办理存款业务，实际上是为客户提供服务，因此，应按规定的操作程序及时受理凭证，认真审查凭证，正确使用会计科目和账户，及时进行账务处理。对违反结算制度的任意压票、随意退票、无理拒付等违规行为应按规定予以处罚。

（三）随时掌握账户情况，严禁存款人恶意透支

商业银行在办理存款业务时，应严格遵守账户管理规定，经常检查账户的使用情况，加强柜面监督，了解和分析资金收付情况，促进存款人合理使用资金。存款人通过银行办理结算或支取存款，必须在存款账户内有足够的余额或授信额度。存款余额不足或无授信额度的，不能签发支票或其他付款凭证，对恶意透支行为应严格按有关规定处罚。

三、存款的种类

商业银行的存款根据不同的标准，可以进行不同的分类。

（一）按存款资金性质及计息范围划分

按存款资金性质及计息范围不同，存款可划分为财政性存款和一般存款。财政性存款是指各级财政部门代表本级政府掌管和支配的一种财政资产，其构成包括国库存款和其他财政存款。其中国库存款是指国库的预算资金存款；其他财政存款是

指未列入国库存款的预算资金存款以及部分由财政部指定的专用基金存款。一般存款是指部队、各企事业单位、机关团体及个人存入的，并由其自行支配的各种资金。财政性存款一般不计付利息，一般存款则应计付利息。

（二）按存款对象划分

按存款对象不同，存款划分为单位存款和个人储蓄存款。单位存款是指企业、事业、机关、部队和社会团体等单位在金融机构办理的人民币存款和外币存款。个人储蓄存款是指个人将属于其所有的人民币或者外币存入储蓄机构而形成的存款。

单位存款按行业的不同，可进一步划分为工业企业存款、商业企业存款、农业存款、房地产企业存款等。

（三）按存款期限划分

按存款期限不同，存款划分为活期存款和定期存款。活期存款是指没有约定存取时间的存款。它没有确切的期限规定，银行也无权要求存款人取款时做事先的书面通知。活期存款是商业银行的主要资金来源。定期存款是存款人预先约定存款期限的存款。我国商业银行提供的定期存款服务，期限一般为3个月、6个月、1年、2年、3年和5年等。定期存款一般要到期才能提取。但商业银行为了存款人的利益，一般也不拒绝定期存款人提前支取存款，只不过要对提前支取的存款人采取一定的经济措施，西方商业银行多采用收取罚金的办法，而我国商业银行则是按支取日挂牌的活期利率计息。

（四）按存款支取方式划分

按存款支取方式的不同，存款划分为支票户存款和存折户存款。支票户存款是指存款人可凭支票办理款项支取和转账结算的存款。存折户存款是指存款人凭存折通过填写存取款凭条交银行办理款项存取的存款。

（五）存款按产生的来源划分

按产生的来源不同，存款划分为原始存款和派生存款。原始存款是指单位和个人将资金送存银行而形成的存款。派生存款是指银行以贷款方式自创的存款。

四、存款账户的种类与管理

（一）存款账户的种类

根据相关规定，单位除了保留必要的备用金外，其余货币资金均应存入开户银行。因此，每一个与银行发生资金往来的单位或个人，都必须按规定开立相应的存款账户，以便于办理资金收付、款项结算及贷款。银行根据各账户资金变化情况，一方面可以监督开户人遵守相关法律法规；另一方面可以及时反映各项存款的增减变化情况，为会计信息使用者掌握资金总量和资金结构变化趋势、制定政策提供依据。

根据中国人民银行《人民币银行结算账户管理办法（2003年）》的规定，银行结算账户按存款人分为单位银行结算账户和个人银行结算账户。

1. 单位银行结算账户

存款人以单位名称开立的银行结算账户为单位银行结算账户。单位银行结算账户按资金用途和账户类别划分为基本存款账户、一般存款账户、临时存款账户和专用存款账户。

（1）基本存款账户。基本存款账户是指凡是独立核算的单位在银行开立的，用于办理日常转账结算和现金收付的账户。基本存款账户是存款单位的主办账户，存款单位日常经营活动的资金收付及单位职工的工资、奖金等现金的支取只能通过基本存款账户办理，该账户的资金主要来源于单位间歇的流动资金存款和机关团体单位的经费存款。按规定，一个独立核算的企事业单位，可以自主选择一家商业银行的一个营业机构开立一个基本存款账户。

（2）一般存款账户。一般存款账户是存款人在基本存款账户以外的银行机构因借款转存或与基本存款账户的存款人不在同一地点的附属非独立核算单位开立的银行结算账户。一般存款账户用于办理借款转存、借款归还以及转账结算和现金缴存，不能办理现金支取。

（3）临时存款账户。临时存款账户是存款人因临时需要并在规定期限内使用而开立的银行结算账户，如设立临时机构、异地临时经营活动、注册验资等，存款人持相关证件可在当地银行开立临时存款账户。存款人可以通过该账户办理转账结算和根据现金管理规定办理少量现金收付。临时存款账户的有效期最长不得超过2年。

（4）专用存款账户。专用存款账户是存款人按照法律、行政法规和规章，对其特定用途资金进行专项管理和使用而开立的银行结算账户。如企事业单位为基本建设、更新改造、办理信托、政策性房地产开发、期货交易等用途需要的资金而开立的账户。该账户的款项为专款专用，单位的销货款不得进入该账户，一般也不能支取现金，经批准或符合相关规定的可以支取现金。

2. 个人银行结算账户

个人银行结算账户是自然人因投资、消费、结算等而开立的可办理支付结算业务的存款账户。有下列情况的，可以申请开立个人银行结算账户。

（1）使用支票、信用卡等信用支付工具的。

（2）办理汇兑、定期借记、定期贷记、借记卡等结算业务的。

自然人可根据需要申请开立个人银行结算账户，也可以在已开立的储蓄账户中选择并向开户银行申请确认为个人银行结算账户。

（二）存款账户的开立

存款人申请开立账户时，应填制开户申请书，并提供规定的证明文件。申请人开立基本存款账户时，应向开户银行出具工商行政管理机关核发的《企业法人执照》或《营业执照》正本，居民身份证和户口簿等证明文件之一。申请开立一般存款账户，应向开户银行出具借款合同或借款借据；基本存款账户的存款人同意其附属非独立核算单位开户的证明等证件之一。申请开立临时存款账户，存款人应向银行出具工商行政管理机关核发的临时执照或有权部门同意设立外来临时机构的批文。申请开立专用存款账户时，存款人应出具经有权部门批准立项的文件或国家有关文件的规定。经开户银行审核上述证件后，为其开立相应的存款账户。银行为存款人开立账户，应登记开销户登记簿，编列账号，设立分户账，并向存款人发售有关结算凭证。存款人可根据需要签发各种结算凭证，通过账户办理资金收付。

存款人为单位的，其预留签章为该单位的公章或财务专用章加其法定代表人（单位负责人）或其授权的代理人的签名或者盖章。存款人为个人的，其预留签章为该个人的签名或者盖章。

（三）存款账户管理

存款账户一经开立，银行就必须加强对账户的管理，监督开户单位正确使用账户。各单位通过银行账户办理资金收付，必须遵守银行的有关规定。

（1）一个单位只能选择一家银行的一个营业机构开立一个基本存款账户，不允许在多家银行机构开立基本存款账户。其次，开户实行双向选择。存款人可以自主选择银行，银行也可以自愿选择存款人开立账户。任何单位和个人都不能干预存款人在银行开立或使用账户，银行也不得违反规定强拉客户在本行开户。

（2）单位开立基本存款账户，实行面签制度，单位在银行完成备案后可以开立。

（3）存款人的存款账户只能办理存款人本身的业务活动，不允许出租、出借和转让他人。若有发生此类情况的，银行应按规定对账户出租、出借和转让发生的金额处以罚款，并没收出租账户的非法所得。

五、存款业务的主要账务处理

（一）初始确认

银行收到客户存入的款项，应按实际收到的金额，借记"库存现金"等科目，贷记吸收存款类科目（本金），如存在差额，借记或贷记吸收存款类科目（利息调整）。不过，由于存款业务一般没有交易费用，所以存在差额的情况很少发生。

（二）后续计量

存款期间，在资产负债表日，应按摊余成本和实际利率计算确定的存入资金的利息费用，借记"利息支出"科目；应按合同约定的名义利率计算确定的应付利息金额，贷记"应付利息"科目，按其差额，借记或贷记吸收存款科目（利息调整）。其中：

摊余成本＝初始确认金额－已收回或偿还的本金 ± 累计摊销额－已发生的减值损失

实际利率是指使某项资产或负债的未来现金流量现值等于当前公允价值的折现率。

实际利率与合同约定的名义利率差异不大的，也可以采用合同约定的名义利率计算确定利息费用。对于活期存款，企业应按合同约定的名义利率计算确定的利息费用金额。

实际支付利息时，借记"应付利息"科目，贷记存款科目等。

（三）终止确认

客户支付的存款本金，借记吸收存款类科目（本金），贷记"库存现金"等科目，按应转销的利息调整金额，贷记吸收存款科目（利息调整），按其差额，借记"利息支出"科目。

第二节　存款业务

一、单位存款业务的核算

（一）单位活期存款业务的核算

单位活期存款是一种随时可以存取、按结息期计算利息的存款，其存取可以通过现金或转账办理。转账存取方式主要通过各种票据、结算方式和信用支付工具来实现，使用最为普遍，本书将在第五章详细介绍，本节重点介绍单位活期存款中现金存取款业务的会计核算。

1. 存入现金的会计核算

开户单位向银行存入现金时，应填制一式两联现金缴款单（见图3-1），连同现金一并交银行出纳部门。银行出纳部门根据现金缴款单所填列的金额如数收妥款项后，在缴款单上加盖“现金收讫”戳记和出纳员名章，登记现金收入日记账。办理完业务后缴款单第一联作为存款人的回单，第二联作为传票送银行会计部门登记单位存款分户账，其会计分录为：

借：库存现金

　贷：单位活期存款——×× 单位

中国 ×× 银行现金缴款单（回单联）

账别：　　　　　　　　年　　月　　日

<table>
<tr><td>缴款单位</td><td colspan="2"></td><td>收款单位</td><td colspan="13"></td><td rowspan="6">第一联：银行盖章后退缴款人</td></tr>
<tr><td>款项来源</td><td colspan="2"></td><td>账号</td><td colspan="5"></td><td colspan="3">开户银行</td><td colspan="5"></td></tr>
<tr><td>大写金额</td><td colspan="4">（币种）</td><td>十</td><td>亿</td><td>千</td><td>百</td><td>十</td><td>万</td><td>千</td><td>百</td><td>十</td><td>元</td><td>角</td><td>分</td></tr>
<tr><td>卷别</td><td colspan="4"></td><td colspan="4">合计金额</td><td colspan="8" rowspan="3">收款银行盖章
年　月　日</td></tr>
<tr><td>整把卷</td><td colspan="4"></td><td colspan="4"></td></tr>
<tr><td>整张卷</td><td colspan="4"></td><td colspan="4"></td></tr>
</table>

复核　　　　　　　　　　经办

图 3-1　一式两联现金缴款单示例

【例 3-1】 甲公司持 50 000 元现金连同一式两联现金缴款单送交银行，银行审核无误做如下的会计分录：

借：库存现金	50 000	
贷：单位活期存款——甲公司		50 000

2. 支取现金的会计核算

单位向银行支取现金时，应签发现金支票，并在支票上加盖预留银行印鉴，由收款人背书后送交银行会计部门。银行会计部门接到现金支票后，应重点审查：支票记载的事项是否齐全；款项用途是否符合现金管理的有关规定；大小写金额是否一致；是否超过付款期限；支票上的印鉴是否与预留印鉴相符；支付密码是否正确；出票人账户是否有足够的存款；是否背书；是否为挂失支票等。经审核无误后，以现金支票代现金付出传票登记分户账，其会计分录为：

借：单位活期存款——×× 单位

　贷：库存现金

会计人员签章复核后，通过内部传递给出纳部门，出纳人员根据现金支票登记现金付出日记簿，凭对号单将现金交取款人。

【例 3-2】A 公司持现金支票支取现金 4 000 元，用于采购办公用品。银行审核无误后做如下会计分录：

借：单位活期存款——A 公司　　　　　　　　　　　　4 000
　　贷：库存现金　　　　　　　　　　　　　　　　　　　　4 000

3. 单位活期存款的对账

银行与客户之间有时由于记账时间不同，会出现一方已经记账，另一方没有记账的未达账项，使得银行账务与客户账面记录产生差异；有时银行或客户由于记录差错，也会使双方账务无法核对相符。因此，银行与客户之间必须进行定期、不定期的账务核对，一方面保证双方记账正确，另一方面可以互相监督，切实有效地保护业务往来中各方的合法权益。

平时，对使用套写账页的单位，每记满一页即将一联撕下送交单位核对；季度末和年度终了，银行应该为所有开户单位填写并寄送"余额对账单"进行账务核对。单位要对"余额对账单"进行逐笔勾对，核对相符后加盖印鉴送还开户银行以示确认；核对不符的要注明未达账项，以便进一步查对。银行收到对账单回单核对相符的确定后应按客户顺序排列并装订成册，以便保管备查。

4. 单位活期存款账户变更及销户

存款人因迁移、合并、停业等原因不再使用原账户的或一年（按对月对日计算）未发生收付活动的账户，应及时办理销户手续。银行办理销户时，应首先与销户单位核对存款账户余额；核对相符后，对计息的账户要结清利息，支票存款户应收回所有的专用凭证，存折户要收回存折注销；将原账户余额转入临时存款账户或其他账户。撤销后的账户应停止使用。

（二）单位定期存款业务的核算

1. 单位定期存款的有关规定

单位定期存款起存金额为 1 万元，多存不限。存期分 3 个月、半年、1 年、2 年、3 年、5 年 6 个档次。金融机构对单位定期存款实行账户管理（大额可转让定期存款除外）。存款时单位须提交开户申请书、营业执照正本等，并预留印鉴。印鉴应包括单位财务专用章、单位法定代表人印章（或主要负责人印章）和财会人员印章。由接受存款的金融机构给存款单位开出"单位定期存款开户证实书"（以下简称"证实书"），证实书作为对存款单位开户证实使用，不得作为质押的权利凭证。

存款单位支取定期存款只能以转账方式将存款转入其基本存款账户，不得将定期存款用于结算或从定期存款账户中提取现金。支取定期存款时，须出具证实书并提供预留印鉴，由存款所在金融机构审核无误后为其办理支取手续，同时收回证实书。

2. 存入款项的会计核算

单位办理定期存款时，按照存款金额签发转账支票和一式两联"单位定期存款缴款凭证"交给银行，经银行审核无误后，以转账支票为借方传票，单位定期存款缴款凭证第二联为贷方传票进行账务处理。会计分录如下：

借：单位活期存款——××单位
　贷：单位定期存款——××单位

转账后银行开具"单位定期存款证实书"（见图3-2）并加盖业务专用章及经办人名章，底联留存专用票夹保管，通知联与缴款凭证第一联交给存款人保管。

同时，编制重要空白凭证表外科目付出凭证，登记表外科目。登记如下：

付出：重要空白凭证　单位定期存款开户证实书　　1

中国××银行存款开户证实书
年　　月　　日　NO.
你单位已在中国××银行_____行开立（☑单位定期存款□信用卡保证金存款□外币七天通知存款□人民币一天通知存款□人民币七天通知存款）账户。
户名：_____
账号：_____　　　　　　对应卡号：_____
开户行：_____
大写金额：(币种)_____
存入日期：__年__月__日　　　　期限：____ 利率：____
是否续存：□是□否　　　　　　存款期次：____
支取转入账户：户名____ 账号____ 户行____
备注：1. 本证实书用于单位定期存款、信用卡保证金存款、外币七天通知存款、人民币一天通知存款和人民币七天通知存款开户使用。2. 本证实书仅对存款人开户证实，不得作为质押和支取存款的权利凭证。3. 支取存款时，须交回本证实书。4. 本证实书最高限额为人民币（　　）或等额外币。5. 本证实书印鉴卡片_____账户印鉴卡片相同。　　换开单位定期存单号码：_____　　　经办行（盖章）
复核　　　　　　记账
1. 第一联：经办行留底（白纸印黑字）。2. 第二联：经办行盖章后交单位，单位提取存款时交回。3. 本行为客户办理单位定期存款、外币七天通知存款、人民币一天通知存款、人民币七天通知存款业务时使用。

图3-2　单位定期存款证实书示例

3. 支取款项的会计核算

单位定期存款根据支取的不同情况分为全额到期支取、全额提前支取和部分提前支取三种。

（1）全额到期支取。定期存款到期，单位支取存款时，应依单位定期存款证实书金额填写一式三联的单位定期存款支取凭证（一联为借方传票，一联为贷方传票，一联为回单），连同存款证实书一并交存款银行。

银行受理凭证，审核凭证确系本行的存款，按规定的利率计算存款利息，开列利息清单，两联存款证实书上注明"注销"字样后作为支款凭证借方传票的附件处理，然后进行账务处理，会计分录为：

借：单位定期存款——××单位
　　应付利息（已计提的利息）
　　利息支出（最近一次结息日至支取日利息）
　贷：单位活期存款——××单位
　收入：空白重要凭证　单位定期存款开户证实书　　1

【例3-3】高德商厦定期存款到期当日，金额100 000元，已计提利息2 430元，最后一次结息至支取日利息为820元，银行审核后办理转账手续。其会计分录为：

借：单位定期存款——高德商厦　　　　　　　　100 000
　　应付利息　　　　　　　　　　　　　　　　　2 430
　　利息支出　　　　　　　　　　　　　　　　　　820
　贷：单位活期存款——高德商厦　　　　　　　　　　　　103 250

（2）提前支取。单位存入定期存款后，可以全部或部分提前支取，但只能提前支取一次。全部提前支取的，按支取日挂牌公告的活期存款利率计息；部分提前支取的，提前支取的部分按支取日挂牌公告的活期存款利率计息，其余部分若不低于起存金额，则由金融机构按原存期开具新的证实书，按原存款开户日挂牌公告的同档次定期存款利率计息；若不足起存金额，则予以清户。

会计分录为：

借：单位定期存款——××单位
　　应付利息（已计提的利息）
　　利息支出（最近一次结息日至支取日利息）
　贷：单位活期存款——××单位

（三）单位通知存款业务的核算

单位通知存款是指存款人存入款项时，不约定存期，支取时需提前通知银行，约定支取存款日期和金额后方能支取的存款。

1. 单位通知存款的有关规定

（1）单位通知存款必须一次性全额存入，最低起存金额为 50 万元。

（2）单位通知存款不论存期长短，按存款人提前通知的期限划分，分为 1 天通知存款和 7 天通知存款两个种类。

（3）单位通知存款可以一次或分次支取，部分支取时账户留存金额不得低于 50 万元，低于 50 万元起存金额的，做一次性清户处理，并按清户日挂牌活期利率计息办理支取手续并销户。支取的存款本息只能转入存款单位的其他同名存款账户。单位通知存款账户不能作为结算账户使用，不得支取现金。

2. 单位通知存款业务的会计核算比照定期存款处理

（四）单位协定存款业务的核算

单位协定存款是指客户通过与银行签订《协定存款合同》，约定期限，商定结算账户需要保留的基本存款额度，由银行对基本存款额度内的存款按结息日或支取日活期存款利率计息，超过基本存款额度的部分按结息日或支取日公告的高于活期存款利率、低于六个月定期存款利率的协定存款利率给付利息的一种存款。

单位协定存款业务比照定期存款处理。

二、储蓄存款业务的核算

储蓄存款是指个人将属于其所有的人民币或者外币存入银行机构而形成的存款，包括活期储蓄存款、定期储蓄存款、定活两便储蓄存款、通知存款以及经中国人民银行批准开办的其他种类的储蓄存款。任何单位和个人不得将公款以个人名义转为储蓄存款。

（一）活期储蓄存款业务的核算

活期储蓄存款是不固定存期，可以随时存取款的储蓄存款。

1. 开户与续存的会计核算

客户申请开户时，应该填写活期储蓄存款凭条，必须写明身份证号、住址和联系电话。客户将存款凭条和现金一起交存银行，并出示身份证件。

银行机构的经办人员审查凭条，并清点现金无误后，为客户开立和登记活期储蓄存款分户账，同时登记开销户登记簿，然后填写活期存折/卡，在存款凭条上加盖"新开户"字样。最后由经办人员再次复点现金，并与存款凭条核对所填金额相符后，在凭条复核处加盖个人章和"现金收讫"字样，在存折/卡上加盖业务公章和个人名章，交给客户。银行以存款凭条代现金收入传票登记账务，会计分录为：

　　借：库存现金
　　　贷：活期储蓄存款——××存款人

【例3-4】 章秋将3 600元现金以活期存款形式存入银行，银行收妥后，做如下会计分录：

　　借：库存现金　　　　　　　　　　　　　　　　　3 600
　　　贷：活期储蓄存款——章秋　　　　　　　　　　　　　　3 600

客户续存时，需要存款凭条、存折/卡、现金办理，银行经办员检验存折、审查（打印）凭条、点收现金、确认无误后，以存款凭条代现金收入传票，其会计分录为：

　　借：库存现金
　　　贷：活期储蓄存款——××存款人

2. 支取的会计核算

活期储蓄存款客户支取现金时，需要"储蓄取款凭条"。储蓄存款凭条的主要内容有日期、储蓄品种、户名、账号、取款金额等。

取款人凭存折/卡和储蓄取款凭条办理，银行经办人员根据取款凭条调出相应账户。账、折/卡、密码核对相符后，以取款凭条代现金付出传票，凭此登记存折/卡和分户账，其会计分录为：

　　借：活期储蓄存款——××存款人
　　　贷：库存现金

【例3-5】 张华凭存折支取现金2 000元，银行办妥相关手续后，做如下会计分录：

　　借：活期储蓄存款——张华　　　　　　　　　　　　2 000
　　　贷：库存现金　　　　　　　　　　　　　　　　　　　2 000

3. 清户的会计核算

清户是指客户将存款全部取出。清户的处理手续除与一般支取存款的手续相同外，还要结算出利息，并填制两联利息清单，一联连同本息交客户，另一联由客户签收后收回，营业终了据以编制利息支出科目的传票。清户时，银行经办人员应在取款凭条、分户账和存折上加盖"结清"戳记，并注销开销户登记簿。银行在客户清户时应做如下会计分录：

借：活期储蓄存款——××存款人
　　利息支出（最近一次结息日至支取日利息）
　　贷：库存现金

（二）定期储蓄存款业务的核算

1. 定期储蓄存款的种类

定期储蓄存款是客户在银行存入款项时，与银行约定存储期限，到期一次或分次支取本金和利息的一种储蓄存款形式。定期储蓄存款包括整存整取、零存整取、存本取息、整存零取四种以及定活两便存款和通知存款等。

（1）整存整取。整存整取定期储蓄存款是指按约定的存期整笔一次存入，到期一次支取本金和利息的储蓄存款。人民币整存整取定期存款的起存金额为50元，存期有三个月、半年、一年、二年、三年和五年六个档期，存款采用逐笔计息法计算利息，按存入日挂牌公告的相应期限档次整存整取定期存款利率计息，利随本清。如遇利率调整，不分段计息。

（2）零存整取。零存整取定期储蓄存款是指在存款时约定存期，按月定额存入，到期一次支取本息的一种定期储蓄。人民币零存整取定期存款的起存金额为5元，多存不限。存期分为一年、三年、五年三个档期。存款采用积数计息法计算利息，按存入日挂牌公告的相应期限档次零存整取定期储蓄存款利率计息，利随本清。如遇利率调整，不分段计息，中途如有漏存，可在次月补存，未补存或漏存次数超过一次的，视同违约，对违约后存入的部分，支取时按活期存款利率计付利息。

（3）存本取息。存本取息定期储蓄存款是指一次存入本金，分期均等支取利息，到期一次性支取本金的一种定期储蓄。人民币存本取息定期存款的起存金额为5 000元，存期分为一年、三年、五年，支取利息分为一个月一次、三个月一次、半年一次、一年一次，由客户在存款时约定，按存入日挂牌公告的相应期限档次存本取息储蓄存款利率计息，如遇利率调整，不分段计息，不得提前支取利息，如到取息日而未取息，以后可随时取息，但不计算复息。客户提前支取本金时，按照整存整取定期存款的规定计算存期内利息，并扣除多支付的利息。

（4）整存零取。整存零取定期储蓄存款是在存款时约定存期，一次存入本金，分期支取固定本金，利息到期一次结清的一种定期储蓄。人民币整存零取定期存款的起存金额为1 000元，存期分为一年、三年、五年，可按月、季、半年分次等额支取本金，到期结清利息，按存入日挂牌公告的相应期限档次整存零取储蓄存款利率计息，利随本清。如遇利率调整，不分段计息。

（5）定活两便存款。定活两便存款是指在存款开户时不必约定存期，银行根据客户存款的实际存期按规定计息，可随时支取的一种个人存款。定活两便存款的起存金额为 50 元,存期不足三个月的,利息按支取日挂牌活期利率计算;存期三个月以上(含三个月),不满半年的,利息按支取日挂牌定期整存整取三个月存款利率打折计算;存期半年以上(含半年)不满一年的,整个存期按支取日定期整存整取半年期存款利率打折计息;存期一年以上(含一年)的,无论存期多长,整个存期一律按支取日定期整存整取一年期存款利率打折计息。

(6)通知存款。通知存款是指在存入款项时不约定存期,支取时事先通知银行,约定支取存款日期和金额的一种个人存款。最低起存金额为人民币 50 000 元,外币等值 5 000 美元。个人通知存款须一次性存入,可以一次或分次支取,但分次支取后账户余额不能低于最低起存金额,当低于最低起存金额时银行给予清户,转为活期存款。个人通知存款按存款人选择的提前通知的期限长短划分为一天通知存款和七天通知存款两个品种。其中一天通知存款需要提前一天向银行发出支取通知,并且存期最少为一天;七天通知存款需要提前七天向银行发出支取通知,并且存期最少为七天。

2. 定期储蓄存款开户和续存的会计核算

为了核算各种形式的定期储蓄存款,银行应开立"定期储蓄存款"账户,同时要为每一种定期储蓄存款设立明细账户,进行明细核算。整存整取、存本取息、整存零取、通知存款、定活两便等存款一般不存在续存的问题,零存整取则在开户后要不断地办理续存手续。

零存整取定期储蓄存款、定活两便的存款的开户和续存手续比照活期存款处理。整存整取、存本取息和整存零取在开户存入时的手续基本相同,只是存款凭条填写项目和明细账户的处理有所差异。下面重点说明整存整取定期储蓄存款开户和存入款项时的账务处理。

开户时,客户到银行凭身份证明办理,选择存期和是否需要凭密码支取,并将现金交给银行经办人员。银行经办人员点数现金,与客户核对无误后,打印"定期储蓄存单",储蓄存单包括日期、储种、户名、金额等要素。储蓄存单的第一联可以代替现金收入传票,银行可据此办理收款,第二联交客户,第三联作为卡片账留存,按账户顺序排列保管,并登记"定期储蓄存款开销户登记簿"。会计分录为:

借:库存现金
　　贷:定期储蓄存款——整存整取——××存款人

【例 3-6】王云将 30 000 元现金存入银行,存期三年,选择整存整取方式。银行办妥相关手续后,做如下会计分录:

借:库存现金　　　　　　　　　　　　　　　　　　30 000
　　贷:定期储蓄存款——整存整取——王云　　　　　　　30 000

付出：重要空白凭证——整存整取存单　　　　　　　　　　　　　　　　　1

3. 定期储蓄存款支取的会计核算

（1）整存整取定期储蓄存款。整存整取定期储蓄存款到期时，客户持存单/折/卡到银行支取存款，银行经办人员抽调出卡片账与存单/折进行核对，凭印鉴或密码支取的还要核对印鉴或密码。核对相符后，银行经办人员计算应付利息，然后在存单和卡片账有关栏目中分别填写利息金额，加盖支付利息和"结清"戳记，在"定期储蓄存款开销户登记簿"中做出销户记录，同时填制一式两联利息清单，以整存整取定期储蓄存单代替现金付出传票，与一联利息清单一起作为存款本息支付的依据，另一联利息清单连同本息额交客户当面点清。

客户过期支取的，银行按照规定计付过期利息，其他手续与到期支取的手续相同。提前支取的，客户应提交身份证明，银行审查无误后在存单背面记载客户证件名称、号码、发证机关，请客户签字、签章确认后，在存单和卡片账上分别加盖"提前支取"戳记，办理付款手续，按规定计付利息。

会计分录如下：

借：定期储蓄存款——整存整取——××存款人
　　利息支出
　贷：库存现金

【例3-7】王云持30 000元三年期整存整取存单到银行支取现金。该存款已计提利息3 000元，最后一次结息至支取日利息825元，银行审核无误后办理，并做会计分录如下：

借：定期储蓄存款——整存整取——王云　　　　　　30 000
　　应付利息　　　　　　　　　　　　　　　　　　　 3 000
　　利息支出　　　　　　　　　　　　　　　　　　　　 825
　贷：库存现金　　　　　　　　　　　　　　　　　　　　　　33 825

（2）零存整取定期储蓄存款。零存整取定期储蓄存款支取时由客户将存单/折/卡交给银行经办人员，银行经办人员核对无误后按规定结算出利息，填制利息清单，分别在存单和分户账上填写本金数、利息数和本利合计数，并加盖付款日期和"结清"戳记与名章，以存单代现金付出传票（或另编传票）做出账务处理，会计分录和其他手续与整存整取定期储蓄存款取款业务相同。

（3）整存零取定期储蓄存款。整存零取定期储蓄存款的客户按照约定时间取款，客户将存单/折/卡交给银行经办人员，经办人员核对无误后，在存单/折/卡和卡片账上做支取记录，以取款凭条代现金付出传票做出账务处理。最后一次支取时则将存单/折作为取款凭条的附件一并支付本息。取款时的会计分录与整存整取的分录相似，只是平常支取本金时没有利息支付的账务。

（4）存本取息定期储蓄存款。存本取息定期储蓄存款的客户按照约定时间前来支取利息时，应持存单/折/卡，经银行经办人员核对无误后，凭以登记存单、账、卡并付款，以取息凭条代现金付出传票，做出会计分录。最后一次储户既支取本金，又支取利息，相关手续与会计分录和其他定期储蓄取款业务基本相同。

第三节 存款利息

一、存款计息的一般规则

（一）计息的范围

凡独立核算的企业单位流动资金存款、城镇居民个人的储蓄存款，以及机关、团体、部队、学校等事业单位的预算外资金存款均应计付利息。

（二）计息时间

根据存款性质及各种存款的特点，存款有定期计算结付利息和利随本清两种方式。活期性质的存款通常采用定期计算结付利息的方式；定期性质的存款通常采用利随本清方式。

单位活期存款、事业单位的计息账户和个人储蓄存款属于定期结息，一般按季度计算利息，每季末月即3月、6月、9月、12月的20日为结息日。计息的期间是从上季（年）末月21日至本季（年）末月20日。

单位及个人的定期存款，其利息的计算根据存期的档次，于存款到期日利随本清付息。

（三）计息方法

（1）积数计息法。积数计息法是按实际天数每日累计账户余额，以此作为累计积数乘以日利率计算利息的方法。由于积数是结息期间经常变动的存款余额按日累加之和，所以使用日利率。银行主要对活期性质的账户采取积数计息法计算利息，如活期存款、零存整取存款、整存零取存款、通知存款等。

积数计息法的计息公式为：

$$利息 = 累计计息积数 \times 日利率$$

其中，累计计息积数 = 账户每日余额合计数。

（2）逐笔计息法。逐笔计息法是按预先确定的计息公式逐笔计算利息的方法。

逐笔计息法便于对计息期间账户余额不变的存款计算利息。银行主要对定期存款账户采取逐笔计息法计算利息，如整存整取定期存款、存本取息存款、定活两便存款等。

采用逐笔计息法时，在不同情况下可以选择不同的计息公式。

1）计息期为整年（月）时，计息公式为：

$$利息 = 本金 \times 年（月）数 \times 年（月）利率$$

2）计息期有整年（月）又有零头天数时，计息公式为：

$$利息 = 本金 \times 年（月）数 \times 年（月）利率 + 本金 \times 零头天数 \times 日利率$$

3）银行也可不采用第一、第二种计息公式，而选择以下计息公式：

$$利息 = 本金 \times 实际天数 \times 日利率$$

其中实际天数按照"算头不算尾"原则确定。

（四）利率的换算

我国一般公布人民币存款年利率。由于存款期限不同，银行计算利息时须将年利率换算成月利率或日利率。年利率、月利率、日利率的符号分别是％、‰、‱。年利率、月利率和日利率之间可以进行以下换算：

$$年利率 \div 12（月）= 月利率$$
$$月利率 \div 30（天）= 日利率$$
$$年利率 \div 360（天）= 日利率$$

二、单位存款利息计算方法

（一）单位活期存款利息的核算

单位活期存款的特点是存期短、存取款次数频繁、账户余额经常发生变化，因此计息时一般采用积数计息法。

采用积数计息法，关键在于计算积数。积数的计算可以利用余额表或分户账进行。

1. 利用余额表计算积数

利用余额表计算积数适用于存款余额变动频繁的存款账户。使用这一工具计算积数时只须将结息期间的每日余额累加，即为季度积数。具体来说，银行人员于每日营业终了时，将各科目各个分户账（如单位活期存款分户账、贷款分户账）当日余额抄列入余额表，如果当日余额没有变动的，按照上日的余额抄列。各户各日余额相加，即为计息积数。每旬、每月和结息日都要结出累计计息积数，并且将同一科目所属各明细账户的累计计息积数与该科目总账的累计计息积数核对相符。如果因账务错误等原因导致账项调整，从而影响利息计算的，应该相应调整（增加或减少）积数。调整后的本季度或本年度累计计息积数乘以适用的日利率，就可算出本期应计付的利息数。

【例3-8】志远商厦6月的活期存款余额表如表3-1所示。根据余额表计算该单位的本期计息积数，并结计利息。

表3-1　××银行计息余额表

20××年6月

科目名称：单位活期存款　　　　　　　　科目代号：　　　　　　利率：0.35%

日期	户名及账号 / 余额	志远商厦（位数）	…（位数）	…（位数）	…（位数）	复核
1		5 872.14				
2		123 990.42				
3		257 302.10				
……		……				
10天小计		950 867.66				
11		4 503.21				
12		10 294.35				
13		93 142.33				
……		……				
20天小计		1 158 809.65				
21		104 323.12				
22		104 323.12				
23		75 943.97				
……		……				
本月合计		1 743 399.88				
至上月月底计息积数		7 668 017.49				
应加或应减积数		−180 000				
本期累计应计息积数		8 646 827.14				
至本月月底累计未计息积数		584 590.23				
结息日计算利息数						

会计：　　　　　　　复核：　　　　　　　　　　　　记账：

余额表中应加或应减积数是为解决账务记载中出现的差错，随之更正积数而设置的。如19日经核对账务，发现志远商厦6月7日转收的15 000元，属于误计入该账户的金额。对此项错误，在19日更正账簿的基础上，应计算6月7～19日共12天的应减积数，即15 000×12=180 000，记入余额表中"应减积数"栏目。

志远商厦本季度计息积数：

$$7\ 668\ 017.49 + 1\ 158\ 809.65 - 180\ 000 = 8\ 646\ 827.14$$

志远商厦本季度存款利息：

$$8\ 646\ 827.14 \times 0.35\% \div 360 = 84.07（元）$$

会计部门根据利息数额编制利息记账传票进行账务处理。会计分录为：

借：利息支出　　　　　　　　　　　　　　　　　　　　　84.07
　　贷：单位活期存款——志远商厦　　　　　　　　　　　　84.07

2. 利用分户账计算积数

利用分户账计算积数适用于存取款次数不多、余额变动不频繁的存款账户。一般使用乙种账户。乙种账户中有余额、每个余额存在的日数、每个余额的累计积数等栏目，便于计算。

在采用分户账计算积数的情况下，当发生存款存取业务时，应按照上次最后余额乘以该余额的实际存款天数计算出该余额形成的积数，记入分户账"积数栏"中的相应位置。每个余额的实际存款天数按照"算头不算尾"的原则处理。到结息日，应该先根据上个记账日的日期和存款余额计算出截至结息日的日数和积数，再加总本计息期的积数总和，如果有错账调整，则应相应调整积数。用该积数乘以适用的日利率就是本期应该计付的利息。

【例 3-9】甲公司的活期存款分户账如表 3-2 所示。根据分户账计算本期计息积数，并结计利息。

表 3-2　分户账

账号：××××××
户名：甲公司　　　　　　　　　　　　　　　　利率：0.35%

20××年		摘要	借方	贷方	借或贷	余额	日数	积数
月	日							
3	20	结息		29.03	贷	16 401.20		2 985 942.86
							8	131 209.60
3	29	汇款	6 000.00		贷	10 401.20	18	187 221.60
4	16	转收		12 622.80	贷	23 024.00	25	575 600.00
5	11	转支	1 020.00		贷	22 004.00	29	638 116.00
6	9	现支	5 000.00		贷	17 004.00	12	204 048.00
6	20	结息		16.88	贷	17 020.88	92	1 736 195.20

甲公司本季度计息积数：

$131\ 209.60 + 187\ 221.60 + 575\ 600.00 + 638\ 116.00 + 204\ 048.00 = 1\ 736\ 195.20$

甲公司本季度利息：

$$1\ 736\ 195.20 \times 0.35\% \div 360 = 16.88（元）$$

会计部门根据利息数额编制利息支出凭证，并登记入账。会计分录为：

借：利息支出　　　　　　　　　　　　　　　　　　　16.88
　　贷：单位活期存款——甲公司　　　　　　　　　　　　　　16.88

（二）单位定期存款利息的核算

1. 基本规定

（1）单位定期存款在原定期限内，如遇利率发生变化，不论调高还是调低均按原存入日约定利率计息。

（2）单位定期存款不到存款期限，原则上不能提前支取。如存款人遇到特殊情况必须提前支取的，可持有关证件，经银行审批后方可提前支取，其利息按当日挂牌公布的活期利率计算。

（3）超过原定存期来行支取的，其利息计算为：原定存期内按原定利率利息；超过期限部分，按当日挂牌公布的活期利率计息。

（4）单位定期存款利息计算后，一律由银行以转账方式记入单位活期存户，不得支取现金。

2. 计息方法

具有定期性质的单位定期存款，一般适用于逐笔计息法。

【例 3-10】甲公司于 20×7 年 5 月 6 日来行支取到期的定期存款 200 000 元，起存日为 20×5 年 5 月 6 日，期限为 2 年，利率为 4.4%。（假定实际利率与合同约定的名义利率差异不大，采用合同约定的名义利率计算确定利息费用）

银行应支付的存款利息为：

$$200\ 000 \times 4.4\% \times 2 = 17\ 600（元）$$

会计分录为：

借：单位定期存款——甲公司　　　　　　　　　　　200 000
　　利息支出（应付利息）　　　　　　　　　　　　　17 600
　　贷：单位活期存款——甲公司　　　　　　　　　　　　　　217 600

【例 3-11】A 公司 20×7 年 5 月 6 日来行提前支取定期存款 150 000 元，该存款原存入日为 20×6 年 2 月 8 日，期限为 3 年，利率为年 4.95%。支取当日的活期存款利率为 0.35%（合同利率与实际利率相差不大，期间未预提利息）。

A 公司的定期存款为 3 年期，但在银行仅存了 1 年零 2 个月零 28 天，因存款未到期，故应按活期利率计息。其利息为：

$$1\ 年的利息 = 150\ 000 \times 0.35\% = 525（元）$$

2 个月利息 =150 000 × 2 × 0.35% ÷ 12 = 87.5（元）

28 天利息 =150 000 × 28 × 0.35% ÷ 360 = 40.83（元）

合计利息为：525 + 87.5 + 40.83 = 653.33（元）

会计分录为：

借：单位定期存款——A 公司　　　　　　　150 000

　　利息支出　　　　　　　　　　　　　　653.33

　　贷：单位活期存款——A 公司　　　　　　　　　　　150 653.33

【例 3-12】甲公司 20×7 年 5 月 6 日来行支取到期存款 300 000 元，该存款原存入日为 20×5 年 4 月 10 日，存期为 2 年，利率为 4.40%（合同利率与实际利率相差不大，期间未预提利息）。支取当日活期存款利率为年 0.50%。

该公司的存款期限为 2 年，但客户过期支取，其利息计算分为两部分：原存期内的利息与过期利息。

300 000 × 2 × 4.40% = 26 400（元）

（300 000+26 400）× 26 × 0.50% ÷ 360 = 117.87（元）

会计分录为：

借：单位定期存款——甲公司　　　　　　　300 000

　　利息支出　　　　　　　　　　　　　　26 517.87

　　贷：单位活期存款——甲公司　　　　　　　　　　　326 517.87

3. 利息的预提

按照权责发生制原则，对于一年及一年以上的定期存款，银行应在资产负债表日预提利息，计入当期成本。当合同利率与实际利率差异较大时，按照实际利率与摊余成本计算利息支出，按照合同利率与合同本金计算应付利息，差额计入利息调整。实际支付利息时，借记"应付利息"，贷记"单位活期存款"等科目。

预提利息的会计分录为：

借：利息支出

　　贷：应付利息

【例 3-13】20×5 年 1 月 1 日，银行收到 A 公司从活期存款账户转存的 100 000 元，办理整存整取定期 2 年业务。当日整存整取的利率为 4.4%。存款期间，银行按照实际利率法计提利息。20×7 年 1 月 5 日，该公司支取存款本息，当日挂牌公告的活期存款利率为 0.35%。假定银行每半年计提一次利息。根据上述资料，银行用合同利率和实际利率确定利息费用的账务处理分别如下：

20×5 年 1 月 1 日，办理存款业务时，由于存款没有交易费用，本金即为初始

确认金额,会计分录为:

借:单位活期存款——A 公司 100 000
  贷:单位定期存款——2 年——A 公司(本金) 100 000

1. 以合同利率确认利息费用

如果认为合同利率与实际利率差别不大,则在资产负债表日以合同利率确认利息费用。

(1)20×5 年 6 月 30 日,会计分录为:

借:利息支出(100 000×2.2%) 2 200
  贷:应付利息 2 200

(2)20×5 年 12 月 31 日,会计分录为:

借:利息支出 2 200
  贷:应付利息 2 200

(3)20×6 年 6 月 30 日,会计分录为:

借:利息支出 2 200
  贷:应付利息 2 200

(4)20×6 年 12 月 31 日,会计分录为:

借:利息支出 2 200
  贷:应付利息 2 200

(5)20×7 年 1 月 5 日,会计分录为:

借:单位定期存款——2 年——A 公司(本金) 100 000
  应付利息 8 800
  利息支出(108 800×4×0.35%÷360) 4.23
  贷:单位活期存款——A 公司 108 804.23

2. 以实际利率和摊余成本确认利息费用

如果认为合同利率与实际利率差别较大,则在资产负债表日以实际利率和摊余成本计算利息费用(本题计提利息精确到元)。

半年合同利率为 2.2%   (4.4%÷2)
半年实际利率为 2.130 9%   (100 000=(100 000+8 800)÷(1+i)^4)

由计算结果可知,虽然银行办理存款业务时没有发生交易费用等,但由于实际付息周期(到期一次单利付息)与计息周期不同,因此名义与实际出现差异。

(1)20×5 年 6 月 30 日,会计分录为:

借:利息支出(100 000×2.130 9%) 2 131
  单位定期存款——利息调整 69
  贷:应付利息 2 200

(2)20×5 年 12 月 31 日,会计分录为:

借：利息支出［(100 000+2 131)×2.130 9%］ 2 176
　　　单位定期存款——利息调整 24
　　贷：应付利息 2 200

(3) 20×6年6月30日，会计分录为：

借：利息支出［(100 000+2 131+2 176)×2.130 9%］ 2 223
　　贷：应付利息 2 200
　　　　单位定期存款——利息调整 23

(4) 20×6年12月31日，会计分录为：

借：利息支出 2 270
　　贷：应付利息 2 200
　　　　单位定期存款——利息调整(69+24-23) 70

(5) 20×7年1月5日，支取本息时，会计分录为：

借：单位定期存款——2年——A公司(本金) 100 000
　　应付利息 8 800
　　利息支出(108 800×4×0.35%÷360) 4.23
　　贷：单位活期存款——A公司 108 804.23

三、储蓄存款利息的计算

(一) 活期储蓄存款利息

活期储蓄存款通常以积数计息法计算利息，具体同单位活期存款。

(二) 定期储蓄存款利息的核算

1. 整存整取存款利息的核算

个人整存整取存款利息的核算同单位定期存款，主要有提前支取、到期支取和过期支取三种情形。

2. 零存整取存款利息

零存整取下存入的本金逐渐增加，存款利息一般采用积数计息法确定。计算公式为：

到期利息 = 月存金额 × 累计月积数 × 月利率

累计月积数 = (存入次数+1)÷2 × 存入次数

3. 整存零取存款利息

整存零取下分期支取本金引起存款本金逐渐减少，存款利息一般采用积数法确定。计算公式为：

$$存款本金的平均值 = (全部存款本金 + 每期支取的本金数) \div 2$$

$$到期利息 = 存款本金的平均值 \times 支取本金次数 \times 每次支取间隔期 \times 月利率$$

4. 存本取息存款利息

存本取息存款利息应先按照规定的利率求出全部应付利息总数，然后将该利息平均分摊算出每次支取的利息数，具体计算公式为：

$$每次支取的利息数 = (存款本金 \times 存期 \times 利率) \div 支取利息的次数$$

5. 定活两便存款利息

定活两便存款利息的计算根据存款额和适用利率确定。存期不足三个月的按照活期存款利率给付利息；三个月以上的定活两便存款按一年期以内定期整存整取同档次利率打折执行。

随着利率市场化的推进，各商业银行在计算存款利息时，可能存在差异。利息差异主要来源于几个方面：一是商业银行存款利率可能不同；二是计结息规则不同，如因复利因素造成利息差异；三是利息计算方法，如定期存款是采用整年整月加零头天数还是按存期实际天数计算利息会导致利息差异。中国人民银行规定，商业银行应将存款计结息规则和计息方法告知客户，客户亦可向银行咨询相关信息，以便自主选择银行办理储蓄业务。

思考练习题

一、重要概念

基本存款账户　一般存款账户　临时存款账户　专用存款账户
积数计息法　逐笔计息法　实际利率　摊余成本

二、思考题

1. 什么是存款，存款对银行有什么意义？
2. 存款有哪些分类？
3. 存款业务的核算有哪些要求？
4. 单位存款有哪些账户，各种账户开立的条件是什么？
5. 银行的存款账户是如何进行分类的，各有什么特点，适用范围是什么？
6. 存款利息计算的规定有哪些？

7. 简述单位活期存款和单位定期存款利息计算方法及其核算。
8. 简述活期储蓄存款和定期储蓄存款利息计算方法及其核算。

三、单项选择题

1. 活期存款的计息时间一般是（　　）。
   A. 月末　　　　　B. 6月30日　　　　C. 季末月20日　　　D. 12月31日
2. 银行对活期存款采用累计积数计息时应使用（　　）。
   A. 日利率　　　　B. 月利率　　　　　C. 年利率　　　　　D. 不确定
3. 实行独立经济核算的单位只能在当地的一家银行开立一个（　　）。
   A. 专用账户　　　B. 临时账户　　　　C. 一般账户　　　　D. 基本账户
4. 本金一次存入，约定存期，分期支取利息，到期支取本金的储蓄存款是（　　）。
   A. 整存整取　　　B. 零存整取　　　　C. 存本取息　　　　D. 整存零取
5. 存款人因特定用途需要开立的存款账户是（　　）。
   A. 临时账户　　　B. 专用账户　　　　C. 一般账户　　　　D. 基本账户
6. 20×7年12月6日，银行为客户张晓办理零存整取业务，每月存入3 000元，存期1年，利率为1.98‰。存款到期时银行应支付的利息为（　　）元。
   A. 4 633.20　　　B. 386.10　　　　　C. 712.80　　　　　D. 1 269.40
7. 6月21日～9月18日，银行客户京方公司的累积计息积数是9 000 000，9月19日和20日，该公司的存款余额分别是200 000元与300 000元，则该公司第三季度的计息积数为（　　）。
   A. 9 000 000　　　B. 9 500 000　　　C. 8 800 000　　　D. 8 700 000
8. 银行计息时若采用积数计息，则计息积数可以是（　　）。
   A. 本金×存期×利率　　　　　　　　B. 存期×利率
   C. 本金×日利率　　　　　　　　　　D. 本金×存期
9. 银行采用余额表计息，主要适用于（　　）。
   A. 余额不变的账户　　　　　　　　　B. 余额变动不频繁的账户
   C. 余额变动频繁的账户　　　　　　　D. 余额不足的账户
10. 存款时约定存期，按月定额存入，到期一次支取本息的存款是（　　）。
    A. 整存整取　　　B. 零存整取　　　　C. 存本取息　　　　D. 整存零取

四、多项选择题

1. 下列项目中属于银行负债类的有（　　）。
   A. 活期存款　　　B. 利息支出　　　　C. 利息收入　　　　D. 应付利息
2. 银行在计算利息时，通常可以使用的计息公式有（　　）。
   A. 本金×存期　　　　　　　　　　　B. 积数×日利率
   C. 本金×实际天数×日利率　　　　　D. 本金×存期×利率

3. 银行采用积数计息法计息时，可以借助（　　）结计出积数。
   A. 分户账　　　B. 余额表　　　C. 登记簿　　　D. 总账
4. 单位存款业务应该使用（　　）二级科目核算。
   A. 活期储蓄存款　B. 定期储蓄存款　C. 活期存款　D. 定期存款
5. 客户以现金存入款项时，会导致银行（　　）。
   A. 资产增加　　B. 资产减少　　C. 负债增加　　D. 负债减少
6. 银行对一年期及以上定期存款预提利息时，会导致（　　）。
   A. 收入增加　　B. 费用增加　　C. 负债增加　　D. 负债减少

五、判断题

1. 单位定期存款到期支取时，本息款既可以取现，也可以转存活期存款账户。（　）
2. 一个单位只能在银行开立一个基本存款账户，工资、奖金等现金的支取应通过该账户办理。（　）
3. 月利率与日利率之间的换算公式是：日利率 = 月利率 ÷30。（　）
4. 单位活期存款有余额表计息和分户账计息两种方法，存期内每月天数一律按30天计算。（　）
5. 年利率与日利率之间的换算公式是：日利率 = 年利率 ÷360。（　）
6. 实行独立经济核算的单位可以在当地的多家银行开立多个一般账户。（　）
7. 定期储蓄存款一般都有金额起点的限制。（　）
8. 对客户的活期储蓄存款在3月20日进行结息时，银行为客户结计的是本年1月1日～3月20日这一时间段的存款利息。（　）
9. 我国整存整取定期储蓄存款的存期有三个月、半年、一年、三年、五年六个档次。（　）
10. "活期储蓄存款""活期存款"属于负债类科目，分别用来核算银行吸收的居民个人与企业的活期存款，资产负债表归属"吸收存款"科目。（　）
11. 银行必须以合同利率确认一年期以上定期存款的利息费用。（　）
12. 活期存款必须以实际利率和摊余成本来确认本期的利息费用。（　）

六、核算题

1. 银行收到开户单位机械厂的自销产品收入现金10 000元，存入其存款账户。
2. 银行收到开户单位立A公司的现金支票，金额为50 000元，审核无误付现。
3. 甲公司签发转账支票一张，金额为100 000元，要求办理一年期定期存款，银行审核无误转账。
4. 客户张某要求将其活期储蓄存款账户上的30 000元转为两年期定期储蓄存款，银行审核无误，办理转账。

5. 银行在结息日计算甲公司本季度存款积数为 93 782 000，当日活期存款挂牌公告利率为 0.3%，计算应付利息并做账务处理。
6. 20×4 年 12 月 6 日，银行为客户李某办理零存整取业务，每月存入 1 000 元，存期 2 年，利率为 2.85%。20×6 年 12 月 16 日，张某支取本息。银行审核无误办理。当日活期存款挂牌公告利率为 0.3%。
7. 客户黄某存入活期账户现金 2 000 元，银行审核无误办理。
8. 某银行预提本季度定期储蓄存款利息 265 870 元。
9. 某银行支付红星医院到期定期存款 1 000 000 元，利息 19 800 元，其中 19 000 元利息已经预提，银行将本息转入其活期存款账户。
10. 20×6 年 8 月 1 日，某银行收到客户刘云送交的整存整取储蓄存单，存单显示：存单金额为 480 000 元，存款日期为 20×4 年 8 月 1 日，存期 2 年，年利率 3.50%。当日挂牌公告的活期存款利率为 0.3%，经过审核无误，以现金支付本息。以合同利率进行账务处理（假定银行每半年预提利息，计提利息精确到元）。
11. 根据以下资料计算利息，做出相应的账务处理并登记入账。

账号 05120111278900　　　　　　　活期存款 分户账

户名 A 公司　　　　　　　　　　　　　　　　　　　　　　利率：0.3%

20×× 年		摘要	凭证号码	对方科目代号	借方	贷方	借或贷	余额	日数	积数	复核签章
月	日										
3	1	承前页						1 200		108 000	
3	12	现收				2 000					
3	17	转收				80 000					
3	20	转支		0435	50 000						
3	20	结息									
3	26	现支			20 000						

第四章 Chapter 4

贷款和贴现业务

学习目标

1. 掌握商业银行贷款的种类
2. 理解贷款业务的一般账务处理,即初始确认、后续计量与终止确认
3. 掌握商业银行信用贷款、抵押贷款、质押贷款和保证贷款的核算
4. 熟悉贷款利息计算的一般规则
5. 掌握定期结息和利随本清贷款利息的计算及核算
6. 熟悉票据贴现的概念,掌握票据贴现利息的计算及票据贴现的核算
7. 掌握贷款减值的计量和贷款损失准备的计提及核算

第一节 贷款业务概述

一、贷款业务的意义

贷款业务是商业银行以债权人身份将货币资金的使用权转让给债务人并要求其按约定的利率和期限还本付息的活动。商业银行根据国家相关法律、规章制度的规定,在经营中以安全性、流动性和效益性为原则,将筹集的资金发放给资金需求者。

贷款的意义表现在:第一,贷款是商业银行资产的重要组成部分,是银行收益的主要源泉;第二,银行贷款是满足生产、消费和商品流通领域资金需要的重要融资方式,有助于实现社会资金的优化配置和效率提升;第三,贷款是政府运用经济杠杆调节和管理经济的重要手段之一。

二、贷款业务的核算要求

（一）制定适应不同类型贷款的核算方式

商业银行贷款种类繁多，相应的贷款会计核算方法和程序亦应该适应不同贷款类型的需要，即通过设立不同种类的贷款账户，制定贷款发放和收回的具体核算手续等，以便正确、及时地处理贷款业务，反映和监督不同借款人的资金融通。

（二）认真履行贷款核算手续

银行贷款业务会计核算的过程，通常包括发放贷款、日常结息、到期收回本息或逾期、展期等环节。在这个过程中银行会计部门应配合资金营运部门，按照借款合同的约定，完成相应的会计核算。

（三）正确反映贷款信息

正确反映贷款信息是银行会计工作的重要职能，银行会计部门应合理设置贷款业务会计科目，及时、准确地进行贷款业务的核算，例如贷款本金和利息分别核算、自营贷款与委托贷款分别核算、商业性贷款与政策性贷款分别核算、本币贷款与外币贷款分别核算等。

三、贷款的种类

（一）按贷款期限划分

按贷款期限不同，可划分为短期贷款和中、长期贷款。

短期贷款是指期限在一年以内（含一年）的贷款；中期贷款是指期限在一年以上五年以内（含五年）的贷款；长期贷款是指期限在五年以上的贷款。

（二）按贷款的保障条件划分

按贷款的保障条件不同，可划分为信用贷款、担保贷款。

信用贷款是指仅凭借款人的信誉而发放的贷款。担保贷款是指银行为保证债权的实现，要求借款人或第三人按照《中华人民共和国担保法》规定的担保方式向银行提供担保而发放的贷款。担保贷款又分为保证贷款、抵押贷款和质押贷款。

（三）按贷款的风险程度划分

按贷款的风险程度不同，可划分为正常贷款、关注贷款、次级贷款、可疑贷款和损失贷款。

正常贷款是指借款人能够履行合同，有充分把握按时足额偿还本息的贷款；关注贷款是指尽管借款人目前有能力偿还贷款本息，但是存在一些可能对偿还产生不利影响因素的贷款；次级贷款是指借款人的还款能力出现了明显的问题，依靠其正常经营收入已无法保证足额偿还本息的贷款；可疑贷款是指借款人无法足额偿还本息，即使执行抵押或担保，也肯定要造成一部分损失的贷款；损失贷款是指在采取了所有可能的措施和一切必要的法律程序以后，本息仍然无法收回，或只能收回极少部分的贷款。后三类贷款即为银行的不良贷款。

（四）按贷款的资金来源划分

按贷款的资金来源不同，可划分为自营贷款、委托贷款和特定贷款。

自营贷款是指贷款人以合法方式筹集的资金而自主发放的贷款，其风险由贷款人承担，并由贷款人收取本金和利息；委托贷款是指由政府部门、企事业单位及个人等委托人提供资金，由贷款人（亦即受托人）根据委托人确定的贷款对象、用途、金额、期限、利率等而代理发放、监督使用并协助收回的贷款，其风险由委托人承担，贷款人即受托人只收取手续费，不代垫资金；特定贷款是指经国务院批准并对贷款可能造成的损失采取相应补贴措施后要求商业银行发放的贷款。

（五）按贷款的减值情况划分

按贷款的减值情况，可划分为正常贷款和已减值贷款。

正常贷款是指没有减值迹象、未发生减值的各种贷款，一般包括五级分类中的正常贷款和关注贷款，其后续计量通常包括期间利息计提、计提减值准备、本息收回等；已减值贷款是指存在减值客观证据的贷款，主要包括五级分类中的次级贷款、可疑贷款和损失贷款，其后续计量通常涉及利息确认、计提减值准备、担保资产处置、本息收回等。

四、贷款业务的主要账务处理

（一）初始确认

金融企业按当前市场条件发放的贷款，应按发放贷款的本金和相关交易费用之和作为初始确认金额，即应按贷款的合同本金，借记贷款科目（本金），按实际支付的金额，贷记吸收存款类科目，按其差额，借记或贷记贷款科目（利息调整）。在实际操作中，如果认为贷款的相关交易费用金额较小，银行根据重要性原则可不将其计入贷款价值，在实际发生时直接计入当期损益。

（二）后续计量

贷款持有期间所确认的利息收入，应当根据摊余成本和实际利率计算。实际利率应在取得贷款时确定,在该贷款预期存续期间或适用的更短期间内保持不变。实际利率与合同利率差别较小的,也可按合同利率计算利息收入。银行贷款的摊余成本的计算公式可以具体为:

$$期末摊余成本 = 期初摊余成本 + 按实际利率计算的利息收入 - 现金流入 - 收回的本金 - 已计提的减值准备$$

贷款期间,有客观证据表明其发生了减值的,应当根据其账面价值与预计未来现金流量现值之间的差额计算确认减值损失。

(三) 终止确认

收回贷款时,应按客户归还的金额,借记吸收存款类等科目,按计提的应收利息金额,贷记"应收利息"科目,按归还的贷款本金,贷记贷款科目(本金),未计提的利息,贷记"利息收入"科目。存在利息调整余额的,还应同时结转。

处置贷款时,应将取得的价款与该贷款账面价值之间的差额计入当期损益。

第二节 贷款业务

一、信用贷款的核算

信用贷款是指银行仅凭借款人的信用状况而发放的贷款。由于信用贷款没有实物或有价证券做担保,也没有第三人做担保,因此属银行高风险资产。

(一) 信用贷款发放的核算

借款人向银行申请贷款时,应向银行信贷部门提交包括有借款用途、偿还能力、还款方式等主要内容的"借款申请书"及相关资料,并经信贷部门按贷款程序进行调查评估和可行性论证;然后,按照审贷分离、分级审批的要求进行贷款审批后,双方签订借款协议或借款合同。

贷款发放由借款人填写一式五联的借款借据或借款凭证(见图4-1),在第一联借款凭证上加盖借款单位公章、法定代表人印章及预留银行印鉴,送交银行信贷部门。经银行信贷部门审批并签署意见后,送会计部门办理贷款手续。

会计部门收到一式五联的借款凭证后,应认真审查:借款凭证各栏填写是否正确完整;大小写金额是否一致;印章是否齐全、预留银行印鉴是否相符;印鉴与借款单位名称是否一致;有无信贷部门和相关人员的签章。经审查无误后,会计部门根据借款凭证为借款人开立贷款账户,以借款凭证第一、二联代转账借方、贷方传票办理转账。转账后,第三联借款凭证盖章后作为回单交借款人,第四联由银行信贷部留存备查，第五联借款凭证按贷款到期日先后顺序用专用票夹保管。会计部门对保存的借款凭证要定期与贷款分户账核对，保证账据相符。

中国××银行贷款转存凭证（借款借据）																
账别：				年 月 日				贷款种类：								
借款人	全 称				收款人	全 称										第二联：借方凭证
	账 号					账 号										
	开户行					开户行										
大写金额	（币种）					亿	千	百	十	万	千	百	十	元	角	分
委托你行将上述贷款金额转 存/支付_____存款户。 借款人（盖章） 年 月 日			业务主管： 经办人： （信贷部门盖章） 年 月 日			合同号：										
						科目（借）										
						对方科目（贷）										

图 4-1 贷款转存凭证示例

贷款初始确认和计量，可能出现以下两种情况：

（1）如果认为贷款的相关交易费用金额较小，那么就在发生时直接计入当期损益。会计分录为：

借：短期（或中长期）贷款——借款人贷款户
　　贷：单位活期存款——借款人存款户

发生相关交易费用时的会计分录为：

借：业务及管理费等
　　贷：银行存款等

（2）如果认为贷款的相关交易费用金额较大，则将贷款本金与相关交易费用之和作为初始确认金额。会计分录为：

借：短期（或中长期）贷款——本金
　　贷：单位活期存款——借款人存款户
　　　　短期（或中长期）贷款——利息调整

【例 4-1】银行收到开户单位 A 商厦的借款申请，经信贷部门审查评定，20×4 年 1 月 7 日发放流动资金贷款 400 000 元，期限 9 个月，合同利率 6%。贷款时发生印花税 20 元，会计部门办理转账手续。会计分录为：

借：短期贷款——A 商厦（本金）　　　　　400 000
　　贷：单位活期存款——A 商厦存款户　　　　　　　400 000
借：业务及管理费——印花税　　　　　　　　20
　　贷：银行存款　　　　　　　　　　　　　　　　　20

【例 4-2】银行收到开户单位甲公司的借款申请,经信贷部门审查评定,20×2 年 1 月 1 日发放固定资金贷款 1 000 000 元,期限 3 年,合同利率 6.2%。贷款时发生评估费 20 000 元,并以现金支付给评估公司。银行按发放贷款的本金和相关交易费用之和作为初始确认金额。会计部门办理转账手续。会计分录为:

借:中期贷款——甲公司(本金) 　　　　　　　1 000 000
　　中期贷款——甲公司(利息调整) 　　　　　　　20 000
　贷:单位活期存款——甲公司 　　　　　　　　　　　　1 000 000
　　　库存现金 　　　　　　　　　　　　　　　　　　　　20 000

(二)未减值信用贷款收回的核算

当未减值信用贷款到期时,可能是由借款人主动归还,也可能是由银行主动扣收。

1. 借款人主动归还贷款的核算

借款人主动归还贷款,一般是通过向银行签发转账支票或填写一式四联的还款凭证,办理还款手续。会计部门收到还款凭证后,应与贷款卡片账进行核对,核查借款人存款账户余额,计算贷款利息后以还款凭证第一、二联代借方、贷方传票办理转账,转账后,还款凭证第三联送交信贷部门,第四联作为回单退还借款人。会计分录为:

借:单位活期存款——××存款户
　贷:短期(或中长期)贷款——××贷款户
　　　利息收入(应收利息)

【例 4-3】9 月 10 日,银行收到开户单位 A 商厦签发的 109 000 元转账支票,归还到期的流动资金贷款本息,会计部门办理转账手续。会计分录为:

借:活期存款——A 商厦存款户 　　　　　　　109 000
　贷:短期贷款——A 商厦贷款户 　　　　　　　　　　100 000
　　　利息收入——短期贷款利息收入 　　　　　　　　　9 000

2. 银行主动扣收的核算

当贷款到期,借款人未能主动归还贷款,而其存款账户的余额又足够还款时,会计部门征得信贷部门同意,并由信贷部门出具"贷款收回通知单",可以填制特种转账借方传票,据以办理转账。会计分录与借款人主动归还的分录相同。

(三)贷款展期的处理

不能按期归还贷款的,借款人应当在贷款到期日之前,向贷款人申请贷款展期,是否展期由贷款人决定。申请保证贷款、抵押贷款、质押贷款展期的,还应当由保证人、抵押人、出质人出具同意的书面证明。已有约定的,按照约定执行。

短期贷款展期期限累计不得超过原贷款期限;中期贷款展期期限累计不得超过原贷款期限的一半;长期贷款展期期限累计不得超过 3 年,国家另有规定者除外。贷款的展期期限加上原期限达到新的利率期限档次时,从展期之日起,贷款利息按新的期限档次计收利率。

借款人申请贷款展期时,应根据展期理由向信贷部门填送一式三联的"贷款展期申请书"。经信贷部门审批后,将其中一联申请书附在原借款凭证后面一并保存,并在原借款凭证上批注展期日期,另两联申请书转交会计部门。

会计部门接到贷款展期申请书后,应审查信贷部门的审批意见和签章是否明确、展期贷款金额与借款凭证上的金额是否一致,以及展期的期限是否符合有关规定,经审核无误后,在贷款分户账及原借款凭证上注明展期日期,并将一联展期申请书附于原借款凭证后面按规定保管;在另一联展期申请书上加盖业务公章退交借款人收执。贷款展期不必另办理转账手续。

(四)已减值信用贷款的核算

当贷款经过减值测试,由未减值转为已减值贷款时,银行应填制特种转账借贷方传票,将贷款转入贷款单位的已减值贷款账户进行管理。会计分录为:

借:已减值贷款——××已减值贷款户
　　贷:短期(或中长期)贷款——××贷款户

二、抵押贷款的核算

抵押贷款是指按照《中华人民共和国担保法》规定的抵押方式以借款人或第三人的财产作为抵押物而发放的贷款。

抵押物是指借款人或第三人(以下称抵押人)提供的经债权人认可作为抵押的财产。抵押物一般包括:

(1)抵押人所有的房屋和其他地上定着物;
(2)抵押人所有的机器、交通运输工具和其他财产;
(3)抵押人依法承包并经发包方同意抵押的荒山、荒沟、荒丘、荒滩等荒地的土地使用权;
(4)依法可以抵押的其他财产。

抵押贷款的贷款额度,是以抵押物的现值为基数,按双方约定的抵押率计算确定的。抵押率是由贷款银行根据借款人的资信程度、经营状况、抵(质)押物的价值、贷款期限、贷款风险以及价格波动等因素综合考虑确定的。抵(质)押贷款的额度一般维持在抵押物作价金额的 50%～80%。

(一) 抵押贷款发放的核算

借款人申请抵押贷款时，应向银行提交"抵（质）押贷款申请书"，申请书中除写明借款金额、用途和期限外，还应填列抵押品的名称、规格、数量、单价、总价、存放点等详细情况。经银行信贷部门审查后，双方签订抵押贷款合同，由借款人填制借款凭证。信贷部门办妥抵押物保管手续后，将有关抵押物凭证、保险单及借款凭证一并交会计部门登记保管。会计分录为：

借：抵押贷款——××借款人贷款户
　　贷：单位活期存款——××借款人存款户

抵押物是借款人还款的第二保证，抵押贷款一经发放，银行开具一式两联的"贷款抵押品保管证"（如图 4-2），一联交借款人，另一联交会计部门保管登记有关账簿，并登记表外科目，会计分录为：

收入：代保管有价值品——××户

贷款抵押品保管证			
年　　月　　日			
借款人（单位姓名）			
贷款银行			
借款金额			
抵押品	名　称	数　量	价值（元）
	合　计		
保管期限			
保管单位签章			
借款人签章			
备注			

图 4-2　贷款抵押品保管证示例

(二) 抵押贷款收回的核算

借款人到期归还贷款时，应填交还款凭证，连同抵押品收据一并交银行，银行收到后经审核无误，办理贷款本息收回手续。会计分录为：

借：单位活期存款——××借款人存款户
　　贷：抵押贷款——××借款人贷款户
　　　　利息收入（应收利息）

抵押贷款清偿后，会计出纳部门则依信贷部门的"抵押物品（证券）退还通知书"办理销账及退抵押品手续，销记"贷款抵押品登记簿"，登记"代保管有价值品"表外科目有关账户，注销表外科目。会计分录为：

付出：代保管有价值品——××户

（三）处理抵押物的核算

抵押贷款到期，借款人如不能归还贷款本息，经测试发生减值的，银行应将贷款转入已减值贷款进行核算，并按规定计收罚息。

逾期超过一定期限，借款人仍无法归还贷款本息的，银行有权依据已签订的借款合同，依法处理抵押品。贷款人在实现债权时，须采取合法的方式和程序进行，不得损害抵押人的合法权益。银行处置抵押物一般有三种方式：一是直接处置；二是先行作价入账，作为待处理抵债资产，待时机合适再进行处置；三是转作自用。其中，第三种方式一般较少。

1. 直接出售、拍卖抵押物的核算

银行依法出售、拍卖借款人（或抵押人）的抵押物时，应以拍卖所得的净收入抵补抵押贷款本息。若拍卖所得净收入高于贷款本息之和，超出部分的价款应支付给原所有人；若净收入低于贷款本息，低于部分应当由借款人偿还，确实无法收回时，经批准予以核销。

（1）收到处置价款的会计分录为：

借：××科目（存放中央银行款项等）

  贷：单位活期存款——××公司

（2）将处置价款抵补贷款本息的会计分录为：

借：单位活期存款——××公司

  贷：已减值贷款（或抵押贷款等）

    应收利息

    利息收入

2. 待处理抵债资产的核算

（1）相关规定。银行取得抵债资产主要通过两种方式：一是协议抵债。经银行与债务人、担保人或第三人协商同意，债务人、担保人或第三人以其拥有所有权或处置权的资产作价，偿还银行债权；二是法院、仲裁机构裁决抵债。通过诉讼或仲裁程序，由终结的裁决文书确定将债务人、担保人或第三人拥有所有权或处置权的资产，抵偿银行债权。

抵债资产收取后应尽快处置变现。以抵债协议书生效日，或法院、仲裁机构裁决抵债的终结裁决书生效日作为抵债资产取得日。不动产和股权应自取得之日起两年内予以处置；除股权外的其他权利应在其有效期内尽快处置，最长不得超过自取得日起的两年；动产应自取得日起一年内予以处置。

银行以抵债资产取得日为所抵偿贷款的停息日。银行应在取得抵债资产后，及时进行账务处理，严禁违规进行账外核算。

（2）账务处理。抵债资产按照取得时的公允价值入账，按账面余额与可变现净值孰低列示。抵债资产减值准备按账面余额高于可变现净值的差额计提。

处置抵债资产实际收到的金额扣除处置过程中发生的费用与账面余额的差异计入"营业外收入"或"营业外支出"，同时结转已计提的减值准备。

【例4-4】20×6年4月1日，CNB银行从客户处取得一项房地产作为抵债资产，用于偿还1个月前到期的已减值贷款10 000 000元，该笔贷款已计提减值准备750 000元。该房地产的公允价值为8 500 000元，自此CNB银行与客户的债权债务关系了结；相关手续办理过程中发生税费200 000元。当年年底，银行对该项抵债资产计提减值准备100 000元。20×7年3月，CNB银行将该房地产处置，取得价款8 300 000元，发生相关税费130 000元。

（1）20×6年4月1日，取得抵债资产，会计分录为：

借：抵债资产　　　　　　　　　　　　　　8 500 000
　　营业外支出　　　　　　　　　　　　　　950 000
　　贷款损失准备　　　　　　　　　　　　　750 000
　贷：已减值贷款（本金）　　　　　　　　　　　　　10 000 000
　　　应交税费　　　　　　　　　　　　　　　　　　　　200 000

（2）20×6年年底，计提减值准备，会计分录为：

借：资产减值损失　　　　　　　　　　　　100 000
　贷：抵债资产跌价准备　　　　　　　　　　　　　　　100 000

（3）20×7年3月，处置资产，会计分录为：

借：存放中央银行款项　　　　　　　　　　8 300 000
　　抵债资产跌价准备　　　　　　　　　　　100 000
　　营业外支出　　　　　　　　　　　　　　230 000
　贷：抵债资产　　　　　　　　　　　　　　　　　　8 500 000
　　　应交税费　　　　　　　　　　　　　　　　　　　130 000

三、质押贷款的核算

质押贷款是指按照《中华人民共和国担保法》规定的质押方式以借款人或者第

三人的动产或权利为质物发放的贷款。质押贷款分为动产质押和权利质押两种形式。

（一）动产质押

动产质押是指债务人或者第三人将其动产移交债权人占有，将该动产作为债权的担保。债务人不履行债务时，债权人有权依照《中华人民共和国担保法》规定以该动产折价或者以拍卖、变卖该动产的价款优先受偿。债务人或者第三人为出质人，债权人为质权人，移交的动产为质物。能够设立质押的动产是指出质人所有或依法有权处分的动产。主要包括：库存的原材料、库存的商品等。

（二）权利质押

权利质押是指债务人或者第三人将其权利凭证交付于债权人，将该权利凭证作为债权的担保，可以质押权利凭证有：汇票、支票、本票、债券、存款单、仓单、提单；依法可以转让的股份、股票；依法可以转让的商标专用权、专利权、著作权中的财产权；依法可以质押的其他权利。

（三）质押与抵押的主要区别

质押与抵押的不同点在于质押贷款的质物为动产和权利，发放贷款的同时，对质物中直接关系到债务人生产经营的部分由债务人占管，但须登记公告，其余部分则由银行占管；抵押贷款中的抵押物可以是不动产，归抵押人占管，但该抵押物的产权证书及证明文件应由银行保管。

质押贷款的会计核算，可比照抵押贷款的会计核算办理。

四、保证贷款的核算

保证贷款是指按照《中华人民共和国担保法》规定的保证方式以第三人承诺在借款人不能偿还贷款时，按约定承担一般保证责任或者连带责任为前提而发放的贷款。

1. 保证和保证人

保证是指保证人和债权人约定，当债务人不履行债务时，保证人按照约定履行债务或者承担责任的行为。具有代为清偿债务能力的法人、其他组织或者公民，可以做保证人。

国家机关不得为保证人，但经国务院批准为使用外国政府或者国际经济组织贷款进行转贷的除外。学校、幼儿园、医院等以公益为目的的事业单位、社会团体不得为保证人。企业法人的分支机构、职能部门不得为保证人。企业法人的分支机构有法人书面授权的,可以在授权范围内提供保证。

2. 保证合同和保证方式

保证人与债权人应当以书面形式订立保证合同。

保证的方式有一般保证和连带责任保证。当事人在保证合同中约定,当债务人不能履行债务时,由保证人承担保证责任的,为一般保证。当事人在保证合同中约定,保证人与债务人对债务承担连带责任的,为连带责任保证。

3. 保证贷款的账务处理

借款人向银行申请保证贷款,除按一般贷款程序提出申请、接受审批外,还应提供有关保证人基本情况的材料交信贷部门审查认可,以便贷款银行与保证人签订保证合同。保证合同一经签订,即可生效。

相关会计处理手续比照信用贷款办理。若保证贷款到期,借款人无力偿还,又未申请展期或申请展期未被批准,到期贷款应向保证人收取。

第三节 贷款利息

一、贷款利息核算的一般规则

(一) 计息范围

银行发放的各项贷款,除国家有特殊规定和财政补贴外,均应按规定计收利息。

(二) 计息方法

贷款利息主要采用定期结息和利随本清两种方法。在实际工作中,多采用定期结息方法。

1. 定期结息

定期结息是指按规定的结息期(按月、季度或年)结计利息,按月结息的,每月的 20 日为结息日;按季结息的,每季度末月的 20 日为结息日,具体结息方式由借贷双方协商确定。定期结息一般利用计息积数计算。

2. 利随本清

利随本清是指按合同约定的贷款期限,在收回贷款本金时计收利息。贷款的起止时间算头不算尾,采用对年对月对日的方法计算,对年按 360 天、对月按 30 天计算，不满月的零头天数按实际天数计算。

（三）正常贷款利息的账务处理

在贷款计息日，银行应按合同利率计算确定的应收未收利息，借记"应收利息"等科目，按摊余成本和实际利率计算确定的利息收入，贷记"利息收入"科目，按其差额，借记或贷记贷款类科目——"利息调整"等科目。

实际利率与合同利率差异较小的，也可以采用合同利率计算确定利息收入。

（四）已减值贷款利息的账务处理

当贷款经减值测试，由正常贷款转为减值贷款后，停止在表内计提应收利息，原已计提的应收利息尚未收回的，应用红字冲转。冲转的应收利息及减值日之后产生的应收利息（包括正常利息、逾期利息以及复利），将按合同本金和合同约定的名义利率计算并纳入表外应收未收利息核算。

表内应按贷款的摊余成本和实际利率计算确定的利息收入金额。

贷款本息发生逾期的，银行按逾期罚息计收利息。

二、定期结息

定期计收贷款利息时，银行应编制一式三联的计收利息清单，直接从借款人存款账户中扣收。其中，一联是支款通知，另两联分别为转账借、贷方凭证。"利息收入"可以采用合同利率或实际利率确认。会计分录为：

借：应收利息
　　贷：利息收入
借：单位活期存款——借款人存款户
　　贷：应收利息

【例4-5】接例4-1，该银行每季度末月的20日为结息日，并以合同利率确定利息收入。银行于3月20日、6月20日足额扣收利息，但9月20日A商厦存款账户余额不足扣息（2月按28天计）。

（1）20×4年3月20日确认利息收入，计算式及会计分录为：

　　本期计息积数 = 贷款金额 × 贷款天数 = 400 000 × 73 = 29 200 000
　　本期利息 = 计息积数 × 日利率 = 29 200 000 × 6% ÷ 360 = 4 866.67

借：应收利息　　　　　　　　　　　　　　　　4 866.67
　　贷：利息收入　　　　　　　　　　　　　　　　　4 866.67
同时，扣收利息：

借：单位活期存款——A 商厦　　　　　　　　　　　　4 866.67
　　贷：应收利息　　　　　　　　　　　　　　　　　　　　　4 866.67
（2）20×4 年 6 月 20 日确认利息收入，计算式及会计分录为：
　　本期计息积数 = 贷款金额 × 贷款天数 =400 000×92=36 800 000
　　本期利息 = 计息积数 × 日利率 =36 800 000×6%÷360=6 133.33
借：应收利息　　　　　　　　　　　　　　　　　　　　　6 133.33
　　贷：利息收入　　　　　　　　　　　　　　　　　　　　　6 133.33
同时，扣收利息：
借：单位活期存款——A 商厦　　　　　　　　　　　　6 133.33
　　贷：应收利息　　　　　　　　　　　　　　　　　　　　　6 133.33
（3）20×4 年 9 月 20 日确认利息收入，计算式及会计分录为：
　　本期计息积数 = 贷款金额 × 贷款天数 =400 000×92=36 800 000
　　本期利息 = 计息积数 × 日利率 =36 800 000×6%÷360=6 133.33
借：应收利息　　　　　　　　　　　　　　　　　　　　　6 133.33
　　贷：利息收入　　　　　　　　　　　　　　　　　　　　　6 133.33

三、利随本清

利随本清虽然是在收回贷款本金时收回利息，但按照权责发生制，银行仍然要在每个资产负债表日确认利息收入。

【例 4-6】接例 4-2，合同约定该贷款利息银行于到期时与本金一并收回。银行每年年末以摊余成本和实际利率确认利息收入。

合同利率为 6.2%；

实际利率为 5.154%[$1\,020\,000=(1\,000\,000+186\,000)/(1+i)^3$]。

（1）20×2 年 12 月 31 日确认实际利息收入，会计分录为：
借：应收利息（1 000 000×6.2%）　　　　　　　　　　62 000
　　贷：利息收入（1 020 000×5.154%）　　　　　　　　　52 571
　　　　中期贷款——甲公司（利息调整）　　　　　　　　　9 429
（2）20×3 年 12 月 31 日确认实际利息收入，会计分录为：
借：应收利息 [1 000 000×6.2%]　　　　　　　　　　62 000
　　贷：利息收入　[（1 020 000 − 9 429+62 000）×5.154%]　55 280
　　　　中期贷款——甲公司（利息调整）　　　　　　　　　6 720
（3）20×4 年 12 月 31 日确认实际利息收入、收到本息，会计分录为：
借：应收利息（1 000 000×6.2%）　　　　　　　　　　62 000

```
    贷：利息收入                                              58 212
        中期贷款——甲公司（利息调整）(20 000-9 492-6 720)    3 788
    借：单位活期存款——甲公司                    1 186 000
    贷：应收利息                                            186 000
        中期贷款——甲公司（本金）                        1 000 000
```

【例4-7】 接例4-4。20×4年10月7日，A商厦贷款到期，但未能偿还本息，其中包括9月的欠息。经测试，该公司的贷款出现减值迹象。

```
    借：已减值贷款——A商厦（本金）              400 000
    贷：短期贷款——A商厦（本金）                        400 000
```

冲转9月已计提但尚未收回的利息，并转作表外核算。

```
    借：应收利息 （红字）                         6 049.32
    贷：利息收入（红字）                                   6 049.32
    收入：应收未收利息                            6 049.32
```

第四节　票据贴现

一、票据贴现概述

（一）票据贴现的概念

票据贴现是指持票人在票据到期前，为获得资金向银行贴付一定利息后所做的票据转让行为。目前，我国银行办理贴现业务的票据是商业汇票。

（二）票据贴现的条件

商业汇票的持票人向银行办理贴现必须具备下列条件：在银行开立存款账户的企业法人以及其他组织；与出票人或者直接前手之间具有真实的商品交易关系；提供与其直接前手之间的增值税发票和商品发运单据的复印件。

（三）票据贴现与贷款的区别

票据贴现与贷款均为银行的资产业务，都是对客户的一种融资行为，但二者也存在明显的不同，主要表现在以下几个方面。

1. 融资条件不同

票据贴现以未到期票据为融资条件；贷款以借款人或第三人的信用或担保资产

为融资条件。

2. 资金流动性不同

由于票据的流通性，企业在票据到期前，可到银行或贴现公司进行贴现获得融资。银行作为持票人后，如果急需资金，同样可以持票向其他金融机构进行再融资；而贷款资金的流动性则非常弱。

3. 债务债权的关系人不同

贴现票据的债务人不是申请贴现人，而是票据的出票人即付款人。贴现银行遭到拒付时才能向贴现申请人追索票款；而贷款的债务人就是贷款申请人，银行直接与其发生债权债务关系。

4. 融资规模和期限不同

票据贴现的融资额度通常以票面金额扣除贴现利息为限，期限最长不可能超过六个月；而贷款融资无论在规模上还是在期限上，都要灵活得多。

（四）票据贴现的主要账务处理

银行为客户办理贴现时，按贴现票面金额，借记贴现资产科目（贴现资产——面值），按实际支付的金额，贷记存款类等科目，按其差额，贷记贴现资产科目（贴现资产——利息调整）。

资产负债表日，应按实际利率计算确定的贴现利息收入的金额，借记贴现资产科目（贴现—利息调整），贷记"利息收入"科目。

实际利率与合同约定的名义利率差异不大的，也可以采用合同约定的名义利率计算确定利息收入。

贴现票据到期，收到委托收款划回的款项时，应按实际收到的金额，借记相关科目，按贴现的票面金额，贷记贴现资产科目（贴现资产——面值），按未摊销的利息费用，借记贴现资产科目（贴现资产——利息调整），按其差额，贷记"利息收入"科目。

二、贴现银行办理贴现的核算

持票人持未到期的商业承兑汇票或银行承兑汇票向开户银行申请贴现时，应根据承兑汇票填制一式五联的贴现凭证（见图4-3）。

填妥该凭证后，贴现申请人应在第一联贴现凭证上加盖预留银行印鉴，连同贴现票据一并提交开户银行。银行信贷部门接到有关凭证，按规定审查，符合条件的即在第一联贴现凭证"银行审批"栏内签注"同意"字样，并加盖有关人员名章后，递交会计部门。

贴现凭证(贷方凭证)																			
申请日期　　　年　　月　　日　　　　　　　第　　号																			
贴现汇票	种类		号码			持票人	名称												此联银行作持票人账户贷方凭证
	出票日		年　月　日				账号												
	到票日		年　月　日				开户行												
汇票承兑人		名称				账号		开户银行											
汇票金额		人民币(大写)							千	百	十	万	千	百	十	元	角	分	
贴现率	‰	贴现利息	千	百	十	万	千	百	十	元	角	分	实付贴现金额	千	百	十	万	千	百	十	元	角	分
备注:									科目(贷)……………… 对方科目(借)……………… 复核　　　　记账………………										

图 4-3　贴现凭证示例

会计部门接到信贷部门签批的贴现凭证和汇票后，除审查汇票是否真实、各项内容是否完整外，还应审查贴现凭证的填写与汇票是否相符。确认无误后，计算贴现利息和实付贴现金额，其计算公式如下：

$$贴现利息 = 汇票金额 \times 贴现天数 \times 日贴现率$$

$$实付贴现金额 = 汇票金额 - 贴现利息$$

贴现天数的计算是从贴现之日起到汇票到期前一日止的实际天数计算，异地承兑的汇票，可以再加三天。

在贴现凭证有关栏填上贴现率、贴现利息和实付贴现金额，以贴现凭证第一联作为贴现科目借方传票，第二、三联分别作为贴现申请人账户贷方传票和贴现利息贷方传票，办理转账。其会计分录为：

借：贴现资产——面值
　　贷：单位活期存款——贴现申请人户
　　　　贴现资产——利息调整

同时，按汇票金额登记表外科目：

收入：贴现票据

第四联加盖转讫章交给贴现申请人作为收账通知，第五联贴现凭证和汇票按到期日顺序排列，由专用票夹保管。

【例 4-8】4 月 5 日市百货商场持面额为 300 000 元的银行承兑汇票到某银行贴现，该汇票签发日为同年 3 月 18 日，到期日为 9 月 8 日，承兑人为异地某市银行，银行贴现率为 5‰。

（1）4月5日贴现票据，贴现利息和实付贴现额为：
按该汇票贴现天数为4月5日～9月8日，另加3天，共计159天。

$$贴现利息 = 300\,000 \times 159 \times 5‰ \div 30 = 7\,950（元）$$
$$实付贴现额 = 300\,000 - 7\,950 = 292\,050（元）$$

会计分录为：
借：贴现资产——面值   300 000
    贷：单位活期存款——百货商场   292 050
        贴现资产——利息调整   7 950
收入：贴现票据   300 000

（2）资产负债表日确认利息收入，资产负债表日为6月30日，共87天，
会计分录为：
借：贴现资产——利息调整   4 350
    贷：利息收入   4 350

三、贴现到期收回票款的核算

贴现银行应于汇票到期前计算邮程，填制委托收款结算凭证并注明"承兑汇票"字样，将汇票作为债务凭证向付款人收取款项。将第五联贴现凭证与第一联委托收款结算凭证附于第二联委托收款结算凭证之后用专用票夹保管。第三、四、五联委托收款结算凭证连同汇票寄交付款人开户行。

1. 贴现票款到期收回的处理

贴现银行收到票据付款人划来的票款，即以专用票夹保管的第二联委托收款结算凭证代传票有关凭证作附件办理转账。其会计分录为：

借：清算资金往来或有关科目
    贴现资产——利息调整
    贷：贴现资产——面值
        利息收入（差额）
同时，销记相关表外项目：
付出：贴现票据

2. 贴现票款到期未收回的处理

贴现银行收到票据付款人退回有关凭证，对已到期的贴现款，填制两联特种转账借方传票，并注明"未收回××号汇票款，贴现款已从贴现申请人账户收取"字样，以一联代借方传票，另一联作为支款通知，连同汇票交贴现申请人，第五联贴

现凭证代贷方传票，办理转账。其会计分录为：

借：单位活期存款——贴现申请人户
　　贷：贴现资产——面值
　　　　贴现资产——利息调整
　　　　利息收入（差额）

同时，销记相关表外项目：

付出：贴现票据

如果贴现申请人存款账户余额不足支付，则将不足支付的部分转其贷款。

【例 4-9】接例 4-6。9 月 11 日，收到异地银行划来的票据款项 300 000 元，银行办理转账。

借：清算资金往来	300 000	
贴现资产——利息调整	3 600	
贷：贴现资产——面值		300 000
利息收入		3 600
付出：贴现票据	300 000	

第五节　贷款减值

一、贷款减值的适用范围

银行应当在资产负债表日对贷款资产的账面价值进行检查，有客观证据表明该金融资产发生减值的，应当计提减值准备。贷款资产具体包括贷款、贴现、垫款、透支、进出口押汇及其他融资贷款，银行不承担风险的委托贷款不计提减值准备。

二、贷款减值的确认

表明贷款资产发生减值的客观证据，是指贷款资产初始确认后实际发生的、对该资产的预计未来现金流量有影响，且银行能够对该影响进行可靠计量的事项。银行可通过"已减值贷款"科目核算。

根据《企业会计准则第 22 号——金融工具确认和计量》中列示的金融资产发生减值的客观证据，与贷款资产发生减值相关的客观证据主要包括：

（1）债务人发生严重财务困难；

（2）债务人违反了合同条款，如偿付利息或本金发生违约或逾期等；

（3）债权人出于经济或法律等方面因素的考虑，对发生财务困难的债务人做出让步；

（4）债务人很可能倒闭或进行其他财务重组；

（5）无法辨认一组金融资产中的某项资产的现金流量是否已经减少，但根据公开的数据对其进行总体评价后发现，该组金融资产自初始确认以来的预计未来现金流量确已减少且可计量，如该组金融资产的债务人支付能力逐步恶化，或债务人所在国家或地区失业率提高、担保物在其所在地区的价格明显下降、所处行业不景气等；

（6）债务人经营所处的技术、市场、经济或法律环境等发生重大不利变化，使权益工具投资人可能无法收回投资成本；

（7）其他表明金融资产发生减值的客观证据。

三、贷款减值的计量

有客观证据表明贷款发生了减值的，应当根据其账面价值与预计未来现金流量现值之间的差额计算确认减值损失，计提减值准备。

资产负债表日，确定贷款发生减值的，按应减记的金额，借记"资产减值损失"科目，贷记"贷款损失准备"科目。确定已发生减值损失的贷款应收利息发生减值的，按应计提的坏账准备金额，借记"资产减值损失"科目，贷记"坏账准备"科目。

对以摊余成本计量的金融资产确认减值损失后，如有客观证据表明该金融资产价值已恢复，且客观上与确认该损失后发生的事项有关（如债务人的信用评级已提高等），原确认的减值损失应当予以转回，计入当期损益。但是，该转回后的账面价值不应当超过假定不计提减值准备情况下该金融资产在转回日的摊余成本。

收回减值贷款时，应按照"本金、表内应收利息、表外应收利息"的顺序收回贷款本金及贷款产生的应收利息。

银行通过定期对贷款进行减值测试，以确认减值金额。银行通常会根据本行的实际情况，将贷款分为单项金额重大和非重大的贷款。对单项金额重大的贷款，应单独进行减值测试；对单项金额不重大的贷款，可以单独进行减值测试，或者将其包含在具有类似信用风险特征的贷款组合中进行减值测试。单独测试未发生减值的贷款，也应当包括在具有类似信用风险特征的贷款组合中再进行减值测试。

（一）单项测试贷款减值

银行进行贷款减值测试时，可以根据自身管理水平和业务特点，确定单项金额重大贷款的标准。比如，可以将本金大于或等于一定金额的贷款作为单项金额重大的贷款，此标准以下的贷款属于单项金额非重大的贷款。单项金额重大贷款的标准一经确定，不得随意变更。

商业银行对于单独进行减值测试的贷款，有客观证据表明其发生了减值的，应当计算资产负债表日的未来现金流量现值（通常以初始确认时确定的实际利率作为折现率），该现值低于其账面价值之间的差额确认为贷款减值损失。

【例4-10】某银行于20×2年1月1日向甲公司发放贷款5 000万元，合同利率10%，期限3年，按年收息，到期一次收回本金。贷款初始发放时无交易费用，实际利率为10%。

贷款发放后的情况：20×2年12月31日，尽管收回了当年利息，但该笔贷款已出现减值迹象，预计20×3年无法收到当期利息，20×4年12月31日贷款到期仅能收回本息4 500万元。逾期利息按15%计。20×4年12月31日贷款到期实际收回4 800万元，其余本息确系已无法收回。

根据以上资料，该银行的会计处理如下（单位：万元）。

（1）20×2年1月1日，发放贷款，会计分录为：

借：中期贷款——甲公司　　　　　　　　　　　　　5 000
　　贷：单位活期存款——甲公司　　　　　　　　　　　　　5 000

（2）20×2年12月31日，确认利息收入，正常贷款转为减值贷款，会计分录为：

借：应收利息　　　　　　　　　　　　　　　　　　500
　　贷：利息收入　　　　　　　　　　　　　　　　　　　500
借：单位活期存款——甲公司　　　　　　　　　　　500
　　贷：应收利息　　　　　　　　　　　　　　　　　　　500
借：已减值贷款——甲公司　　　　　　　　　　　5 000
　　贷：中期贷款——甲公司　　　　　　　　　　　　　5 000

（3）20×2年12月31日，计提减值准备，会计分录为：

根据预计未来现金流计算减值后摊余成本：

$$摊余成本 = 4\,500 \div (1+10\%)^2 = 3\,719（万元）$$

应计提减值准备为1 281万元（=5 000-3 719）

借：资产减值损失　　　　　　　　　　　　　　　1 281
　　贷：贷款损失准备　　　　　　　　　　　　　　　　1 281

（4）20×3年12月31日，表内确认利息收入，表外反映应收利息，会计分录为：

借：贷款损失准备（3 719×10%）　　　　　　　　　371.9
　　贷：利息收入　　　　　　　　　　　　　　　　　371.9

同时，登记表外应收利息：
收入：应收未收利息（5 000×10%）　　　　　　　　　　　500

此时，贷款的摊余成本为 4 090.9 万元（=5 000-1 281+371.9）；贷款损失准备为 909.1 万元（=1 281-371.9）。因贷款收回现金及预计未来现金流与 20×2 年一致，贷款预计未来现金流现值 [4 500÷（1+10%）] 与账面摊余成本相等，不需计提或转回减值准备。

（5）20×4 年 12 月 31 日，表内确认利息收入，表外反映应收利息，会计分录为：
借：贷款损失准备（4 090.9×10%）　　　　　　　　　　409.09
　　贷：利息收入　　　　　　　　　　　　　　　　　　　　　　409.09
同时，登记表外应收利息：
收入：应收未收利息（5 000×10%+500×15%）　　　　　575

（6）20×4 年 12 月 31 日，实际收回 4 800 万元，会计分录为：
借：单位活期存款——甲公司　　　　　　　　　　　　4 800
　　贷款损失准备　　　　　　　　　　　　　　　　　　500.01
　　贷：已减值贷款——甲公司　　　　　　　　　　　　　　5 000
　　　　资产减值损失　　　　　　　　　　　　　　　　　　300.01
同时，登记表外应收利息：
付出：应收未收利息　　　　　　　　　　　　　　　　1 075

（二）组合方式测试贷款减值

银行采用组合方式对贷款进行减值测试的，可以根据自身风险管理模式和数据支持程度，选择合理的方法确认和计量减值损失。迁移模型是银行较为常用的方法之一。

迁移模型计量减值的基本步骤：

（1）划分类似信用风险组合。将贷款资产按照业务类型和风险特征，划分为不同的类似信用风险组合，对每一组合内的每一笔资产划分各自的风险等级，如五级风险分类。

（2）分析计算各类类似风险组合中各风险等级向下的迁移率。迁移的期间跨度应采用一年期的时间跨度，收集期初和期末该组合内贷款资产风险等级迁移的信息。如正常类贷款分别向关注类贷款、次级类、可疑类、损失类迁移的比率，关注类贷款分别向次级类、可疑类、损失类迁移的比率等。

（3）确定每个类似风险组合中较高风险等级贷款资产的损失率。

（4）确定每个类似风险组合中其他风险等级的损失率。其他风险等级的损失率根据迁移率和相对应的较高风险等级贷款资产的损失率推算得出。

（5）计算各类似风险组合应确认和计量的减值准备金额。资产负债表日，用组合中各风险等级资产账面余额乘以对应级别的损失率得出每个风险级别期末应当计量的减值准备金额。

四、贷款损失准备

银行设置"贷款损失准备"科目，核算贷款发生减值时计提的减值准备。期末贷方余额，反映已计提但尚未转销的贷款损失准备。

计提贷款损失准备的资产包括客户贷款、拆出资金、贴现资产、银团贷款、贸易融资、协议透支、信用卡透支、转贷款和垫款等。

资产负债表日，确定发生减值的，按应减记的金额，借记"资产减值损失"科目，贷记本科目。本期应计提的贷款损失准备大于其账面余额的，应按其差额计提；应计提的金额小于其账面余额的差额做相反的会计分录。

对于确实无法收回的各项贷款，按管理权限报经批准后转销各项贷款，借记"贷款损失准备"，贷记贷款等科目。

若已计提贷款损失准备的贷款价值以后又得以恢复，应在原已计提的贷款损失准备金额内，按恢复增加的金额，借记本科目，贷记"资产减值损失"科目。

收回贷款时，应结转该项贷款计提的贷款损失准备。

【例 4-11】CNB 银行以组合方式测试个人汽车贷款减值。假设 20×4 年年末减值准备余额为 3 000 万元，20×4 年年末和 20×5 年该类贷款五级分类情况如表 4-1 所示，20×5 年年末个人汽车贷款各风险级别对应的账面余额如表 4-2 所示。利用迁移模型测试 20×5 年该风险组合贷款减值并计提减值准备。

表 4-1　20×4 年年末和 20×5 年该类贷款五级分类情况　　　　单位：万元

20×4 年		20×5 年变动						
		正常	关注	次级	可疑	损失	核销	收回
正常	10 000	9 000	500	300	150	50	0	0
关注	8 000	200	7 000	500	150	150	0	0
次级	13 000	0	2 000	6 000	3 000	1 000	0	1 000
可疑	9 000	50	100	200	3 000	5 650	0	0
损失	8 000	0	0	0	0	7 600	0	400

表 4-2　20×5 年年末个人汽车货款各风险级别对应的账面余额　　　　单位：万元

正常	关注	次级	可疑	损失
22 000	9 000	6 000	4 000	1 000

（1）计算迁移率，如表 4-3 所示。

假定该类贷款损失类的损失率为 95%，即可回收率为 5%。

表 4-3 各风险等级向下的迁移率　　　　　　单位：万元

		正常	关注	次级	可疑	损失
正常	10 000		5%	3%	1.5%	0.5%
关注	8 000			6.25%	1.88%	1.88%
次级	13 000				25%	8.33%
可疑	9 000					62.78%
损失	8 000					95%

（2）计算损失率，计算算式为：

可疑类损失率 = 可疑转损失迁移率 × 损失类损失率
　　　　　　　= 62.78%×95%=59.6%

次级类损失率 = 次级转可疑迁移率 × 可疑类损失率
　　　　　　　+ 次级转损失迁移率 × 损失类损失率
　　　　　　　= 25%×59.6%+8.33%×95%=22.8%

关注类损失率 = 关注转次级次迁移率 × 次级类损失率
　　　　　　　+ 关注转可疑迁移率 × 可疑类损失率
　　　　　　　+ 关注转损失迁移率 × 损失类损失率
　　　　　　　= 6.25%×22.8%+1.88%×59.6%+1.88%×95%=4.3%

正常类损失率 = 正常转关注迁移率 × 关注类损失率
　　　　　　　+ 正常转次级次迁移率 × 次级类损失率 + 正常转可疑迁移率
　　　　　　　× 可疑类损失率 + 正常转损失迁移率 × 损失类损失率
　　　　　　　= 5%×4.3%+3%×22.8%+1.5%×59.6%+0.5%×95%=2.3%

（3）计算本年应计提减值准备，计算算式为：

本年应计提减值准备 = 22 000×2.3%+9 000×4.3%+6 000×22.8%
　　　　　　　　　　+ 4 000×59.6%+1 000×95%=5 595（万元）

由于年初减值准备的账面余额为 3 000 万元，故计提 2 595 万元。

借：资产减值损失　　　　　　　　　　　　　　25 950 000
　　贷：贷款损失准备　　　　　　　　　　　　　　　　25 950 000

思考练习题

一、重要概念

正常贷款　关注贷款　次级贷款　可疑贷款　损失贷款　信用贷款　担保贷款
抵押贷款　质押贷款　票据贴现　贷款损失准备

二、思考题

1. 简述贷款的五级分类。

2. 简述贷款是怎样进行初始确认的。
3. 简述贷款的利息处理。
4. 简述抵押贷款与质押贷款的区别。
5. 简述贷款与票据贴现的联系与区别。
6. 简述贷款发生减值的客观证据主要有哪些。

三、单项选择题

1. 按照相关规定，一笔 6 个月的短期贷款在办理展期时，展期时间最长不能超过（　　）。
   A.3 个月　　　　B.4 个月　　　　C.5 个月　　　　D.6 个月
2. 客户刘永准备用一张 2 年后才到期的定期储蓄存单申请贷款，他可以申请的是（　　）。
   A. 信用贷款　　B. 质押贷款　　C. 抵押贷款　　D. 保证贷款
3. 借款人在申请质押贷款时，适合作为质物的财产是（　　）。
   A. 土地　　　　B. 房屋　　　　C. 林木　　　　D. 存款单
4. 银行应合理估计贷款可能发生的损失，及时足额提取贷款损失准备，这种做法是出于（　　）。
   A. 谨慎性原则　B. 一致性原则　C. 可比性原则　D. 配比原则
5. 当本金逾期没有收回时，该笔贷款应列入（　　）进行核算。
   A. 担保贷款　　B. 损失贷款　　C. 关注贷款　　D. 已减值贷款
6. 银行拍卖待处理抵债资产时，净收入高于原账面价值部分应列入（　　）核算。
   A. 单位活期存款　B. 其他应付款　C. 营业外收入　D. 手续费收入
7. 银行除了对不承担风险的（　　）不计提贷款损失准备外，其他贷款资产都要计提货款损失准备。
   A. 委托贷款　　B. 抵押贷款　　C. 贴现　　　　D. 信用卡透支
8. 某银行于 4 月 25 日为客户办理票据贴现业务，付款人为同城某银行。该汇票于同年 8 月 10 日到期，贴现天数为（　　）天。
   A.108　　　　　B.107　　　　　C.106　　　　　D.105
9. 下列属于银行流动资产的是（　　）。
   A. 存放中央银行款项　　　　　　B. 固定资产
   C. 长期股权投资　　　　　　　　D. 中长期贷款
10. 当贷款经减值测试，由正常贷款转为减值贷款后，该笔贷款的原应收未收利息应（　　）。
    A. 立即核销　　　　　　　　　　B. 转作损失贷款核算
    C. 转作可疑贷款核算　　　　　　D. 从表内转到表外核算

11. 20×0年1月1日，B银行发放给甲公司5年期贷款5 000万元，实际支付4 900万元，合同利率为10%，利息按年收取。B银行初始确认的实际利率为10.53%。20×2年12月31日，有客观证据表明甲公司发生严重财务困难，B银行据此认定对甲公司的贷款减值，并预期20×3年12月31日将收到利息500万元，20×4年12月31日仅收到本金2 500万元。20×1年年末贷款的摊余成本为（　　）万元。

  A. 4 915.97 B. 4 933.62 C. 5 000 D. 4 900

12. 接上题，20×2年12月31日B银行应确认的减值损失为（　　）万元。

  A. 0 B. 4 933.62 C. 2 454.41 D. 2 498.71

四、多项选择题

1. 担保贷款是贷款的一种方式，包括（　　）。

  A. 保证贷款 B. 信用贷款 C. 抵押贷款 D. 质押贷款

2. 按照贷款五级分类制度，通常将（　　）列为不良贷款。

  A. 关注贷款 B. 次级贷款 C. 可疑贷款 D. 损失贷款

3. 下列票据中，（　　）可以在未到期前办理贴现。

  A. 银行承兑汇票 B. 商业承兑汇票 C. 银行本票 D. 银行汇票

4. 下列项目中属于资产类的有（　　）。

  A. 短期贷款 B. 贴现 C. 应付利息 D. 应收利息

5. 票据贴现业务与一般贷款业务相比，主要不同点是（　　）。

  A. 融资条件不同 B. 债务债权的关系人不同
  C. 确认利息收入的时间不同 D. 融资规模和期限不同

6. 经测试为减值的贷款，相关利息的核算是（　　）。

  A. 表内以贷款本金和合同利率确认利息收入
  B. 表内以摊余成本和实际利率确认利息收入
  C. 表外以贷款本金和合同利率反映应收利息
  D. 表外以摊余成本和实际利率反映应收利息

五、判断题

1. 某客户持一张未到期的定期存单申请贷款，银行可以为其办理质押贷款。（　　）
2. 某建设银行对其客户发放一笔贷款，并为客户转存到存款账户内，此时该行资产和负债同时增加。（　　）
3. 由第三人承诺在借款人无力偿还贷款时，按照约定的承诺承担一般保证责任或连带责任而发放的贷款，叫作信用贷款。（　　）
4. 对银行的客户来说，贷款展期的成本要高于贷款逾期的成本。（　　）
5. 金融企业按当前市场条件发放的贷款，应按发放贷款的本金和相关交易费用之和作为初始确认金额。   （   ）
6. 贷款持有期间所确认的利息收入，必须根据合同利率计算。   （   ）
7. 银行在办理贴现时就必须确认贴现利息收入。   （   ）
8. 在定期结息法下，企业偿还到期贷款时，银行应计收并确认的利息收入为贷款本金、贷款期限和相应利率三者的乘积。   （   ）
9. 资产负债表日，银行的贷款与垫款的余额为 9 600 亿元，计提贷款损失准备 1 100 亿元，则资产负债表中"贷款与垫款"项目列示的金额应为 10 700 亿元。（   ）

六、核算题

1. 银行接受开户单位第一机械厂的申请，发放流动资金贷款 7 000 000 元，发生的交易费用 35 000 以现金支付并计入当期损益，由会计部门办理转账。

2. 客户张某将定期存单作质押，向银行申请短期贷款。经信贷部门批准，银行贷给张某现金 50 000 元。

3. 某食品厂归还到期的流动资金贷款，金额为 200 000 元，利息为 3 000 元。银行从其存款账户中扣收。

4. 20×4 年 8 月 16 日，银行接受开户企业红星服装厂的申请，发放信用贷款 200 000 元，期限 3 个月，利率 5.6%。贷款时银行未发生交易费用。贷款期间银行采用定期按季结息。11 月 20 日，红星服装厂办理还款手续，银行会计部门办理转账，逾期利率按 10% 计收（忽略复利）。
    要求：根据以上资料编制相关分录。

5. 20×1 年 1 月 1 日，B 银行向 A 企业发放一笔 8 000 万元的贷款，A 企业实际收到款项 7 514 万元，贷款合同年利率为 10%，期限 4 年，利息按年收取，A 企业到期一次偿还本金。假定 B 银行初始确认该贷款时的实际利率为 12%。该笔贷款发放后的情况如下：

    （1）20×2 年，当年利息未收回。12 月 31 日有客观证据表明 A 企业发生严重财务困难，B 银行据此认定对 A 企业的贷款发生了减值，并预期 20×3 年 12 月 31 日将收到利息 300 万元，20×4 年 12 月 31 日将收到本金 5 000 万元。

    （2）20×3 年 12 月 31 日，B 银行预期原来的现金流量估计不会改变，但当年实际收到的利息为 200 万元。

    （3）20×4 年 12 月 31 日，B 银行经与 A 企业协商，最终收回贷款 6 000 万元，假定不考虑其他因素（计算结果保留两位有效小数）。

    要求：根据以上资料编制相关会计分录。

6. 银行于 10 月 9 日收回某贷款企业的上季度欠息 4 500 元。

7. 某经贸公司抵押贷款 120 000 元，逾期一个月后仍无法偿还，银行按规定处理其抵押品得价款 180 000 元。抵押贷款利息 8 000 元，其中银行已经计提利息 7 200 元。

8. 20×2年1月1日，甲银行向某公司发放一笔贷款2000万元，期限2年，合同利率6%，每半年以积数结计息。假定该贷款发放无交易费用，实际利率与合同利率相同，每年对贷款进行减值测试一次。贷款后的情况如下：

（1）20×2年的利息均已收回；12月31日综合分析与该贷款有关的因素，发现存在减值迹象，采用单项计提减值准备的方式确认减值损失200万元。

（2）20×3年6月30日、12月31日，利息均未能收回。

（3）20×4年3月1日，经协商，甲银行从客户取得一项房地产充作抵债资产，该房地产的公允价值为1 900万元，自此甲银行与客户的债权债务关系了结，相关手续办理过程中发生税费90万元。甲银行拟将该资产处置，处置前暂时对外出租。

（4）20×4年12月31日，甲银行收到上述房地产租金35万元。经测试，该房地产的可收回金额为1 600万元。

（5）20×5年1月10日，甲银行将该抵债资产处置，取得价款1 650万元，发生相关税费82万元。

要求：根据以上资料编制相关会计分录。

9. 20×5年年末，某银行按组合方式测试减值贷款的相关资料如表4-4所示。该行年初贷款减值准备的余额为7.4亿元。计算20×5年该组合应计提的贷款减值准备，并编制会计分录。

表4-4　某银行按组合方式测试减值贷款的相关资料

	正常	关注	次级	可疑	损失
年末余额（亿元）	3 000	60	14	15	6
向下迁移率（%）	1.6	23.2	37	18	
损失率（%）	2	10	16	20	96

10. 4月8日，开户单位A公司持面额为500 000元的银行承兑汇票申请贴现。汇票出票日是3月15日，到期日是同年7月15日。经审查，A银行以6.2%的贴现率予以贴现，并办理转账。7月13日，A银行向异地承兑银行发出4月8日贴现汇票的委托收款。15日，A银行收到异地行划回的汇票款500 000元，审核无误办理转账。

要求：

（1）计算贴现利息与实际贴现额（保留整数位）。

（2）编制相关会计分录（6月30日为资产负债表日）。

第五章 Chapter 5

中间业务

学习目标

1. 了解中间业务的概念、分类及开展中间业务的意义
2. 理解支付结算基本原则、支付结算纪律和支付结算的种类
3. 熟悉支票、银行本票、银行汇票、商业汇票的含义、基本规定
4. 掌握支票、银行本票、银行汇票、商业汇票的核算
5. 熟悉汇兑、委托收款、托收承付的含义、基本规定
6. 掌握汇兑、委托收款、托收承付的核算
7. 熟悉银行卡的概念、分类及基本规定,掌握银行卡业务的核算
8. 掌握委托贷款的核算和代理债券业务的核算

第一节 中间业务概述

一、中间业务的概念

商业银行的中间业务广义上讲是指不构成商业银行表内资产、表内负债,形成银行非利息收入的业务,即商业银行在资产业务和负债业务的基础上,利用技术、信息、机构网络、资金和信誉等方面的优势,不运用或较少运用银行的资产,以中间人和代理人的身份替客户办理收付、咨询、代理、担保、租赁及其他委托事项,提供各类金融服务并收取一定费用的经营活动。

在资产和负债两项传统业务中,银行是作为信用活动的一方参与的;而中间业务则不同,银行不再直接作为信用活动的一方,扮演的只是中介或代理的角色,通常实行有偿服务。

二、中间业务的分类

中间业务范围广泛,涵盖结算、代理、担保、信托、租赁、融资、信息咨询、衍生金融工具交易等,因此对中间业务的分类也有不同的标准。

(一) 按收入来源分类

(1) 信托业务,指信托部门产生的交易和服务收入。

(2) 投资银行和交易业务,指承销证券、从事金融交易活动所产生的收入。

(3) 存款账户服务业务,包括账户维护等。

(4) 手续费类收入业务,包括信用卡收费、贷款证券化、共同基金和年金的销售、自动提款机(ATM)提款收费等。

(5) 其他手续费类收入业务,包括数据处理服务费,各种资产出售收益等。

(二) 按功能与性质分类

(1) 支付结算类中间业务指由商业银行为客户办理因债权债务关系引起的与货币支付、资金划拨有关的收费业务,如支票结算、银行卡结算等。

(2) 代理类中间业务指商业银行接受客户委托,代为办理客户指定的经济事务,提供金融服务并收取一定费用的业务,包括代理政策性银行业务、代收代付款业务、代理证券业务、代理保险业务、代理银行卡收单业务等。

(3) 担保类中间业务指商业银行为客户债务清偿能力提供担保,承担客户违约风险的业务。包括银行承兑汇票、备用信用证、各类保函等。

(4) 承诺类中间业务指商业银行在未来某一日期按照事前约定的条件向客户提供约定信用的业务,包括贷款承诺、透支额度等可撤销承诺和备用信用额度、票据发行便利等不可撤销承诺。

(5) 交易类中间业务指商业银行为满足客户保值或自身风险管理的需要,利用各种金融工具进行的资金交易活动,包括期货、期权等各类金融衍生业务。

(6) 基金托管业务指有托管资格的商业银行接受基金管理公司委托,安全保管所托管的基金的全部资产,为所托管的基金办理基金资金清算款项。

(7) 咨询顾问类业务指商业银行依靠自身在信息和人才等方面的优势,收集和整理有关信息,结合银行和客户资金运动的特点,形成系统的方案提供给客户,以满足其经营管理需要的服务活动,主要包括财务顾问和现金管理业务等。

(8) 其他类中间业务包括保管箱业务以及其他不能归入以上七类的业务。

(三) 按风险分类

(1) 金融服务类中间业务,指那些只能为银行带来服务性收入而又不会影响银行表内业务质量的业务,包括与贷款有关的业务、信托和咨询业务、代理业务、支付业务等。这类业务风险通常较低。

(2)或有债权、或有债务类中间业务,指不在资产负债表内反映,但在一定条件下会转化为资产或负债业务的中间业务,包括贷款承诺、担保业务、金融衍生业务和投资银行业务等。这类业务风险较高。

三、中间业务开展的意义

1. 开展中间业务是商业银行增强竞争能力,取得竞争优势的重要手段

随着市场竞争的加剧,银行择优选择客户,客户也在择优挑选银行,特别是优质客户更看重银行服务水平的高低,能不能满足其需求将成为客户是否选择该银行的主要标准。而中间业务是反映银行服务水平的重要体现,因此也成为商业银行争取客户、业务和收入的重要手段。

2. 开展中间业务是商业银行适应经济形势的必然选择

当前加快转变经济发展方式,积极推进金融创新,着力优化经济结构和提高经济增长质量,推进金融创新和业务转型已成为各金融机构的共同战略目标。同时随着我国资本市场、保险市场的不断发展,国家重点培育资本市场、保险市场,银行的发展空间逐渐减小,资金分流压力巨大,传统的存贷款业务发展空间日益缩小,因此发展中间业务成为商业银行继续发展的必然选择。

3. 开展中间业务是商业银行提高盈利水平的重要渠道

中间业务不需占用或占用资金少,主要通过为客户服务获得收入,具有风险小、投资少、收益高的特点,相对于贷款成本要低得多。发展中间业务可以改变我国商业银行较单一的资产形式和获利手段,从而改善资产结构,提高总体资产质量。

4. 开展中间业务是商业银行降低资金成本、优化负债结构的客观需要

对商业银行而言,要改善业务经营,除努力提高信贷资产质量、加强收息和控制不必要的支出外,优化存款结构、降低资金成本同样也是重要的方面。大力拓展中间业务,如代发工资、代收各种费用、代理保险业务、开展承兑汇票等业务,可吸收大量的低成本存款,并获取手续费收入。

四、支付结算类中间业务

支付结算类中间业务是商业银行三大传统业务之一。所谓支付结算是指单位、个人在社会经济及活动中使用票据、银行卡和汇兑、托收承付、委托收款等结算方式进行货币给付及资金清算的行为。

(一) 支付结算基本原则

支付结算的基本原则是单位、个人和银行在进行支付结算活动时必须遵循的行为准则，它是开展结算工作的出发点，是客观经济规律在结算业务中的具体体现，反映了客观经济规律对结算业务的基本要求。

1. 恪守信用，履约付款

信用是企业生存发展的基础。银行支付结算是建立在信用基础之上的货币收付行为，参与支付结算的任何一方，都必须以讲信用为前提。这条原则要求结算当事人必须依法承担义务和行使权力，严格保证信用，认真履行义务。银行处于支付结算的中介地位，受购销双方委托办理资金清算，为此，在组织和办理支付结算时，必须严格遵守支付结算制度，按照各种支付结算方式法定的处理程序划拨资金，从而促使支付结算原则得以贯彻执行，维护正常的结算秩序。

2. 谁的钱进谁的账，由谁来支配

存款人对其存入银行的资金拥有所有权和自主支配权。银行作为资金清算的中介，在办理支付结算时必须按照委托人的要求收款和付款，只有这样，才能保护客户对存款的所有权和自主支配存款的合法权益。为此，在办理结算业务时，必须按照收款人的账号及户名，准确、及时地为其收账；而对各单位支取的款项，则必须根据付款人的委托办理。同时，银行会计还必须依法为单位、个人的存款保密，除执行相关法律程序外，也不代任何单位扣款，不得停止单位、个人对存款的正常支付。

3. 银行不予垫款

银行办理支付结算的职责是根据客户的委托，进行账户资金转移。在支付结算业务处理过程中，必须坚持"先收后付，收妥抵用"。客户委托银行代为收取的款项，在款项尚未收妥入账之前，不得使用；客户委托银行代为支付的款项的金额，必须在其存款余额范围内，不得透支。这一原则的目的在于保护银行资金的安全运用。

(二) 支付结算纪律

支付结算纪律是国家财经纪律的重要组成部分，加强支付结算纪律，维护正常的结算秩序，是促进支付结算业务正常进行的重要保证。为此，参与支付结算的购销双方以及银行都必须严格遵守支付结算纪律。

1. 单位和个人必须遵守的支付结算纪律

（1）不准为逃避还贷、还债和套取现金而多头开立账户转移资金；
（2）不准出租出借账户；

（3）不准签发空头支票、远期支票和空头汇票套取银行信用；
（4）不准签发、取得和转让没有真实商品交易和债权债务的票据；
（5）不准无理拒付，任意占用他人资金。

2. 银行必须遵守的支付结算纪律

（1）不准以任何理由压票、任意退票、截留挪用客户和他行资金；
（2）不准无理拒付应由银行支付的票据款项；
（3）不准受理无理拒付、自行拒付退票、不扣少扣滞纳金；
（4）不准违章签发、承兑、贴现票据套取他行资金；
（5）不准在支付结算制度之外规定附加条件影响汇路畅通；
（6）不准违反规定开立和使用账户；
（7）不准拒绝受理、代理他行正常结算业务；
（8）不准为拉客户而放弃对单位违反结算纪律的制裁；
（9）不准超额占用联行资金；
（10）不准逃避向中国人民银行转汇大额汇划款项和清算大额银行汇票资金。

（三）支付结算的种类

根据《支付结算办法》规定，支付结算办法分为：
（1）票据业务，具体包括支票、本票、汇票，其中汇票分为银行汇票和商业汇票。
（2）结算业务，具体包括汇兑、委托收款和托收承付三种方式。
（3）银行卡业务。

上述支付结算业务，有的适用于同一票据交换区域内收付款人之间款项的支付结算，称为同城支付结算，有的适用于不同票据交换区域间收付款人之间款项的支付结算，称为异地支付结算。在银行会计实务中，同城结算方式包括银行本票；异地结算方式包括汇兑、银行汇票和异地托收承付；异地与同城通用的结算方式包括支票、商业汇票、委托收款和银行卡。

第二节　票据业务

一、支票

（一）支票的概念、分类与基本规定

1. 支票的概念

支票是由出票人签发的，委托办理支票存款业务的银行或者其他金融机构在见

票时无条件支付确定的金额给收款人或者持票人的票据。

2. 支票的分类

支票按照用途，可分为现金支票、转账支票和普通支票三种。

支票上印有“现金”字样的为现金支票，现金支票只能用于支取现金。支票上印有“转账”字样的为转账支票（见图 5-1 和图 5-2），转账支票只能用于转账。支票上未印有“现金”和“转账”字样的为普通支票，普通支票可以用于支取现金，也可以用于转账。在普通支票上左上角画两条平行线的为划线支票，划线支票只能用于转账，不得支取现金。目前在实务中常见的是现金支票和转账支票。本章介绍转账支票的核算。

××银行**转账支票**　　地名　　支票号码

本期支票付款期限十天

出票日期（大写）　　年　月　日　　付款行名称：

收款人：　　出票人账号：

人民币（大写）	千	百	十	万	千	百	十	元	角	分

用途＿＿＿＿　　科目（借）

上列款项请从　　对方科目（贷）

我账户内支付　　转账日期　　年　月　日

出票人盖章　　复核　　记账

（使用清分机的，此区域供打印磁性字码）

图 5-1　转账支票示例（正面）

被背书人	被背书人	被背书人	贴粘单处
背书人签章 年　月　日	背书人签章 年　月　日	背书人签章 年　月　日	
持票人向银行 提示付款签章：	身份证件名称： 号　码： 发证机关：		

图 5-2　转账支票示例（背面）

3. 支票的基本规定

（1）支票结算适用于单位、个体经济户和个人在同城或异地的商品交易和劳务供应以及其他款项的结算。支票结算手续简便、灵活，收款人将支票交存银行，一般当日或次日即可入账用款。

（2）签发支票必须记载下列事项：标明"支票"的字样，无条件支付的委托，确定的金额，付款人名称，出票日期，出票人签章。欠缺记载上列事项之一的，支票无效。支票的付款人为支票上记载的出票人开户银行。

（3）签发支票应使用碳素墨水或墨汁填写，日期、收款人和大小写金额不得更改，其他内容如有更改，必须由出票人加盖预留银行印鉴以证明。

（4）支票上的金额可以由出票人授权补记，未补记前的支票，不得使用。出票人可以在支票上记载自己为收款人。

（5）支票的出票人签发的支票金额不得超过其付款时在付款人处实有的存款金额，禁止签发空头支票。

（6）出票人不得签发与其预留银行印鉴不符的支票；使用支付密码的，出票人不得签发支付密码错误的支票。出票人签发空头支票、签章与预留银行印鉴不符的支票、使用支付密码的地区支付密码错误的支票，银行应予以退票，并按照票面金额处以 5% 但不低于 1 000 元的罚款；持票人有权要求出票人赔偿 2% 的赔偿金。对屡次签发的，银行应停止其签发支票。

（7）支票限于见票即付，不得另行记载付款日期；另行记载付款日期的，该记载无效。

（8）支票的持票人应当自出票日起 10 日内提示付款；异地使用的支票，其提示付款的期限由中国人民银行另行规定。超过提示付款期限的，付款人可以不予付款；付款人不予付款的，出票人仍应当对持票人承担票据责任。

（9）持票人可以委托开户银行收款或直接向付款人提示付款。用于支取现金的支票仅限于收款人向付款人提示付款。

（10）转账支票允许连续背书转让；现金支票和普通支票不能背书转让。

（11）支票丧失后，失票人可以及时挂失并通知付款人止付。

（二）转账支票的核算

1. 出票人、持票人在同一行开户的核算

转账支票签发后，一般由持票人在提示付款期内连同两联进账单（见图 5-3）一并提交银行。银行接到持票人送来的支票和两联进账单，应认真审核以下内容：支票是否真实，是否超过 10 天的提示付款期；持票人开户行是否在本行，持票人名称是否与进账单一致；出票人账户是否有足够支付的款项；出票人签章是否与银行预留印鉴相符；支票大小写是否一致，与进账单金额是否相符；支票记载事项是否齐全，是否有涂改；背书转让的支票是否符合规定，背书是否连续，是否在粘单处签章；持票人是否在支票背面进行委托收款背书。

```
                    ××银行进账单(贷方凭证) 2
                           年    月    日           第    号
出  全    称              持  全    称                        此
票  账    号              票  账    号                        联
人  开户银行             人  开户银行                        由
                                                              持
人民币                            千百十万千百十元角分        票
(大写)                                                        人
                                                              开
  票据种类              科目(贷)                              户
  票据张数              对方科目(借)                          银
                                                              行
  备注:                 转账日期     年    月    日            作
                                                              贷
                       复核              记账                  方
                                                              凭
                                                              证
```

图 5-3 转账进账单

银行审核无误后,以支票作为转账借方凭证,进账单第二联作为转账贷方凭证,办理转账。会计分录为:

借:单位活期存款——出票人户
　　贷:单位活期存款——持票人户

转账后,进账单第一联加盖转讫章作为收账通知交给持票人。

【例5-1】工商银行收到开户单位A公司提交的转账支票和进账单,出票人系在本行开户的单位B公司,金额为6 200元,银行审核无误,办理转账。

借:单位活期存款——B公司　　　　　　　　　　　6 200
　　贷:单位活期存款——A公司　　　　　　　　　　　　　6 200

2. 出票人、持票人不在同一行开户的核算

(1)持票人委托开户银行收款。

1)持票人(收款人)开户行的核算。持票人(收款人)开户行收到持票人送交的支票及进账单,审查无误后,通过同城票据交换系统或全国支票影像交换系统进行处理。在同城手工交换票据的情况下,持票人(收款人)开户行在进账单加盖"收妥抵用"戳记和经办人员名章后,将第一联退还持票人,第二联用专用票夹保管,支票按票据交换的规定及时提出交换,待退票时间过后,将第二联作为转账贷方凭证。会计分录为:

借:存放中央银行款项
　　贷:单位活期存款——持票人户

2)出票人开户行。出票人开户行通过同城票据交换提入转账支票后,经审查确

定可以转账时,以转账支票做借方凭证,办理转账。会计分录为:

借:单位活期存款——出票人户
贷:存放中央银行款项

支票若发生退票,出票人开户行应通过"其他应收款——退票专户"科目核算,持票人开户行应通过"其他应付款——退票专户"科目核算。如所退支票属于空头支票,或者签章与预留银行印鉴不符以及支付密码错误的支票,出票人开户行除退票外,还应按规定处以罚款。会计分录为:

借:单位活期存款——出票人户
贷:营业外收入——结算罚款收入户

持票人委托开户银行收款的基本流程如图 5-4 所示。

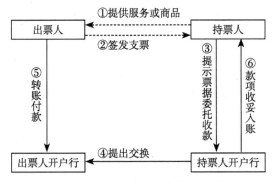

图 5-4　持票人委托开户行收款的基本流程

【例 5-2】收到开户单位纺织厂送交的支票和两联进账单,金额为 60 000 元,该支票的出票人在同城他行开户,当日退票时间过后未被退回,银行办理转账。会计分录为:

借:存放中央银行款项　　　　　　　　　　　　　　60 000
　　贷:单位活期存款——纺织厂户　　　　　　　　　　　　60 000

【例 5-3】银行向开户企业甲公司收取罚款 2 000 元,原因是该公司签发了与其银行预留印鉴不符的支票。

借:单位活期存款——甲公司户　　　　　　　　　　2 000
　　贷:营业外收入——结算罚款收入户　　　　　　　　　　2 000

(2)持票人直接向付款人提示付款。持票人(收款人)也可以直接向付款人即出票人开户行提示付款。

1)出票人开户行。出票人开户行接到持票人提交的转账支票和进账单时,经审核无误后,以转账支票作为转账借方凭证办理转账。会计分录为:

借：单位活期存款——出票人户
　　贷：存放中央银行款项

转账后一联进账单加盖转讫章，退还持票人作为回单；其他进账单盖章后，按照同城票据交换的有关规定及时提出交换。

2）持票人（收款人）开户行。持票人（收款人）开户行收到交换提入的进账单，审核无误后，办理转账。会计分录为：

借：存放中央银行款项
　　贷：单位活期存款——持票人户

持票人直接向付款人提示付款的结算流程如图 5-5 所示。

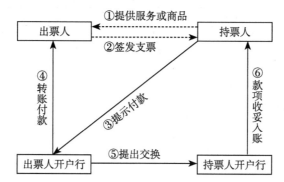

图 5-5　持票人直接向付款人（出票人开户行）提示付款流程

二、银行本票

（一）银行本票的概念、分类与基本规定

1. 银行本票的概念

本票是出票人签发的，承诺自己在见票时无条件支付确定的金额给收款人或持票人的票据。根据出票人不同，本票可以分为商业本票和银行本票。商业本票目前在我国暂未使用。

银行本票是由银行签发的，承诺自己在见票时无条件支付确定的金额给收款人或者持票人的票据。

2. 银行本票的分类

银行本票按金额是否固定分为不定额银行本票和定额银行本票两种（分别见图 5-6 和图 5-7）。定额银行本票面额为 1 000 元、5 000 元、1 万元和 5 万元四种。

付款期限 × 个月	××银行 本 票 2	地名	本票号码
	出票日期（大写） 年 月 日		第 号

收款人：
凭票即付　　　　　人民币
　　　　　　　　　（大写）

转　账　　现　金		
备注		
	出票行签章	出纳　复核　经办

（使用清分机的，此区域供打印磁性字码）

此联出票行留存，结清本票时作借方凭证附件

图 5-6　不定额银行本票示例

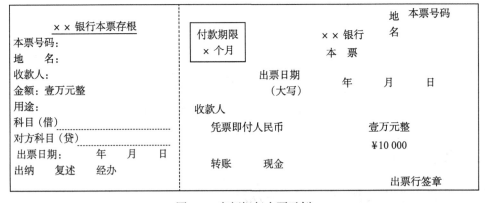

图 5-7　定额银行本票示例

3. 银行本票的基本规定

（1）单位和个人在同一票据交换区域需要支付各种款项，均可以使用银行本票。

（2）签发银行本票必须记载下列事项：标明"银行本票"的字样、无条件支付的承诺、确定的金额、收款人名称、出票日期、出票人签章。欠缺记载上列事项之一的，银行本票无效。

（3）银行本票可以用于转账，注明"现金"字样的银行本票可以用于支取现金。

（4）银行本票的出票人，为经中国人民银行当地分支行批准办理银行本票业务的银行机构。

（5）银行本票的提示付款期限自出票日起最长不得超过2个月。超过提示付款

期限的银行本票，代理付款人不予受理。

（6）申请人和收款人均为个人需要支取现金的，应在"支付金额"栏先填写"现金"字样，后填写支付金额。申请人或收款人为单位的，不得申请签发现金银行本票。写明"现金"字样的银行本票不得背书转让。

（7）银行本票丧失，失票人可以凭人民法院出具的其享有票据权利的证明，向出票银行请求付款或退款。

（8）银行本票见票即付。跨系统银行本票的兑付，持票人开户银行可根据中国人民银行规定的金融机构同业往来利率向出票银行收取利息。

（二）银行本票的核算

转账银行本票业务的核算包括出票、兑付、结清三个阶段，现金银行本票则为出票、结清两个阶段。转账本票的基本核算流程如图 5-8 所示。

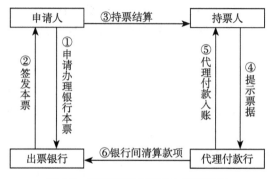

图 5-8　转账银行本票基本核算流程

1. 银行本票出票的核算

申请人需要使用银行本票，应向银行填写"银行本票申请书"，填明收款人名称、申请人名称、支付金额、申请日期等事项并签章。申请书一式三联，第一联回单，转账后退还申请人；第二联作为转账借方凭证；第三联作为转账贷方凭证。交现金办理银行本票的，第二联注销。

银行受理申请人提交的"银行本票申请书"时，应按有关规定审核其填写的内容是否齐全、清楚；申请书上应注明"现金"字样，要审查申请人或收款人是否为个人，审核无误后，才能签发银行本票。

转账交付的，以第二联申请书作为借方凭证，第三联作为贷方凭证，办理转账。会计分录为：

借：单位活期存款——申请人户
　　贷：本票

现金交付的,以第三联作贷方凭证,办理转账。会计分录为:

借:库存现金
　　贷:本票

出票行在办理转账或收妥现金后,签发银行本票。不定额银行本票一式两联,第一联为卡片,第二联为本票正本;定额银行本票一式两联,第一联为存根,第二联为本票正本。

出票行签发本票应注意:签发不定额本票,出票日期和出票金额必须大写,如果填写错误应将本票作废重新签发;用于转账的本票,须划去本票上的"现金"字样;用于支取现金的本票,须划去本票上的"转账"字样;申请书的备注栏内注明"不得转让"的,出票行应当在本票的正面注明。

填好的银行本票经复核无误后,在不定额本票的第二联或定额本票的正联上加盖银行本票专用章并由授权的经办人签字或盖章,签章必须清晰。定额本票正联交给申请人,不定额本票第二联须用总行统一的压数机在人民币大写栏右端压印小写金额后交给申请人,第一联卡片或存根联上加盖经办、复核人员名章后留存,专夹保管。

【例5-4】7月6日,A银行收到开户单位M公司提交的银行本票申请书,要求办理本票一张,金额33 000元,收款人为在同城B行开户的N公司。A银行审核开户信息无误,办理转账手续。会计分录为:

借:单位活期存款——M公司　　　　　　　　　　33 000
　　贷:本票　　　　　　　　　　　　　　　　　　　　33 000

【例5-5】A银行收到客户张三提交的银行本票申请书及现金7 000元,要求办理银行本票一张。银行审核无误予以办理。会计分录为:

借:库存现金　　　　　　　　　　　　　　　　　　7 000
　　贷:本票　　　　　　　　　　　　　　　　　　　　7 000

2. 银行本票兑付的核算

代理付款行接到在本行开户持票人提交的转账本票和一式两联的进账单时,应严格进行审查:本票是否真实;提示付款期限是否超过;本票填明的持票人是否在本行开户,持票人名称与进账单上的名称是否相符;出票行的签章是否正确;不定额本票是否有统一制作的压数机压印的金额,与大写的出票金额是否一致;本票必须记载的事项是否齐全,出票金额、出票日期、收款人名称是否更改;是否压印"银行本票专用章",背书转让的本票是否符合规范。审查无误后,以第二联作贷方凭证,办理转账。进账单第一联加盖转讫章作为收账通知交给持票人,银行本票提出交换。会计分录为：

 借：存放中央银行款项
  贷：单位活期存款——持票人户

【例5-6】7月30日，B银行收到本行开户单位N公司提交的银行本票和转账进账单，金额33 000元。经审核无误向A银行提出交换，并为该企业办理转账手续。

 借：存放中央银行款项   33 000
  贷：单位活期存款——N公司   33 000

3. 银行本票结清的核算

（1）转账本票。出票行收到票据交换提入的本票时，抽出保管的本票卡片或存根，经核对无误后办理转账。其会计分录为：

 借：本票
  贷：存放中央银行款项

（2）现金本票。填明"现金"字样的本票支付款项时，应到出票行办理。出票行接到持票人交来的填明"现金"字样的本票时，应抽出专夹保管的本票卡片或存根，经核对相符，确属本行签发，同时还必须按规定认真审查其内容，审核无误后，办理付款手续将本票作为借方凭证，本票卡片或存根联作为附件入账。会计分录为：

 借：本票
  贷：库存现金

【例5-7】7月31日，A银行收到同城票据交换提入的银行本票，经审核为本行7月6日签发的本票，办理转账手续。

 借：本票   33 000
  贷：存放中央银行款项   33 000

（三）银行本票特殊情况下的处理

1. 银行本票超过付款期限

持票人超过付款期限不获付款的，在票据权利时效内请求付款时，应当向出票行说明原因，并将本票交给出票行。持票人为个人的，应当交验身份证件。出票行经与原专夹保管的本票卡片或存根核对无误，在本票上注明"逾期付款"字样，办理付款手续。会计分录为：

 借：本票
  贷：单位活期存款——持票人户（或现金）

2. 银行本票退款

申请人因本票超过提示付款期或其他原因要求出票行退款时，应填制一式两联进账单连同本票交给出票行，并提交证明或身份证件。出票行经与原专夹保管的本票卡片或存根核对无误，即在本票上注明"未用退回"字样，第二联进账单作为贷方凭证，本票作为借方凭证，卡片或存根联作为附件。会计分录为：

借：本票
　　贷：单位活期存款——申请人户（或现金）

三、银行汇票的核算

（一）银行汇票的概念及基本规定

1. 银行汇票的概念

银行汇票是由出票银行签发的，由其在见票时按照实际结算金额无条件支付给收款人或者持票人的票据。票样如图 5-9 所示。

2. 银行汇票的基本规定

（1）单位和个人各种款项结算，均可使用银行汇票。

（2）签发银行汇票必须记载下列事项：标明"银行汇票"的字样、无条件支付的承诺、出票金额、付款人名称、收款人名称、出票日期、出票人签章，欠缺记载上列事项之一的，银行汇票无效。

（3）银行汇票可以用于转账，填明"现金"字样的银行汇票又可以支取现金，但申请人和收款人必须均为个人。

（4）银行汇票的出票和付款，全国范围限于中国人民银行和各商业银行参加"全国联行往来"的银行机构办理。跨系统银行签发的转账银行汇票的付款，应通过同城票据交换将银行汇票和解讫通知提交给同城的有关银行审核支付后抵用。

（5）银行汇票的提示付款期限自出票日起 1 个月。持票人超过付款期限提示付款的，代理付款人不予受理。

（6）持票人向银行提示付款时，必须同时提交银行汇票和解讫通知，缺少任何一联，银行不予受理。

（7）银行汇票的出票银行为银行汇票的付款人。银行汇票的代理付款人是代理本系统出票银行或跨系统签约银行审核支付汇票款项的银行。

（8）收款人受理申请人交付的银行汇票时，应在出票金额以内，根据实际需要的款项办理结算，并将实际结算金额和多余金额准确、清晰地填入银行汇票和解讫通知的有关栏内。未填明实际结算金额和多余金额或实际结算金额超过出票金额的，银行不予受理。

（9）银行汇票的实际结算金额不得更改，更改实际结算金额的银行汇票无效。

（10）银行汇票丧失，失票人可以凭人民法院出具的其享有票据权利的证明，向出票银行请求付款或退款。

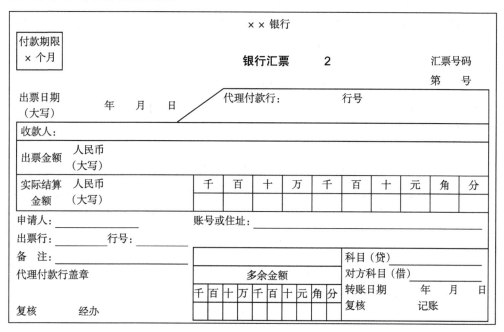

图 5-9　银行汇票示例

（二）银行汇票的核算

银行汇票业务的核算过程分为出票、解付、结清三个阶段，基本核算流程如图 5-10 所示。

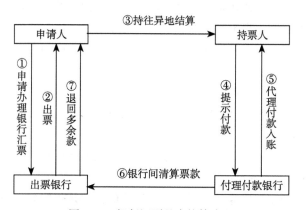

图 5-10　银行汇票基本核算流程

1. 银行汇票出票的核算

申请人使用银行汇票，应向出票银行填写"银行汇票申请书"，填明收款人名称、汇票金额、申请人名称、申请日期等事项并签章，签章为其预留银行的签章。申请书一式三联，第一联申请人留作存根，第二、第三联送交银行。银行审查无误后，以申请书第二联作为借方凭证，第三联作为贷方凭证，办理转账。会计分录为：

借：单位活期存款——申请人户
　　贷：汇出汇款

如果申请人是用现金办理的，应在申请书上注明"现金"字样，审核申请人及收款人是否均为个人，并交存现金，经审核无误后，受理签发银行汇票。会计分录为：

借：库存现金
　　贷：汇出汇款

出票行在办好收账或收妥现金后，按规定签发银行汇票，银行汇票一式四联，第一联为卡片，第二联为汇票，第三联为解讫通知，第四联为多余款收账通知。汇票经审核无误后，在第二联上加盖汇票专用章，连同第三联一并交给申请人，第一联与第四联一并专夹保管。

【例5-8】 9月3日，A银行收到开户企业甲公司提交的银行汇票申请书，申请签发转账银行汇票80 000元持往异地购货。银行审核无误后办理转账。会计分录为：

借：单位活期存款——甲公司　　　　　　　　80 000
　　贷：汇出汇款　　　　　　　　　　　　　　　　80 000

2. 银行汇票解付的核算

（1）持票人在代理付款行开户。银行接到在本行开立账户的持票人直接交来的汇票、解讫通知和二联进账单时，应认真审查：

1）银行汇票和解讫通知是否齐全、汇票号码和记载的内容是否一致；

2）汇票是否是统一规定印制的凭证，是否超过提示付款期限；

3）汇票填明的持票人是否在本行开户，持票人的名称是否为该持票人，是否与进账单上的名称相符；

4）汇票必须记载的事项是否齐全；

5）出票人签章是否符合规定，是否有压数机压印的出票金额，并与大写出票金额一致；

6）出票金额、实际结算金额、出票日期、收款人名称是否更改，更改的其他记载事项是否由原记载人签章证明；

7）持票人是否在汇票背面签章，背书转让的汇票是否按规定的范围转让，其背书是否连续，签章是否符合规定，背书使用的粘单是否按规定在粘接处签章。

经审查无误，作为代理付款行办理转账。其分录是：
借：清算资金往来
　　贷：单位活期存款——持票人户

【例 5-9】 9 月 20 日，B 银行收到开户单位四元食品厂交来的银行汇票、解讫通知及转账进账单，出票金额为 80 000 元，实际结算金额 76 000 元。付款人为异地的 A 银行。经审核无误后，办理转账。会计分录为：

借：清算资金往来　　　　　　　　　　　　　　　76 000
　　贷：单位活期存款——四元食品厂　　　　　　　　　　76 000

（2）持票人不在代理付款行开户。银行受理不在本行开户的持票人提交的银行汇票第二联、第三联和二联进账单时，除按上述内容认真审核外，还必须审核持票人的身份证件，并将身份证件复印件留存备查。对现金汇票持票人委托他人向代理付款行提示付款的，代理付款行必须查验持票人和被委托人的身份证件，对银行汇票背面是否有委托收款背书，以及是否注明持票人和被委托人身份证件名称、号码和发证机关进行审查，并要求提交持票人和被委托人身份证件留存备查。审查无误后，以持票人姓名开立应解汇款账户，以第二联进账单作为转账贷方凭证，办理转账。会计分录为：

借：清算资金往来
　　贷：应解汇款及临时存款——持票人户

原持票人允许支取现金的，代理付款行经审查汇票上填写的申请人或收款人确为个人并按规定填明了"现金"字样，予以办理。其会计分录为：

借：应解汇款及临时存款——持票人户
　　贷：库存现金

【例 5-10】 客户李文持异地同系统银行签发的银行汇票 20 000 元，实际结算金额 20 000 元，要求支取现金，并提供个人身份证，此汇票上注明"现金"字样。银行审核无误后办理转账。会计分录为：

借：清算资金往来　　　　　　　　　　　　　　　20 000
　　贷：库存现金　　　　　　　　　　　　　　　　　　20 000

3. 银行汇票结清的核算

出票行收到代理付款行发来的划付信息时，会计部门根据本行清算中心交来的有关凭证，经核对无误后，分别进行如下处理。

（1）汇票全额付款，应在汇票的实际结算金额栏填入全部金额，在多余款收账通知上的多余金额栏填写"—0—"，其会计分录为：

借：汇出汇款

　贷：清算资金往来

（2）汇票有多余款的，在多余款收账通知上的多余金额栏填写多余金额。会计分录为：

借：汇出汇款　　　　　　　　　　　　（出票金额）

　贷：清算资金往来　　　　　　　　　　　　（实际结算金额）

　　单位活期存款——申请人户　　　　　　　　（多余款金额）

【例 5-11】 接例 5-8、例 5-9。9 月 20 日，A 银行收到异地 B 银行发来的电子信息，要求结清本行 9 月 3 日签发的银行汇票。经审查无误办理转账，会计分录为：

借：汇出汇款　　　　　　　　　　　　80 000

　贷：清算资金往来　　　　　　　　　　　　76 000

　　单位活期存款——甲公司　　　　　　　　　　4 000

如果申请人未在出票行开立账户，多余金额可以通过“其他应付款”科目核算。

四、商业汇票的核算

（一）商业汇票的概念、分类与基本规定

1. 商业汇票的概念

商业汇票是出票人签发的，委托付款人在指定日期无条件支付确定的金额给收款人或者持票人的票据。票样如图 5-11、图 5-12 所示。

商业承兑汇票 2

出票日期（大写）　年　月　日　　　　汇票号码　第　号

<table>
<tr><td rowspan="3">付款人</td><td>全　称</td><td colspan="3"></td><td rowspan="3">收款人</td><td>全　称</td><td colspan="12"></td></tr>
<tr><td>账　号</td><td colspan="3"></td><td>账　号</td><td colspan="12"></td></tr>
<tr><td>开户银行</td><td></td><td>行　号</td><td></td><td>开户银行</td><td></td><td>行　号</td><td colspan="11"></td></tr>
<tr><td colspan="2" rowspan="2">出票金额</td><td colspan="6" rowspan="2">人民币
（大写）</td><td>千</td><td>百</td><td>十</td><td>万</td><td>千</td><td>百</td><td>十</td><td>元</td><td>角</td><td>分</td></tr>
<tr><td></td><td></td><td></td><td></td><td></td><td></td><td></td><td></td><td></td><td></td></tr>
<tr><td colspan="2">汇票到期日</td><td colspan="5"></td><td>交易合同号码</td><td colspan="10"></td></tr>
<tr><td colspan="7">本汇票已经承兑，到期无条件支付票款

承兑人签章
承兑日期　　年　月　日</td><td colspan="11">本汇票请予以承兑于到期日付款

出票人签章</td></tr>
</table>

此联持票人开户行随委托收款凭证寄付款人开户行作借方凭证附件

图 5-11　商业承兑汇票示例

银 行 承 兑 汇 票 2													
出票日期（大写）			贰零 年 月 日							汇票号码 第 号			
出票人全称			收款人	全 称									
出票人账号				账 号									
付款行全称		行号		开户行				行 号					
汇票金额	人民币（大写）				千	百	十	万	千	百	十	元	角 分
汇票到期日 本汇票请你行承兑，到期无条件付款 出票人签章 年 月 日			本汇票已经承兑，到期日由本行付款 承兑行签章 承兑日期 年 月 日 备注：		承兑协议编号 科目（借） 对方科目（贷） 转账 年 月 日 复核 记账									

此联收款人开户行随委托收款凭证寄付款行作借方凭证附件

图 5-12 银行承兑汇票示例

2. 商业汇票的分类

商业汇票的付款人为承兑人。按承兑人不同，商业汇票可分为商业承兑汇票和银行承兑汇票。由银行以外的付款人承兑的汇票为商业承兑汇票，由银行承兑的汇票为银行承兑汇票。商业承兑汇票可以由付款人签发并承兑，也可以由收款人签发交由付款人承兑。

3. 商业汇票的基本规定

（1）在银行开立存款账户的法人以及其他组织之间，必须具有真实的交易关系或债权债务关系，才能使用商业汇票。

（2）签发商业汇票必须记载下列事项：标明"商业承兑汇票"或"银行承兑汇票"的字样、无条件支付的委托、确定的金额、付款人名称、收款人名称、出票日期、出票人签章。欠缺记载上列事项之一的，商业汇票无效。

（3）商业承兑汇票的出票人，为在银行开立存款账户的法人以及其他组织，与付款人具有真实的委托付款关系，具有支付汇票金额的可靠资金来源。

（4）银行承兑汇票的出票人必须具备三个条件：在承兑银行开立存款账户的法人以及其他组织；与承兑银行具有真实的委托付款关系；资信状况良好，具有支付汇票金额的可靠资金来源。

（5）出票人不得签发无对价的商业汇票用以骗取银行或者其他票据当事人的资金。

（6）商业汇票可以在出票时向付款人提示承兑后使用，也可以在出票后先使用再向付款人提示承兑。

（7）商业汇票的付款期限，最长不得超过 6 个月。定日付款的汇票，付款期限自出票日起计算，并在汇票上记载具体的到期日；出票后定期付款的汇票，付款期限自出票日起按月计算，并在汇票上记载；见票后定期付款的汇票，付款期限自承兑或拒绝承兑日起按月计算，并在汇票上记载。

（8）商业汇票的提示付款期限，自汇票到期日起 10 日。持票人超过提示付款期限提示付款的，持票人开户银行不予受理。

（9）银行承兑汇票的出票人应于汇票到期前将票款足额交存其开户银行。承兑银行应在汇票到期日或到期日后的见票当日支付票款。承兑汇票的出票人于汇票到期日未能足额交存票款时，承兑银行除凭票向持票人无条件付款外，对出票人尚未支付的汇票金额按照每天万分之五计收利息。

（10）符合条件的商业汇票的持票人可持未到期的商业汇票连同贴现凭证向银行申请贴现。贴现银行可持未到期的商业汇票向其他银行转贴现，也可向中国人民银行申请再贴现。

（二）商业承兑汇票的核算

商业承兑汇票是由收款人或付款人签发，由银行以外的付款人承兑，在指定日期无条件支付确定金额给收款人或者持票人的票据。商业承兑汇票一式三联，第一联为卡片，由承兑人留存；第二联为商业承兑汇票正本，由持票人开户行随委托收款凭证寄付款人开户行作为借方凭证附件；第三联为存根。

商业承兑汇票的基本核算流程如图 5-13 所示。

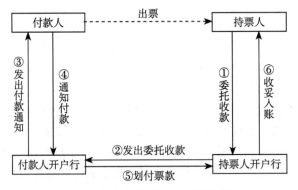

图 5-13 商业承兑汇票基本核算流程图

1. 持票人开户行受理汇票的处理

持票人持未到期的商业承兑汇票，委托开户银行收款时，应填制一式五联的邮划或电划委托收款凭证，在"委托收款凭证名称"栏注明"商业承兑汇票"及其号码，商业承兑汇票第二联附后，作为债务证明，一并交开户银行。

开户行收到汇票持票人交来的委托收款凭证和汇票后，应认真审查：汇票是否是统一规定印制的凭证，提示付款期限是否超过；汇票上填明的持票人是否在本行开户；出票人、承兑人的签章是否符合规定；汇票必须记载的事项是否齐全，出票金额、出票日期、收款人名称是否更改，其他记载事项的更改是否由原记载人签章证明；是否做成委托收款背书，背书转让的汇票其背书是否连续，签章是否符合规定，背书使用粘单的是否按规定在粘接处签章；委托收款凭证的记载事项是否与汇票记载的事项相符。

经审核无误后，在委托收款凭证各联上加盖"商业承兑汇票"戳记。根据第二联委托收款凭证登记"发出委托收款结算凭证登记簿"后专夹保管，第一联委托收款凭证加盖业务公章作为回单退还持票人，付款人在异地的，将委托收款凭证第三、四、五联与商业承兑汇票一并发给付款人开户行。若收付款人在同城，则收款人可将商业承兑汇票送交开户银行，通过同城票据交换处理。

2. 付款人开户行收到汇票的处理

付款人开户行接到持票人开户行发来的委托收款凭证及汇票时，应按上述有关规定认真审查，审核无误后，将第三、四联委托收款凭证登记"收到委托收款结算凭证登记簿"后，专夹保管，第五联交付款人签收，通知其付款。

付款人在接到付款通知次日起三日内没有任何异议，并且账户内有足够的资金用以支付汇票款，开户行应于第四日起开始向持票人开户行划款，会计分录为：

借：单位活期存款——付款人户
　　贷：清算资金往来或存放中央银行款项

同时销记"收到委托收款结算凭证登记簿"。

当付款人存款账户内金额不足或无款支付时，银行应填制"付款人未付票款通知书"，在委托收款凭证和"收到委托收款结算凭证登记簿"上注明退回日期和"无款支付"字样，将一联通知书和第三联委托收款凭证留存备查，将第二、三联通知书、第四联委托收款凭及其债务证明一并邮寄收款人开户行。

付款人拒绝支付票款的，应向其开户银行提交拒付理由书与汇票，银行按照委托收款拒绝付款的手续处理。

【例5-12】9月12日，A银行收到异地L银行发来的委托收款凭证和商业承兑汇票，承兑人为本行开户单位B公司，金额123 000元。A银行当日通知客户，B公司同意付款。9月14日，汇票到期，银行办理转账。会计分录为：

借：单位活期存款——B公司　　　　　　　123 000
　　贷：清算资金往来　　　　　　　　　　　　　123 000

3. 持票人开户行收到划回票款或退回凭证的处理

持票人开户行收到付款人开户行发来的信息，经与留存的第二联委托收款凭证核对无误后，以委托收款凭证第二联作为转账贷方凭证，办理转账，并销记"发出委托收款结算凭证登记簿"。会计分录为：

借：清算资金往来或存放中央银行款项
　　贷：单位活期存款——持票人户

转账后，在委托书第四联上加盖转账收讫章交持票人作为收账通知。

持票人开户行如收到付款人开户行寄来的未付款通知书或拒付理由书及汇票、委托收款凭证，将委托收款凭证、未付款通知书或拒付理由及汇票退交持票人，由持票人与付款人自行交涉解决。

【例 5-13】9 月 15 日，L 银行收到异地 A 银行发来的电子信息，金额 123 000 元，此款系开户单位机床厂的商业承兑汇票划回款，经审核无误，予以收账。

借：清算资金往来　　　　　　　　　　　　123 000
　　贷：单位活期存款——机床厂　　　　　　　　　　123 000

同时销记"发出委托收款结算凭证登记簿"123 000 元。

（三）银行承兑汇票的核算

银行承兑汇票是由在承兑银行开立存款账户的存款人（承兑申请人）签发，由承兑银行承兑的，在指定日期无条件支付确定的金额给收款人或持票人的票据。承兑银行是银行承兑汇票的付款人，承兑申请人在汇票到期前应将票款足额缴存承兑银行。银行承兑汇票一式三联：第一联卡片，由承兑人留存备查，到期支付票据时作为借方凭证附件；第二联银行承兑汇票，由收款人开户行随委托凭证寄付款人开户行作为借方凭证附件；第三联存根，由出票人留存。

银行承兑汇票的基本核算流程如图 5-14 所示。

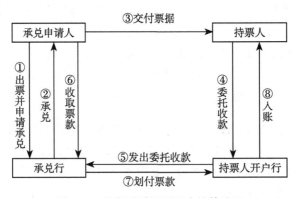

图 5-14　银行承兑汇票基本核算流程

1. 承兑银行受理汇票承兑的处理

银行承兑汇票的出票人（或持票人）向汇票上记载的付款银行申请或提示承兑时，银行的信贷部门按照支付结算办法和有关规定审查同意后，即可与出票人签署承兑协议书（见图 5-15）一式三联，留存一份，其他交会计部门。

```
                       银 行 承 兑 协 议 1
                            编号：_____
银行承兑汇票的内容
       出票人全称_____        收款人全称_____
       开户银行_____          开户银行_____
       账  号_____            账  号_____
       汇票号码_____          汇票金额（大写）_____
       出票日期____年____月____日  到期日期____年____月____日
以上汇票经银行承兑，出票人愿遵守《支付结算办法》的规定及下列条款：
   一、出票人于汇票到期日前将应付票款足额交存承兑银行。
   二、承兑手续费按票面金额千分之（ ）计算，在银行承兑时一次付清。
   三、出票人与持票人如发生任何交易纠纷，均由其双方自行处理，票款于到期前仍按第一条办理不误。
   四、承兑汇票到期日，承兑银行凭票无条件支付票款，如到期日之前出票人不能足额交付票款时，承兑银行对不足支付部分的票款转作出票申请人逾期贷款，并按照有关规定计收罚息。
   五、承兑汇票款付清后，本协议自动失效。
                                                 出票人签章
承兑银行签章
                                   订立承兑协议日期_____年____月____日
```

图 5-15　银行承兑协议书示例

申请人向银行交存保证金时，应提交转账支票和进账单，银行据以办理转账手续。会计分录为：

借：单位活期存款——承兑申请人户
　　贷：存入保证金

会计部门核对信贷部门提交的有关单证无误后，按照承兑协议规定向出票人收取票面金额一定比例的承兑手续费，同时根据第一联汇票填制"银行承兑汇票"表外科目收入凭证，登记表外科目登记簿。转账后在承兑汇票上加盖汇票专用章，一份连同承兑协议书退还承兑申请人，其余的一份连同承兑汇票卡片专夹保管。会计分录为：

借：单位活期存款——承兑申请人户
　　贷：手续费及佣金收入

同时登记表外科目：（收入）银行承兑汇票

【例 5-14】1 月 5 日，B 银行收到开户单位 A 公司提交的银行承兑汇票承兑协议及银行承兑汇票申请承兑，金额 800 000 元，到期日为 6 月 26 日。经审核予以承兑，收取保证金 50 000 元，并按 0.5‰ 收取承兑手续费。会计分录为：

借：单位活期存款——A 公司　　　　　　　　　　　50 400
　　贷：存入保证金　　　　　　　　　　　　　　　　　　50 000
　　　　手续费及佣金收入　　　　　　　　　　　　　　　　　400
收入：银行承兑汇票　　　　　　　　　　　　　　800 000

2. 持票人开户行受理银行承兑汇票的处理

持票人凭汇票委托开户行向承兑银行收取票款时，应填"委托收款结算凭证"，在"委托收款凭证名称"栏注明"银行承兑汇票"及汇票号码，连同汇票一并送交开户行。其他处理与商业承兑汇票相同。

3. 承兑银行到期收取票款的处理

承兑银行应每天查看汇票到期情况，对到期的汇票，应于到期日（遇法定假日顺延）向承兑申请人收取票款。收取票款时，应根据承兑申请人账户余额情况不同，分别处理：

（1）承兑申请人账户有足额资金支付汇票款时，银行应填制两联特种转账借方凭证，一联特种转账贷方凭证，并在"转账原因"栏注明"根据××号汇票划转票款"字样。一联特种转账借方凭证加盖转讫章后作为支款通知交给出票人。会计分录为：

借：存入保证金——承兑申请人户
　　单位活期存款——承兑申请人户
　　贷：应解汇款及临时存款

（2）承兑申请人账户没有足额资金支付时，银行应将垫付的金额转为承兑申请人的贷款，同时填制两联特种转账借方凭证，一联特种转账贷方凭证，并在"转账原因"栏注明"根据××号汇票划转部分票款"字样。会计分录为：

借：存入保证金——承兑申请人户
　　单位活期存款——承兑申请人户
　　短期贷款——承兑申请人户
　　贷：应解汇款及临时存款

4. 承兑银行支付汇票款项的处理

承兑银行接到持票人开户行发来的委托收款凭证及汇票，抽出专夹保管的汇票卡片和承兑协议副本与之进行认真核对，审核无误后，应于汇票到期日或到期日之后的见票当日，将款项划入持票人开户行。会计分录为：

借：应解汇款及临时存款——承兑申请人户
　　贷：清算资金往来或存放中央银行款项

另填制银行承兑汇票表外科目付出凭证，销记表外科目登记簿。

付出：银行承兑汇票

【例 5-15】接例 5-14。6 月 26 日汇票到期，A 公司账户仅能划付 600 000 元，不足部分由承兑行 B 银行垫付，并于当天将款项划往异地持票人开户行。

借：存入保证金　　　　　　　　　　　　　　50 000
　　单位活期存款——A 公司　　　　　　　　600 000
　　短期贷款——A 公司　　　　　　　　　　150 000
　　贷：应解汇款及临时存款——A 公司　　　　　　　　800 000
借：应解汇款及临时存款——A 公司　　　　800 000
　　贷：清算资金往来　　　　　　　　　　　　　　　　800 000
付出：银行承兑汇票　　　　　　　　　　　800 000

5. 持票人开户行收到汇票款的处理

持票人开户行收到承兑银行发来的联行报单和委托收款凭证或电子信息，按照委托收款的款项划回手续为持票人入账。会计分录为：

借：清算资金往来或存放中央银行款项
　　贷：单位活期存款——持票人户

第三节　结算方式

一、汇兑

(一) 汇兑的概念与基本规定

1. 汇兑的概念

汇兑是指汇款人委托银行将其款项支付给同城或异地收款人的结算方式。

2. 汇兑的基本规定

(1) 单位和个人的各种款项的结算，均可使用汇兑结算方式。

(2) 签发汇兑凭证必须记载下列事项：表明"信汇"或"电汇"的字样、无条件支付的委托、确定的金额、收款人名称、汇款人名称、汇入地点、汇入行名称、汇出地点、汇出行名称、委托日期、汇款人签章。汇兑凭证上欠缺上列记载事项之一的，银行不予受理。

汇兑凭证记载的汇款人名称、收款人名称，其在银行开立存款账户的，必须记载其账号，欠缺记载的，银行不予受理。

（3）汇兑凭证上记载收款人为个人的，收款人需要到汇入银行领取汇款，汇款人应在汇兑凭证上注明"留行待取"字样；留行待取的汇款，需要指定单位的收款人领取汇款的，应注明收款人的单位名称；信汇凭收款人签章支取的，应在信汇凭证上预留其签章。

（4）汇款人确定不得转汇的，应在汇兑凭证"备注"栏注明"不得转汇"字样。

（5）汇款人和收款人均为个人，需要在汇入银行支取现金的，应在汇款凭证的"汇款金额"大写栏，先填写"现金"字样，后填写汇款金额。

（6）汇出银行受理汇款人签发的汇兑凭证，经审查无误后，应及时向汇入银行办理汇款，并向汇款人签发汇款回单。汇款回单只能作为汇出银行受理汇款的依据，不能作为该笔汇款已转入收款人账户的证明。收账通知是银行将款项确已收入收款人账户的凭据。

（7）汇款人对汇出银行尚未汇出的款项可以申请撤销。汇款人对汇出银行已经汇出的款项可以申请退汇。转汇银行不得受理汇款人或汇出银行对汇款的撤销或退汇。

（8）汇入银行对于收款人拒绝接受的汇款，应立即办理退汇。汇入银行对于向收款人发出的取款通知，经过两个月无法交付的汇款，应主动办理退汇。

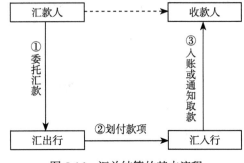

图 5-16 汇兑结算的基本流程

（二）汇兑的核算

汇兑业务的基本核算流程如图 5-16 所示。

1. 汇出行的核算

汇款人申请办理汇兑时，应向银行提交汇兑凭证。汇出行受理汇兑凭证时，应认真审核以下内容：凭证记载的各项内容是否齐全正确；汇款人账户是否有足够支付的款项；凭证上注明"现金"字样的，应审查汇款人和收款人是否均为个人；汇款人的签章是否与预留印鉴相符。审核无误后，第一联凭证加盖转讫章退给汇款人。对于转账汇款的，以凭证第二联作为借方凭证，转账后向汇入行汇款。会计分录为：

借：单位活期存款——汇款人户
　　贷：清算资金往来

汇款人交付现金的，银行另填一张特种转账贷方凭证，以第二联汇兑凭证作为借方凭证办理转账，会计分录为：

借：库存现金
　　贷：应解汇款及临时存款——汇款人户
借：应解汇款及临时存款——汇款人户
　　贷：清算资金往来

2. 汇入行的核算

汇入行通过联行子系统收到汇出行汇入的款项，审查无误后直接收账或转入应解汇款及临时存款账户支付。

（1）直接收账。收款人在汇入行开立存款账户的，银行应将汇款直接转入收款人账户。会计分录为：

借：清算资金往来
　　贷：单位活期存款——收款人户

转账后，第四联信汇凭证加盖转账收讫章交收款人作为收账通知。

（2）不直接收账。收款人未在汇入行开立存款账户的，银行应将款项转入"应解汇款及临时存款"账户。该账户只付不收，付完清户，不计付利息。会计分录为：

借：清算资金往来
　　贷：应解汇款及临时存款——收款人户

同时登记"应解汇款"登记簿，在信汇凭证上编列应解汇款顺序号，第四联信汇凭证留存保管，另以便条通知收款人来行取款。

收款人可以分次或一次支取现金，会计分录为：

借：应解汇款及临时存款——收款人户
　　贷：库存现金

付款后，销记"应解汇款及临时存款"登记簿。

二、委托收款

（一）委托收款的概念及基本规定

1. 委托收款的概念

委托收款是收款人委托银行向付款人收取款项的结算方式。该结算方式不受金额起点限制，同城和异地都可使用。委托收款按结算款项的划回方式不同，分为邮寄和电报划回两种，由收款人选用。

2. 委托收款的基本规定

（1）单位和个人凭已承兑商业汇票、债券、存单等付款人债务证明办理同城或异地款项的结算，均可以使用委托收款结算方式。

（2）收款人办理委托收款应向银行提交委托收款凭证和有关的债务证明。

（3）签发委托收款凭证必须记载下列事项：标明"委托收款"的字样、确定的金额、付款人名称、收款人名称、委托收款凭据名称及附寄单证张数、委托日期、收款人签章，欠缺记载上列事项之一的，银行不予受理。

（4）以银行为付款人的，应在当日将款项主动支付给收款人。

（5）以单位为付款人的，银行应及时通知付款人。付款人应于接到通知的次日起三天内通知银行付款。

（6）付款人未在接到通知的次日起三天内通知银行付款的，银行视同付款人同意付款，次日营业时即可将款项划给收款人。

（7）在同城范围内，收款人收取公用事业费或根据其他相关规定，可以使用同城委托收款。

（二）委托收款业务的核算

委托收款业务核算的基本核算流程如图 5-17 所示。

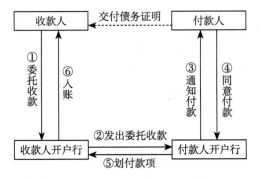

图 5-17　委托收款结算的基本核算流程

1. 收款人开户行受理委托收款的处理

收款人委托银行收款时，应提交委托收款凭证（见图 5-18）。第一联回单，第二联贷方凭证，第三联借方凭证，第四联发电依据（邮划为收账通知），第五联付款通知。收款人在第二联凭证上签章后，将有关委托收款凭证和债务证明提交开户银行。

收款人开户行收到上述凭证后，应按照规定和填写凭证的要求进行认真审查：委托收款凭证是否统一规定格式的凭证；收款人是否在本行开户；是否凭已承兑的商业汇票、债券、存单等付款人债务证明办理委托收款；委托收款凭证上必须记载的事项是否齐全；委托收款凭证的金额、委托日期、收款人是否更改，其他记载事项是否由原记载人签章证明；所附单证种类、数量、金额与委托收款凭证记载是否一致；商业汇票背书转让的，背书是否连续，签章是否符合规定。

第 号

委电 **委托收款**凭证（贷方凭证） 2

委托日期 年 月 日 委托号码：

<table>
<tr><td rowspan="3">付款人</td><td>全 称</td><td></td><td rowspan="3">收款人</td><td>全 称</td><td colspan="11"></td><td rowspan="7">此联收款人开户行作贷方凭证</td></tr>
<tr><td>账号或地址</td><td></td><td>账 号</td><td colspan="11"></td></tr>
<tr><td>开户银行</td><td></td><td>开户银行</td><td></td><td colspan="5">行号</td><td colspan="5"></td></tr>
<tr><td colspan="2" rowspan="2">委收金额</td><td colspan="4" rowspan="2">人民币
（大写）</td><td>千</td><td>百</td><td>十</td><td>万</td><td>千</td><td>百</td><td>十</td><td>元</td><td>角</td><td>分</td></tr>
<tr><td></td><td></td><td></td><td></td><td></td><td></td><td></td><td></td><td></td><td></td></tr>
<tr><td colspan="2">款项内容</td><td></td><td colspan="2">委托收款
凭据名称</td><td></td><td colspan="3">附寄单
证张数</td><td colspan="7"></td></tr>
<tr><td colspan="3">备注：电划</td><td colspan="3">本委托收款随附有关债务证明，请予办理收款。
收款人签章</td><td colspan="10">科目（贷）
对方科目（借）
转账 年 月 日
复核 记账</td></tr>
</table>

收款人开户银行收到日期 年 月 日

图 5-18 委托收款凭证示例

审查无误后，第一联委托收款凭证加盖业务公章退给收款人，第二联收款凭证登记“发出委托收款结算凭证登记簿”后专夹保管，第三联凭证加盖带有联行行号的结算专用章，连同第四、五联凭证及有关债务证明，一并交付款人开户行。

2. 付款人开户行的处理

付款人开户行收到收款人开户行发来的电划或邮划第三、四、五联委托收款凭证及有关债务证明时，应审查是否属于本行受理的凭证，无误后在凭证上注明收到日期，根据电划或邮划第三、四联凭证逐笔登记“收到委托收款结算凭证登记簿”后专夹保管。

根据付款情况不同，委托收款可能会出现按期支付、无款支付和拒绝支付三种情况。

（1）付款人按期支付。以单位为付款人的，银行应将委托收款凭证加盖业务公章，连同有关债务证明及时交给付款人，并由其签收。付款人在接到通知的次日起3日内（遇法定休假日顺延）通知银行付款。未通知银行付款的，视同付款人同意付款，银行应于付款期满次日上午营业时将款项划给收款人。会计分录为：

借：单位活期存款——付款人户

　　贷：清算资金往来或存放中央银行款项

（2）付款人无款支付。银行在办理付款时，付款人账户不足以支付全部款项的，银行应在委托收款凭证和"收到委托收款结算凭证登记簿"上注明退回日期和"无款支付"字样，并填制三联付款人未付款通知书，将第一联通知书和第三联委托收款凭证留存备查，将第二、三联通知书连同收到的凭证全部退回收款人开户银行。

（3）付款人拒绝支付。付款人审查有关债务证明后，对收款人委托收取的款项需要拒绝付款的，可以办理拒绝付款。

付款人为银行的，银行应在收到委托收款凭证及债务证明的次日起三日内出具拒绝付款证明连同有关债务证明、委托收款凭证邮寄收款人开户行，转交收款人。

付款人为单位的，付款人应在接到付款通知的次日起三日内填制拒绝付款理由书，连同债务凭证及第五联委托收款凭证退给开户行。银行审查无误后，在委托收款凭证和"收到委托收款结算凭证登记簿"上注明退回日期和"拒绝付款"字样，并将拒付理由书及收到的凭证全部退回收款人开户银行，转交收款人。

【例 5-16】A 银行收到同城某银行交换过来的委托收款凭证，向本行开户的某经贸公司收取货款 78 000 元。A 银行当天通知该公司。但经贸公司认为部分商品规格不符，所以部分拒付 5 000 元，余款于当日划出。会计分录为：

借：单位活期存款——经贸公司　　　　　　　　　73 000
　　贷：存放中央银行款项　　　　　　　　　　　　　　　　73 000

3. 收款人开户行的处理

（1）款项划回的处理。收款人开户行收到付款人开户行发来电子信息，应将留存的第二联凭证抽出核对，经审核无误后，办理转账。转账后，将第四联委托收款凭证加盖转讫章作为收账通知送交收款人，并销记"发出委托收款凭证登记簿"。会计分录为：

借：清算资金往来或存放中央银行款项
　　贷：单位活期存款——收款人户

（2）付款人无款支付的处理。若收款人开户行收到无款支付而退回的委托收款凭证及有关单据时，应抽出第二联委托收款凭证，并在该联凭证"备注"栏注明"无款支付"字样，销记"发出委托收款结算凭证登记簿"，然后将第四联委托收款凭证、一联未付款通知书及债务证明退给收款人。收款人在未付款通知书上签收后，收款人开户行将一联未付款通知书及第二联委托收款凭证一并保管备查。

（3）付款人拒绝支付的处理。若收款人开户行收到拒绝付款而退回的委托收款凭证及有关单据时，经核对无误后，应抽出第二联委托收款凭证，并在该联凭证"备注"栏注明"拒绝付款"字样，销记"发出委托收款结算凭证登记簿"，然后将第四、五联委托收款凭证、第四联拒付理由书及债务证明退给收款人。收款人在拒付理由书的第三联上签收后,收款人开户行将第三联拒付理由书及第二联委托收款凭证一并保管备查。

三、托收承付业务的核算

(一) 托收承付的概念及基本规定

1. 托收承付的概念

托收承付是根据购销合同由收款人发货后委托银行向异地付款人收取款项,由付款人向银行承认付款的结算方式。托收承付按结算款项的划回方法的不同,可分为邮寄和电报两种,由收款人选用。

2. 托收承付的基本规定

(1) 使用托收承付结算方式的收款单位和付款单位,必须是国有企业、供销合作社以及经营管理较好,并经开户银行审查同意的城乡集体所有制工业企业。

(2) 签发托收承付凭证必须记载下列事项:标明"托收承付"的字样,确定的金额,付款人名称及账号,收款人名称及账号,同付款人开户银行名称,收款人开户银行名称,托收附寄单证张数或册数,合同名称、号码,委托日期,收款人签章。托收承付凭证上欠缺记载上列事项之一的,银行不予受理。

(3) 办理托收承付结算的款项,必须是商品交易,以及因商品交易而产生的劳务供应的款项。代销、寄销、赊销商品的款项,不得办理托收承付结算。

(4) 收付双方使用托收承付结算必须签有符合《中华人民共和国合同法》的购销合同,并在合同上约定明确使用托收承付结算方式。

(5) 收付双方办理托收承付结算,必须重合同、守信用。收款人对同一付款人发货托收累计3次收不回货款的,收款人开户银行应暂停收款人向该付款人办理托收;付款人累计3次提出无理拒付的,付款人开户银行应暂停其向外办理托收。

(6) 收款人办理托收,必须具有商品确已发运的证件(包括铁路、航运、公路等运输部门签发运单、运单副本和邮局包裹回执)。

(7) 托收承付结算每笔的金额起点为1万元。新华书店系统每笔的金额起点为1 000元。

(8) 付款人承付货款有验单付款和验货付款两种方式,由收付款双方协商选用,并在合同中明确规定。验单付款的承付期为3天,从付款人开户银行发出承付通知的次日算起;验货承付的承付期为10天,从承运单位发出提货通知的次日算起。

(9) 付款人在承付期满日银行营业终了时,如无足够资金支付,其不足部分即按逾期付款处理。付款人开户银行对付款人逾期支付的款项，应当根据逾期付款金额和逾期天数计算赔偿金。

（10）付款人开户银行对逾期未付的托收凭证，负责进行扣款的期限为3个月（从承付期满日算起）。期满时，如果付款人仍无足够资金支付该笔尚未付清的欠款，银行应于次日通知付款人将有关交易单证在2日内退回银行。银行将有关凭证退回收款人开户银行转交收款人，并将应付的赔偿金划给收款人。对付款人逾期不退回单证的，开户银行从发出索回单证通知的第3天起，按照该笔尚未付清欠款的金额，每天处以万分之五的罚款，并暂停付款人向外办理结算业务，直到退回单证时为止。

（11）付款人开户银行对不执行合同规定，三次拖欠货款的付款人，应当通知收款人开户银行转告收款人，停止对该付款人办理托收。如果收款人继续对该付款人办理托收，那么付款人开户银行对发出通知的次日起1个月之后收到的托收凭证，可以拒绝受理，并注明理由，原件退回。

（12）付款人在承付期内，有正当理由，可向银行提出全部或部分拒绝付款。开户银行经审查，认为拒付理由不成立，均不受理，应实行强制扣款。

（二）托收承付业务的核算

托收承付结算可分为托收、承付、划款、收账四个环节。托收承付业务核算的基本核算流程如图5-19所示。

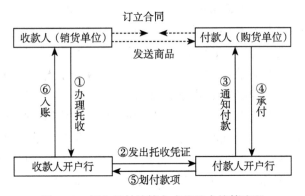

图 5-19　托收承付结算方式的基本核算流程

1. 收款人开户行受理托收的处理

（1）受理凭证。收款人办理托收时，应填制一式五联电划（邮划）托收承付凭证（见图5-20），包括第一联回单、第二联贷方凭证、第三联借方凭证、第四联发电依据（邮划为收账通知）、第五联承付通知。收款人应在第二联托收凭证上加盖单位印章后，将托收凭证和有关单证提交银行。

第 号

托收承付凭证（贷方凭证） 2 托收号码：

电 委托日期 年 月 日

付款人	全 称		收款人	全 称	
	账号或地址			账 号	
	开户银行			开户银行	行号
托收金额	人民币（大写）				千 百 十 万 千 百 十 元 角 分
附 件		商品发运情况		合同名称号码	
附寄单证张数或册数					
备注：电划		本托收款项随附有关单证等件，请予以办理托收。 收款人签章		科目（贷） 对方科目（借） 转账 年 月 日 复核 记账	

收款人开户银行收到日期 年 月 日

此联是收款人委托开户银行办理托收款项后的贷方凭证

图 5-20 托收承付凭证

（2）审查凭证。收款人开户行收到上述的五联凭证后，应认真审查以下内容：托收款项是否符合托收承付结算办法规定的范围、条件、金额起点以及其他有关规定；有无商品已发运的证件；托收凭证是否填写齐全，符合填写要求；托收凭证与所附单证的张数是否相符；托收凭证上是否加盖收款人的印章。

收款人开户行审查凭证的时间不得超过次日。

（3）处理凭证。收款人开户行按规定认真审核无误后，将第一联凭证加盖业务公章后退给收款人。对收款人向银行提交发运证件需要带回保管或自寄的，应在各联凭证和发运证件上加盖“已验发运证件”戳记，然后将发运证件退给收款人。同时凭第二联凭证登记“发出托收结算凭证登记簿”后专夹保管。

（4）传递凭证。收款人开户行在第三联凭证上加盖带有联行行号的结算专用章后，连同第四、五联及交易单证一起发给付款人开户银行。

2. 付款人开户行承付的处理

付款人开户行接到收款人开户行发来的电划或邮划第三、四、五联托收凭证及交易单证时，应审查付款人是否在本行开户，所附单证的张数与凭证的记载是否相符。审查无误后，在凭证上填注收到日期和承付期，及时通知付款人。

3. 付款人开户行付款的处理

（1）全额付款。付款人在承付期满日开户行营业终了前，账户有足够资金支付全部款项的，付款人开户行应在次日上午（遇法定休假日顺延）以第三联凭证作为借方凭证。转账后，在登记簿上填注转账日期，通过联行系统向对方银行划款。会计分录为：

借：单位活期存款——付款人户

贷：清算资金往来

（2）逾期付款。承付期满，付款人账户上无款支付的，付款人开户行应在托收凭证和登记簿备注栏分别注明"逾期付款"字样，并填制一式三联"托收承付结算到期未收通知书"，将第一、二联通知书寄收款人开户行，第三联通知书与第三、四联托收凭证一并保管，待付款人账户内有款时可以一次或分次支付，并收取赔偿金，划给收款人。逾期付款时的处理同全额付款。

赔偿金的计算公式为：

$$赔偿金金额 = 逾期付款金额 \times 逾期天数 \times 规定比例$$

逾期付款天数从承付期满日算起。承付期满日银行营业终了时，付款人如无足够资金支付，其不足部分，应当算作逾期一天，计算一天的赔偿金。在承付期满的次日（遇法定休假日，逾期付款赔偿金的天数计算也应当顺延，但在以后遇法定休假日应当照算逾期天数），银行营业终了时，仍无足够资金支付，其不足部分，应当算作逾期2天，计算2天的赔偿金。其余类推。

赔偿金实行定期扣付，每月计算一次，于次月3日单独划给收款人。在月内有部分付款的，其赔偿金随同部分支付的款项划给收款人，对尚未支付的款项，月终再计算赔偿金，于次月3日内划给收款人。

（3）部分付款。付款人在承付期满日开户行营业终了前，账户只能部分支付的，付款人开户行应在托收凭证上注明当天可以扣收的金额。填制特种转账借方凭证，资金汇划系统办理划款。并在登记簿备注栏分别注明已承付和未承付的金额，并批注"部分付款"字样，或将未承付金额登记"到期未收登记簿"，能够支付的部分可在次日上午划往收款人开户行。

其余部分可在以后有款时陆续扣除。第三、四联凭证单独保管，作为继续扣款的依据。

银行在之后陆续扣款时，除按上述手续处理外，应逐次扣收延付赔偿金，每天按延付金额一定比例，连同当次扣收的托收款一并划转收款单位开户行转收款单位，以弥补其损失。赔偿金的计算同上。

（4）拒绝付款。付款人在承付期内，遇下列情况可向银行提出全部或部分拒绝付款：没有签订购销合同，或购销合同未定明采用托收承付结算方式的款项；未经双方事先达成协议，收款人提前交货或付款人不再需要该项货物的款项；未按合同规定的到货地址发货的款项；代销、寄销、赊销商品的款项。验单付款的，发现所列货物的品种、规格、数量、价格与合同规定不符，或货物已到，经查验货物与合同规定或发货清单不符的款项。验货付款的，经查验货物与合同规定或与发货清单不符的款项；货物已经支付或计算有错误的款项。

付款人在承付期内提出全部或部分拒绝付款时，应填写"全部或部分拒绝付款理由书"并签章，注明拒绝付款理由，涉及合同的应引证合同上的有关条款。

付款人开户行接到拒付款理由书及相关的拒付证明和第五联托收凭证，应认真审查拒绝付款理由，查验合同。对于付款人提出拒绝付款的手续不全、依据不足、理由不符合规定，以及超过承付期拒付和应当部分拒付而提出全部拒付的，均不得受理，应实行强制扣款，因此增加银行审查时间的，应从承付期满日起，为收款人计扣逾期付款赔偿金。

对符合规定同意拒付的，银行应在拒付理由书上签注意见，由经办人员和会计主管签章，然后再托收凭证和登记簿备注栏注明"全部拒付或部分拒付"，拒绝付款理由书第一联加盖业务公章，作为回单退还付款人，同意承付部分，以第二联拒付理由书代借方凭证（第三联托收凭证做附件）办理转账。第三、四联连同有关拒付证明和第四、五联托收凭证等一并寄收款人开户行。

【例 5-17】4 月 2 日，银行收到异地某行处的托收承付结算凭证及有关单证，向开户单位甲公司托收货款，金额为 950 000 元，承付方式为验单付款。经审核无误后，于当日通知甲公司。在 3 天承付期内，甲公司没有向银行提出任何异议。但承付期满日该企业账户资金只能划转 500 000 元，次日上午银行办理了划款手续。9 日，该企业账户余额为 900 000 元，银行按每天 0.5‰ 计算赔偿金，连同剩余款项一并划往收款人开户行。

（1）6 日部分支付的会计分录。

借：单位活期存款——甲公司户　　　　　　　　500 000
　　贷：清算资金往来　　　　　　　　　　　　　　　　　　500 000

（2）9 日划付赔偿金及剩余款项。

赔偿金 =450 000×4×0.5‰=900（元）

借：单位活期存款——甲公司户　　　　　　　　450 900
　　贷：清算资金往来　　　　　　　　　　　　　　　　　　450 900

4. 收款人开户行办理托收款项划回的处理

收款人开户行办理托收款项划回的处理手续可比照委托收款款项收回的处理。

（三）托收承付结算方式和委托收款结算方式的区别

托收承付与委托收款相比，在凭证联次、凭证用途、结算流程和会计处理上虽然基本相似，但二者仍存在显著区别，主要体现在以下方面。

（1）适用主体不同。托收承付结算方式的收款单位和付款单位必须是国有企业、供销合作社以及经营管理较好，并经开户银行审查同意的城乡集体所有制工业企业；而委托收款结算方式不受资格的限制。

（2）适用范围不同。托收承付结算方式按现行规定，只能用于异地商品交易以及由此提供的劳务供应；委托收款结算方式异地和同城均可使用。

（3）金额起点不同。托收承付结算方式规定每笔金额起点为1万元；而委托收款结算方式不规定金额起点。

（4）适用条件不同。托收承付结算方式在办理时，必须签订合同，必须提供商品发运证件；而委托收款结算方式没有此项规定。

（5）银行承担扣款责任不同。托收承付结算方式于承付到期日，如果款项不足或完全没有支付能力，付款人开户行在3个月扣款期限仍承担扣款的责任；而委托收款结算方式一旦发生上述两种情况，付款人开户行不承担扣款责任。

（6）银行审查拒付理由的义务不同。托收承付结算方式在承付期内，如果付款人提出全部拒付或部分拒付，付款人开户行须履行审查责任，凡不符合拒付理由的，付款人开户行应强行扣款；委托收款结算方式，当付款人提出全部或部分拒付时，付款人开户行不审查拒付，而是直接采取退票的方式。

第四节　银行卡业务

一、银行卡的概念、分类及基本规定

（一）银行卡的概念

银行卡是指由商业银行（含邮政金融机构）向社会发行的具有消费信用、转账结算、存取现金等全部或部分功能的信用支付工具。

银行卡在同城异地的结算中均可使用。

（二）银行卡的分类

银行卡依据不同的标准可以划分为不同的种类：按币种不同分为人民币卡、外币卡；按发行对象不同分为单位卡（商务卡）、个人卡；按信息载体不同分为磁条卡、芯片卡（IC）；按照发卡行是否给予持卡人信用额度，分为信用卡和借记卡。

下面重点介绍信用卡和借记卡这一分类。

1. 信用卡

信用卡是指发卡银行给予持卡人一定的信用额度，持卡人可在信用额度内先消

费后还款，或者先按发卡银行的要求交存一定金额的备用金，当备用金账户余额不足支付时，可在发卡银行规定的信用额度内透支的银行卡。

信用卡按照是否向发卡银行交存备用金分为贷记卡和准贷记卡两类：贷记卡是指发卡银行给予持卡人一定的信用额度，持卡人可在信用额度内先消费后还款的信用卡；准贷记卡是指持卡人须先按发卡银行要求交存一定金额的备用金，当备用金账户余额不足支付时，可在发卡银行规定的信用额度内透支的信用卡。

2. 借记卡

借记卡是指持卡人先将款项存入卡内账户，然后进行消费、结算的银行卡。借记卡不具备透支功能。

（三）银行卡的基本规定

（1）商业银行（包括外资银行、合资银行）、非银行金融机构未经中国人民银行批准不得发行信用卡。非金融机构、境外金融机构的驻华代表机构不得发行信用卡和代理收单结算业务。

（2）凡在中国境内金融机构开立基本存款账户的单位可申领单位卡，凡具有完全民事行为能力的公民可申领个人卡。

（3）单位卡账户的资金一律从基本存款账户转入，不得交存现金，不得将销货收入的款项存入其信用卡账户；个人卡账户的资金以其持有的现金存入或以其工资性款项及属于个人的劳务报酬收入转账存入；严禁将单位的款项存入个人卡账户。

（4）单位卡一律不得支取现金，不得用于10万元以上的商品交易、劳务供应款项的核算。

（5）信用卡允许善意透支，各家银行的透支额度、期限、利息各有不同。

二、银行卡业务的核算

（一）发卡

发卡行受理单位或个人的银行卡申请后，经审核符合发卡条件的，发卡行向申请人收取备用金和手续费，并登记发卡登记簿。

如果申请人在发卡行开有账户，会计分录为：

借：单位活期存款——××单位基本户
　　或活期储蓄存款——××个人户
　　或库存现金

贷：单位活期存款——××单位卡户

　　或活期储蓄存款——××个人卡户

　　手续费及佣金收入

如果申请人未在发卡行开有账户，单位须填制支票及三联进账单交银行，发卡行审查无误后，按支票结算有关手续处理并收取手续费，会计分录为：

借：存放中央银行款项

贷：单位活期存款——××单位信用卡户

　　手续费及佣金收入

如果未在发卡行开户的是个人申请者，应按照有关个人卡账户资金来源的规定认真审查后，比照单位卡的有关手续处理。

（二）存取现金

1. 续存现金

银行卡续存现金仅限于个人卡，单位卡续存只能从其基本存款账户转账续存，不得交存现金。银行卡续存现金可以凭卡存款，在无卡时也可凭信用卡卡号存款。

（1）发卡行受理持卡人续存现金。发卡行按规定审核无误，办妥收款手续后，在收款凭证第一联上加盖现金收讫章，作为回单连同信用卡交给持卡人或代理人，第二联作为贷方凭证入账，第三联作为贷方凭证附件，第四联留存备查。会计分录为：

借：库存现金

贷：活期储蓄存款——××持卡人户

（2）同城代理行受理持卡人续存现金。代理行按规定审核无误并办妥收款手续后，在第一联存款单上加盖现金收讫章，作为回单连同信用卡交给持卡人或代理人，第三联存款单作为附件，第四联存款单留存备查，并根据第二联，另填制一联特种转账贷方凭证。会计分录为：

借：库存现金

贷：应解汇款及临时存款账户

将第二联存款单加盖业务公章向持卡人开户行或代理行所在地的跨系统发卡银行通汇行提出票据交换，另填制一联特种转账借方凭证。会计分录为：

借：应解汇款及临时存款账户

贷：存放中央银行款项

（3）异地卡续存现金。代理行受理异地卡存款业务时，比照以上（2）的有关手续处理，另填制一联特种转账贷方凭证，作为收取手续费的贷方凭证。会计分录为：

借：库存现金

贷：应解汇款及临时存款账户

借：应解汇款及临时存款账户
　　贷：清算资金往来
　　　　手续费及佣金收入

2. 支取现金

（1）代理行支取现金。个人持卡人来行提交信用卡及身份证件，要求办理支取现金业务时，代理行应认真审查银行卡的真伪及有效期，是否被列入止付名单等有关内容，审查无误后，压印一式四联的取现单，在取现单上填写持卡人取现的金额、身份证件号码、代理行名称和代号等内容，交持卡人签名确认。

代理行将第一联取现单加盖现金付讫章，连同银行卡、身份证交给持卡人；填制一联特种转账贷方凭证，将第三联取现单作为其附件；将第二联取现单加盖业务公章向持卡人开户行提出票据交换，第四联取现单留存备查。会计分录为：

借：应解汇款及临时存款
　　贷：库存现金
借：存放中央银行款项
　　贷：应解汇款及临时存款

（2）异地支取现金。比照上述的处理手续，不同的是凭第二联取现单加盖转讫章及联行凭证发送电子信息，另填制一联特种转账贷方凭证作为收取手续费的贷方凭证。会计分录为：

借：应解汇款及临时存款
　　贷：库存现金
借：清算资金往来
　　贷：应解汇款及临时存款

【例 5-18】 持卡人赵青持异地同系统银行发行的银行卡提取现金 6 000 元，手续费 6 元。会计分录为：

借：应解汇款及临时存款　　　　　　　　　　　6 000
　　贷：库存现金　　　　　　　　　　　　　　　　　　6 000
借：清算资金往来　　　　　　　　　　　　　　6 006
　　贷：应解汇款及临时存款　　　　　　　　　　　　　6 000
　　　　手续费及佣金收入　　　　　　　　　　　　　　　　6

（三）购物消费

持卡人在特约商户购物后，出示银行卡办理结算。特约单位填制一式四联的签购单（见图 5-21），持卡人在签购单上签名确认，特约单位留存第一联，第三联交持卡人，其余两联作为凭据向开户银行办理转账。

```
┌─────────────────────────────────────────────────┬──┐
│ 持                        编号 0000000          │第│
│ 卡                                              │二│
│ 人                           ×× 银行            │联│
│ 姓                                              │：│
│ 名                         （英文缩写）         │持│
│ 及                                              │卡│
│ 账                                              │人│
│ 号                                              │开│
│  证  件        持卡人签名                       │户│
│  授权号码       日  期      ×× 卡签购单        │银│
│ 特约单位名称、代号              人民币          │行│
│                        ┌购物消费┬──────┐       │作│
│                        │（小写）│      │       │借│
│ 经办人签章             ├────────┼──────┤       │方│
│ 银行签章               │什项    │      │       │凭│
│                        │（小写）│      │       │证│
│                        ├────────┼──────┤       │  │
│              科目（借）│总额    │      │       │  │
│              对方科目（贷）│（大写）│  │       │  │
│                        ├────────┼──────┤       │  │
│                        │摘要    │      │       │  │
│           主管      复核      记账          │  │
└─────────────────────────────────────────────────┴──┘
```

图 5-21　签购单示例

进账时，特约商户填制一式两联进账单及一式三联的汇计单（见图 5-22），连同签购单一并交开户行，开户行按有关规定认真审核无误后，分不同的情况处理。

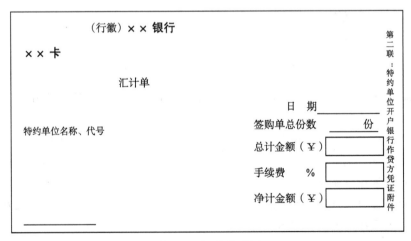

图 5-22　汇计单示例

1. 特约单位与持卡人在同一行处开户的核算

开户行直接根据签购单办理转账，会计分录为：

借：单位活期存款——××单位卡户
　　或活期储蓄存款——××个人卡户
　　贷：单位活期存款——特约单位户
　　　　手续费及佣金收入

2. 特约单位与持卡人在同城不同银行开户的核算

（1）特约单位开户行。第一联进账单加盖转讫章作为收账通知和第一联汇计单加盖业务公章作为交费收据，退还给特约单位；第二联进账单作为转账贷方凭证，第三联签购单作为其附件。根据第二联汇计单的手续费金额填制一联特种转账凭证后作为其附件；将第二联签购单加盖业务公章连同第三联汇计单向持卡人开户行提出票据交换。会计分录为：

借：存放中央银行款项等
　　贷：单位活期存款——特约单位户
　　　　手续费及佣金收入

（2）发卡行。

借：单位活期存款——××单位卡户
　　或活期储蓄存款——××个人卡户
　　贷：存放中央银行款项

【例 5-19】A 银行收到特约单位××购物中心提交的汇计单、签购单，金额为 56 000 元，持卡人在同城他行开户。A 银行经审查无误办理进账。会计分录为：

借：存放中央银行款项　　　　　　　　　　　　　56 000
　　贷：单位活期存款——××购物中心户　　　　　　　56 000

3. 特约单位与持卡人在不同城市同一系统银行开户的核算

特约单位开户行以第二联进账单作为贷方凭证，第三联签购单作为其附件，根据第二联汇计单的手续费金额填制一联特种转账贷方凭证后作为其附件；凭第二联签购单、第三联汇计等向持卡人开户行发送信息。第一联进账单加盖转讫章作为收账通知和第一联汇计单加盖业务公章作交费收据，退还给特约单位。

（1）特约单位开户行。会计分录为：

借：清算资金往来
　　贷：单位活期存款——特约单位户
　　　　手续费及佣金收入

（2）发卡行。会计分录为：

借：单位活期存款——持卡单位户
　　或活期储蓄存款——持卡人户

  贷：清算资金往来

（四）信用卡透支

  持卡人的信用卡账户余额不足支付时，发卡行应根据透支金额编制特种转账借方凭证，作为发放贷款处理。会计分录为：

  借：短期贷款——信用卡透支户
    单位活期存款——持卡单位户
    或活期储蓄存款——持卡人户
   贷：××科目

  当收回透支款时，扣除透支利息后，余款用于归还透支本金。会计分录为：

  借：单位活期存款——持卡单位户
    或活期储蓄存款——持卡人户
    或库存现金
   贷：短期贷款——信用卡透支户
    利息收入

第五节　委托及代理业务

一、委托贷款的核算

  委托贷款是指受托银行接受委托人的委托，按委托人指定的对象、用途、金额、期限、利率代为发放、监督使用并协助收回的贷款。受托银行只收取服务费，不承担贷款风险。委托人包括法人和自然人。

（一）设置的主要科目

  （1）"代理业务资产"，资产类科目，核算企业代理业务形成的，除以企业自身名义存放的货币资金以外的其他资产，如受托理财业务进行的证券投资、受托贷款等。企业的代理买卖证券、代理承销证券、代理兑付证券不在本科目核算。本科目期末借方余额，反映企业代理业务资产的价值。

  （2）"代理业务负债"，负债类科目，核算企业的代理业务收到的各类款项，如受托投资资金、受托贷款资金等。本科目期末贷方余额，反映企业收到的代理业务资金余额。

（二）委托贷款的核算

  委托人、借款人与商业银行应签订"委托贷款协议"，银行依据协议的有关内容办理。

1. 委托资金划入的核算

委托资金划入时，经办行以收款凭证为借方记账凭证，另填制两联贷方记账凭证，一联用作记账，一联交业务部门。会计分录为：

借：存放中央银行款项（或）清算资金往来等
　　贷：代理业务负债——委托贷款资金——委托人户

2. 委托贷款发放的核算

经办行会计部门收到业务部门的通知后，向借款人发放委托贷款。会计分录为：

借：代理业务资产——委托贷款——借款人户
　　贷：单位活期存款——借款人户

3. 委托贷款收回的核算

经办行会计部门依据委托贷款协议，直接从借款人账户扣收贷款本息。会计分录为：

借：单位活期存款——借款人户
　　贷：代理业务资产——委托贷款——借款人户
　　　　代理贷款应付利息

4. 委托贷款资金划出的核算

贷款本息收回后，经办行按约定将代收的本金和利息划入委托人指定的账户，会计分录为：

借：代理业务负债——委托贷款资金——委托人户
　　代理贷款应付利息
　　贷：存放中央银行款项（或）清算资金往来等

5. 经办行收取委托贷款手续费的核算

根据银行与委托方的委托协议，当能确定在委托贷款中实现的收入时，做出会计处理：

借：代理贷款应付利息等
　　贷：手续费及佣金收入

【例5-20】20×3年11月6日，A公司、甲银行、B公司三方签订了"委托贷款协议"，约定：A公司委托甲银行向B公司发放委托贷款1亿元，期限1年，即20×4年1月1日～20×4年12月31日。贷款到期日为利息和手续费结算日，利率和手续费率分别为9%、0.15%，并约定银行的手续费从利息中扣收。20×3年12月27日，甲银行收到A公司开户行河北源生银行划来的委托贷款资金1亿元。甲银行按协议约定办理贷款。

（1）20×3年12月27日，收到委托贷款资金。

借：清算资金往来　　　　　　　　　　　　100 000 000
　　贷：代理业务负债——委托贷款资金——A公司　　100 000 000

（2）20×4年1月1日，发放委托贷款。

借：代理业务资产——委托贷款——B公司　　100 000 000
　　贷：单位活期存款——B公司　　　　　　　　　100 000 000

（3）20×4年12月31日，扣还委托贷款、结算利息、手续费。

借：单位活期存款——B公司　　　　　　　　109 000 000
　　贷：代理业务资产——委托贷款——B公司　　　100 000 000
　　　　代理贷款应付利息　　　　　　　　　　　　9 000 000

借：代理业务负债——委托贷款资金——A公司
　　　　　　　　　　　　　　　　　　　　100 000 000
　　　代理贷款应付利息　　　　　　　　　　9 000 000
　　贷：清算资金往来　　　　　　　　　　　　108 850 000
　　　　手续费及佣金收入　　　　　　　　　　　　150 000

二、代理债券业务的核算

代理债券业务主要分为代理承销债券和代理兑付债券业务。商业银行代理的债券主要有国债、金融债券和企业债券等。

（一）设置的主要科目

（1）"代理兑付证券"，资产类科目，核算企业（证券、银行）接受委托代理兑付到期的证券。本科目期末借方余额，反映企业已兑付但尚未收到委托单位兑付资金的证券金额。

（2）"代理承销证券款"，负债类科目，核算企业（证券、银行）接受委托，采用余额承购包销方式或代销方式承销证券所形成的、应付证券发行人的承销资金。本科目期末贷方余额，反映企业承销证券但尚未支付给委托单位的款项余额。

（3）"代理兑付证券款"，负债类科目，核算企业（证券、银行）接受委托代理兑付债券业务而收到的兑付资金。本科目期末贷方余额，反映企业已收到但尚未兑付的代兑付证券款项余额。

（二）代理承销证券的核算

1. 收到代理承销证券的处理

银行收到委托单位委托承销的证券时，应在备查簿中记录承销证券的情况，表外登记分录为：

收入：有价单证

2. 代理承销债券的处理

在约定的期限内售出证券时，应按承销价格，根据不同的收款方式进行处理。会计分录为：

借：库存现金/单位活期存款等
　　贷：代理承销证券款

营业终了，银行应根据债券发售清单，冲销备查簿中登记的承销证券，表外登记分录为：

付出：有价单证

3. 未售出证券的处理

若银行在承销期结束时有未售出的证券，按照承销方式的不同进行处理。

（1）采用代销方式承销证券。采用代销方式承销证券的，应将未售出的证券退还委托单位，并冲销备查簿中登记的承销证券，会计分录为：

付出：有价单证

（2）采用余额承购包销方式承销证券。采用余额承购包销方式承销证券的，按合同规定由企业认购，应按承销价格，将剩余债券转作金融资产。会计分录为：

借：交易性金融资产等
　　贷：代理承销证券款

4. 划转承销证券款、收取手续费的处理

当承销期结束时，银行应将募集资金付给委托单位并收取手续费，会计分录为：

借：代理承销证券款
　　贷：单位活期存款/存放中央银行款项/清算资金往来等
　　　　手续费及佣金收入

（三）代理兑付债券的核算

1. 代理兑付记名债券

（1）收到委托单位兑付资金的处理。收到委托单位的兑付资金时，应根据资金

的不同划转方式进行处理。会计分录为：

借：单位活期存款／存放中央银行款项／清算资金往来等
　　贷：代理兑付证券款

（2）收到客户兑付证券的处理。银行收到客户交来的债券兑付债券本息时，应按兑付金额予以兑付。会计分录为：

借：代理兑付证券款
　　贷：库存现金／单位活期存款等

2. 代理兑付无记名债券

由于无记名债券（一般为实物券）兑付时，需要持券人将证券交给银行，因此有必要设置"代理兑付证券"科目。

（1）收到委托单位兑付资金时，其会计分录为：

借：单位活期存款／存放中央银行款项／清算资金往来等
　　贷：代理兑付证券款

（2）收到客户交来无记名证券时，其会计分录为：

借：代理兑付证券
　　贷：库存现金／单位活期存款等

（3）向委托单位交回已兑付的证券时，其会计分录为：

借：代理兑付证券款
　　贷：代理兑付证券

3. 代理兑付手续费的处理

无论是代理记名证券还是不记名证券，代理银行都会按照与委托人的事先约定收取费用。手续费可以向委托人单独收取，也可以由委托人将手续费与兑付款一并汇入。代理银行一般应在兑付债券业务完成后，确认手续费收入。

（1）向委托人单独收取的会计分录为：

借：单位活期存款／存放中央银行款项等
　　贷：手续费及佣金收入

（2）手续费与兑付款一并汇入的会计分录为：

借：清算资金往来／存放中央银行款项等
　　贷：代理兑付证券款
　　　　手续费及佣金收入

【例 5-21】A 银行代理 B 公司兑付其到期的无记名债券。3 月 2 日 A 银行收到同城交换过来 B 公司的兑付资金 502 万元，其中手续费 2 万元。截至同年 3 月月底，完成代理兑付的债券共计 500 万元。

（1）收到 B 公司的兑付资金时，会计分录为：

借：存放中央银行款项　　　　　　　　　　5 020 000
　　贷：代理兑付证券款——B 公司　　　　　　　　　5 000 000
　　　　其他应付款——预收代理手续费　　　　　　　　20 000

（2）兑付期结束，债券全部兑付时，会计分录为：

借：代理兑付债券——B 公司债券　　　　　5 000 000
　　贷：库存现金　　　　　　　　　　　　　　　　　5 000 000

（3）向 B 公司交回已兑付债券时，会计分录为：

借：代兑付债券款——B 公司　　　　　　　5 000 000
　　贷：代兑付债券——B 公司债券　　　　　　　　　5 000 000

（4）确认手续费收入时，会计分录为：

借：其他应付款——预收代理手续费　　　　　 20 000
　　贷：手续费及佣金收入——代兑付债券手续费收入　 20 000

思考练习题

一、重要概念

中间业务　支付结算　支票　银行本票　银行汇票　商业汇票　汇兑　委托收款　托收承付　银行卡　委托贷款

二、思考题

1. 商业银行的中间业务主要包括哪些？
2. 如何理解支付结算原则？
3. 单位、个人及银行的结算纪律主要包括哪些？
4. 适用于同城、异地的支付结算方式各有哪些？
5. 银行本票、银行汇票和商业汇票各有哪些基本规定？
6. 银行汇票与商业汇票的区别是什么？
7. 委托收款和托收承付的异同点是什么？

三、单项选择题

1. 银行本票的提示付款期限是自出票日起（　　）。

   A. 10 天　　　　B. 1 个月　　　　C. 2 个月　　　　D. 半年

2. 申请人将款项交存银行后，由银行签发的，承诺在见票时无条件支付确定的金额给收款人或持票人的票据是（　　）。

   A. 银行承兑汇票　　B. 商业承兑汇票　　C. 银行支票　　　　D. 银行本票

3. 商业承兑汇票到期，付款人账户无款支付时，付款人开户行应（   ）。
   A. 将汇票款转为付款人的贷款   B. 将汇票退回持票人开户行转交持票人
   C. 将汇票退给付款人   D. 将汇票留存至付款人有款时支付
4. 银行承兑汇票到期，承兑申请人如无款支付，承兑银行应（   ）。
   A. 待承兑申请人有款后再行支付
   B. 垫付票款，并将垫付的资金转作承兑申请人的贷款
   C. 退回单证，由收付款双方自行解决
   D. 进行经济诉讼
5. 一张支票的出票日是2017年3月2日，则持票人应最晚在2017年（   ）向银行提示付款（假设最后一天没有遇到节假日）。
   A. 3月12日   B. 3月11日   C. 4月2日   D. 4月11日
6. 一张商业汇票的出票日是2017年7月6日，到期日是10月6日，则持票人应最晚在2017年（   ）向银行提示付款（假设最后一天没有遇到节假日）。
   A. 10月15日   B. 7月16日   C. 11月6日   D. 10月16日
7. 以下结算方式中有结算金额起点限制的是（   ）。
   A. 委托收款   B. 托收承付   C. 汇兑   D. 银行卡
8. （   ）是指持票人在票据到期前为获得资金而向银行贴付一定利息后所做的票据转让。
   A. 背书   B. 委托收款   C. 承兑   D. 贴现
9. 下列票据中，除（   ）外，均属于即期票据。
   A. 银行本票   B. 支票   C. 银行承兑汇票   D. 银行汇票
10. 2017年9月6日（星期一）工行建设街支行收到异地某银行寄来的托收结算凭证及附件，金额为560 000元，承付方式为验单付款，收款人为本行客户A公司。当天，银行向该公司发出承付通知，则承付期满日为（   ）。
    A. 7日   B. 8日   C. 9日   D. 16日
11. 在银行委托代理业务使用的下列会计科目中，（   ）属于资产类科目。
    A. 代理兑付证券   B. 代理兑付证券款
    C. 代理承销证券款   D. 手续费及佣金收入

四、多项选择题

1. 银行和客户在办理结算时应共同遵守的基本原则是（   ）。
   A. 期末计提贷款准备   B. 恪守信用，履约付款
   C. 谁的钱进谁的账，由谁支配   D. 银行不垫款
2. 下列票据中，（   ）可以在未到期前办理贴现。
   A. 银行本票   B. 商业承兑汇票   C. 银行承兑汇票   D. 银行汇票

3. 下列结算方式中，(　　)可以用于异地支付结算。
   A. 托收承付　　B. 委托收款　　C. 汇兑　　D. 银行卡
4. 银行汇票与银行承兑汇票的区别主要是(　　)。
   A. 出票人不同　　　　　　　　B. 提示付款时间不同
   C. 付款人不同　　　　　　　　D. 适用范围不同
5. 银行本票与支票的区别主要是(　　)。
   A. 持票人不同　　　　　　　　B. 提示付款时间不同
   C. 信用度不同　　　　　　　　D. 出票人不同
6. 在支票的记载事项中，(　　)不能更改，否则支票无效。
   A. 大小写金额　　B. 日期　　C. 收款人　　D. 用途
7. 下列结算方式中，(　　)是同城、异地都可以使用的结算方式。
   A. 汇兑　　B. 委托收款　　C. 托收承付　　D. 银行卡
8. A公司是湖南一家信誉良好的国有控股公司，现该公司需要向河北的客户支付一笔300 000万元的货款，该公司可以选择(　　)进行结算。
   A. 银行汇票　　B. 托收承付　　C. 汇兑　　D. 银行承兑汇票
9. 下列票据中，银行既是出票人又是付款人的票据有(　　)。
   A. 银行本票　　B. 支票　　C. 银行承兑汇票　　D. 银行汇票
10. 单位可以凭(　　)等债务证明向银行办理委托收款业务。
    A. 已承兑的商业汇票　　　　B. 存单
    C. 股权凭证　　　　　　　　D. 合同
11. 委托收款与托收承付的区别主要是(　　)。
    A. 结算金额起点不同　　　　B. 适用主体不同
    C. 付款人开户行承担的责任不同　　D. 适用范围不同

五、判断题

1. 对于收付款人均在一家银行开立账户的转账业务，银行在办理转账结算时应先记收款人账，后记付款人账。(　　)
2. 无论是否在银行开立账户，单位和个人都可以使用银行汇票来清算异地的债权债务。(　　)
3. 某银行接受客户申请为其签发一张银行本票，金额为100 000元，此时银行的总负债也因此而减少100 000元。(　　)
4. 任何单位和个人都可以使用托收承付的结算方式办理异地款项结算。(　　)
5. 以单位名义开立的银行卡，既可以办理转账业务，也可以办理现金业务。(　　)
6. 只有转账的票据才能背书转让。(　　)
7. 银行的"代理业务资产"科目不能用来核算代理证券业务。(　　)

8. 委托贷款业务的风险由委托人承担、收益归委托人享有,银行作为受托人只收取相应的手续费。（ ）
9. 商业汇票作为一种委托付款票据,其出票人就是付款人。（ ）

六、核算题

1. 工商银行如意支行发生如下业务,请编制相关会计分录:

   （1）3月6日,工商银行收到开户单位东方国贸提交的转账支票和进账单,金额为2 000元,出票人为A公司,其开户行是建设银行东街支行。审核无误提出交换并办理转账。

   （2）3月6日,工商银行收到兴隆汽修厂提交的转账支票和进账单,其开户行为建行第一支行,金额6 000元,出票人为本行开户的双安商场。审核无误办理转账并提出交换。

   （3）3月7日,工商银行收到交换提入的转账支票一张,出票人是开户单位东方国贸,金额为30 000元。但东方国贸的账户显示,该公司余额为4 000元。银行当即办理罚款手续。

   （4）3月7日,工商银行收到本行开户单位B公司提交的现金支票一张,金额为3 200元,审核无误予以提现。

   （5）3月9日,工商银行收到开户单位东风商场提交的本票申请书,金额为120 000元,要求签发收款人为第一纺织厂的银行本票,其开户行是农业银行南华支行,经审核无误予以办理。

   （6）3月10日,工商银行收到开户单位红星酒厂提交的定额银行本票和进账单,金额50 000元,付款人是同城某建设银行,审核无误提出交换并办理转账。

   （7）4月10日,工商银行收到交换提入的本行3月9日签发的银行本票,审核无误办理结清手续。

   （8）4月12日,工商银行收到收款人为刘也的现金银行本票一张,金额为40 000元,该本票系本行3月30日签发,审核无误予以办理。

2. 某银行北京分行××支行发生以下业务,请编制相关会计分录:

   （1）5月8日,李小提交银行汇票申请书及现金20 000元,申请签发现金汇票持往异地购货,银行经审查无误予以办理。

   （2）5月10日,开户单位松江机床厂提交银行汇票申请书,金额为700 000元,申请签发转账银行汇票,银行经审核无误予以办理,并收取手续费50元。

   （3）5月16日,开户单位C公司持异地某中行签发的银行汇票和进账单来行办理入账手续。原汇票金额150 000元,实际结算金额147 000元,××支行经审查无误予以办理。

   （4）6月2日,××支行收到清算中心发来的电子信息,要求结清本行5月8日签发的银行汇票款，实际结算金额与出票金额一致，审核无误办理。
（5）6月5日，××支行收到清算中心发来的电子信息，要求结清本行5月10日签发的银行汇票款，实际结算金额为680 000元，审核无误办理。
（6）7月21日，××支行收到开户单位A公司提交的电汇凭证办理汇兑，金额为250 000元，收款人为在辽宁省辽中支行开户的B公司支行经审核无误予以办理。
（7）7月30日，××支行收到清算中心发来的电子信息，收款人是在本行开户的隆源酒店，金额为87 000元，审核无误予以办理。
（8）7月31日，××支行收到清算中心发来的电子信息，收款人是未在本行开户的张云，金额为9 000元，审核无误予以办理，并通知张云。
（9）8月1日，张云来行要求提取现金，××支行经审核无误予以办理。
（10）8月7日，××支行收到江苏分行某支行寄来的托收结算凭证及附件，金额为520 000元。付款人是本行的开户单位第一机械厂。承付期内付款人无异议，承付期满后××支行将款项划出。
（11）8月9日，××支行收到清算中心发来的电子信息，系本行8月1日发出的托收承付款项，金额为820 000元，收款人为开户单位C公司。

3. 建设银行北京分行发生以下业务，请编制相关会计分录：
（1）4月6日，北京分行收到同城某行处交换过来的委托收款凭证，向本行开户单位D公司收取上月水费230 000元，当日通知客户，公司同意支付，银行于8日划出款项。
（2）4月7日，北京分行收到清算中心发来的电子信息，系本行客户通化药业公司委托收取的异地商业承兑汇票款，金额为1 100 000元，经审核无误办理转账。
（3）4月8日，持卡人张红要求支取现金30 000元，发卡行为上海市建行，分行经审核无误后支付现金并按0.5%收取手续费。
（4）4月9日，分行收到开户单位翠微商场提交的签购单、进账单及汇计单，金额为8 000元，持卡人在同城的工行开户。银行提出交换，办理转账。
（5）4月9日，开户单位牡丹电视机厂持银行承兑汇票来行申请承兑，汇票金额3 000 000元，到期日为9月9日。经信贷部门审查，双方签订承兑协议。会计部门办理承兑手续并按0.05%收取手续费。
（6）9月9日，分行收取当日到期的牡丹电视机厂银行承兑汇票款，但该单位账面余额不足，当日只能收取2 900 000元，余款银行垫付。
（7）9月10日，分行收到重庆市建行寄达的委托收款凭证及银行承兑汇票，该汇票系本行4月9日承兑的汇票。直至当天，牡丹电视机厂一直未有进款，银行审核无误办理转账（同时做出重庆市建行收到款项时的会计处理）。

(8) 9月11日，分行收到异地建行寄达的委托收款凭证及商业承兑汇票，金额为500 000元，承兑人为本行开户单位海淀医院。银行当天通知客户，客户同意划转，银行办理转账。请思考，如果客户账面余额不足，银行如何处理？

4. 5月10日，甲银行以余额承购包销方式承销第90期国债，承销价格以债券面值发售，共计9 000万元。当天开户单位甲公司购买1 000万元债券。5月30日，承付期满，仍有8 000万元国债未能销售，银行转作交易性金融资产处理。5月31日，甲银行向当地人民银行划转承销国债款项。6月1日，ENG银行收到人民银行划来的承销手续费300万元。请编制相关会计分录。

5. A银行代理兑付第201期记账式国债。2月1日，A银行收到上级行划来的兑付资金600万元。截至2月月底，该行共兑付客户债券600万元，月底收到人民银行单独转来的手续费1万元。请编制相关会计分录。

Chapter 6 第六章

衍生金融工具

学习目标

1. 了解衍生金融工具的概念、特征、种类和功能
2. 掌握单独或嵌入衍生工具的会计核算
3. 掌握套期保值的会计核算

第一节 衍生金融工具概述

一、衍生金融工具的概念

衍生金融工具是指从传统金融工具中派生出来的新型金融工具,其价值依赖于标的资产的价值变动。衍生金融工具通常以合约的形式表现,这种合约可以是标准化的,也可以是非标准化的。标准化合约是指其标的资产(基础资产)的交易价格、交易时间、资产特征、交易方式等都是事先标准化的,因此此类合约大多在交易所上市交易,如期货。非标准化合约是指以上各项由交易的双方自行约定,因此具有很强的灵活性,比如远期合约。

衍生工具包括远期合同、期货合同、互换和期权,以及具有远期合同、期货合同、互换和期权中一种或一种以上特征的工具。

二、衍生金融工具的会计特征

在会计准则中,衍生工具是指会计准则涉及的,具有下列特征的金融工具或其他合同:

（1）其价值随特定利率、金融工具价格、商品价格、汇率、价格指数、汇率指数、信用等级、信用指数或其他类似变量的变动而变动，变量为非金融变量的，该变量与合同的任一方不存在特定关系。

（2）不要求初始净投资，或者与对市场因素变化预期有类似反应的其他合同相比，要求较少的初始净投资。

（3）在未来某一日期结算。

三、衍生金融工具的种类

（1）按照产品形态分类，衍生金融工具可分为单独衍生工具和嵌入式衍生工具。

嵌入式衍生工具，是指嵌入非衍生工具（即主合同）中，使混合工具的全部或部分现金流量随特定利率、金融工具价格、商品价格、汇率、价格指数、汇率指数、信用等级、信用指数或其他类似变量的变动而变动的衍生工具。嵌入式衍生工具与主合同构成混合工具，如可转换公司债券等。单独衍生工具则是相对嵌入式衍生工具而言的。

（2）按照交易场所分类，衍生金融工具可分为交易所交易的衍生工具和OTC交易的衍生工具。

（3）按照基础工具种类分类，金融衍生工具可以划分为股权类产品的衍生工具、货币衍生工具、利率衍生工具、信用衍生工具以及其他衍生工具。

（4）按照衍生工具自身交易的方法及特点分类，可分为金融远期合约、金融期货合约、金融期权合约、金融互换合约。

1）金融远期合约。金融远期合约是指合同双方约定在未来某一日期以约定价格，买入或卖出一定数量标的金融资产的合约。

2）金融期货合约。金融期货合约是指由期货交易所统一制定的、规定在将来某一特定时间和地点、按约定的价格交割一定数量金融商品的标准化合约。

3）金融期权合约。金融期权合约是指合同的买方支付一定金额的款项后即可获得的一种选择权合约。证券市场上推出的认股权证，属于看涨期权，认股权证则属于看跌期权。

4）金融互换合约。金融互换合约是指合同双方在未来某一期间内交换一系列现金流量的合约。按合同标的的不同，金融互换可以分为利率互换、货币互换等。

四、衍生金融工具的功能

（一）避险保值

避险保值功能是金融衍生工具产生和存在的根本所在，而这种功能主要通过套期保值交易发挥作用。通过风险承担者在两个市场的相反操作来锁定自己的风险。一般将那些以适当的抵消性金融衍生工具交易活动来减少或消除某种基础金融或商品风险的个人或企业称为对冲保值者。此类主体的活动是金融衍生市场较为主要的部分，也充分体现了该市场用于进行金融风险管理的作用。

（二）投机

与避险保值正相反的是，投机的目的在于多承担一点风险去获得高额收益。投机者利用金融衍生工具市场中保值者的头寸并不恰好互相匹配对冲的机会，通过承担保值者转嫁出去的风险的方法，博取高额投机利润。还有一类主体是套利者，他们的目的与投机者差不多，但不同的是套利者寻找的是几乎无风险的获利机会。由于金融衍生市场交易机制和衍生工具本身的特征，尤其是其杠杆性、虚拟性特征，使投机功能得以发挥。可是，如果投机活动过盛，也可能造成市场内不正常的价格震荡，但正是投机者的存在才使得对冲保值者意欲回避和分散的风险有了承担者，金融衍生工具市场才得以迅速完善和发展。

（三）降低交易成本

由于具有以上功能，因此金融衍生工具进一步形成了降低社会交易成本的功效。市场参与者一方面可以利用金融衍生工具市场，减少以至消除最终产品市场上的价格风险，另一方面又可以根据金融衍生工具市场所揭示的价格趋势信息，制定经营策略，从而降低交易成本，增加经营收益。

第二节 衍生金融工具的会计核算

商业银行持有衍生金融工具的目的和意图一般有两种情况：一是为套期保值而持有，这时应将衍生金融工具确认为套期工具；二是除套期保值外，为投机套利或业务需要而持有，这时应确认为衍生工具。在现实中，我国银行不允许基于投机套利而持有衍生金融工具。

一、单独或嵌入衍生工具的会计核算

（一）嵌入衍生工具的分拆

嵌入衍生工具与主合同（非衍生工具）共同构成混合工具，混合工具可以选择两种方式进行确认与计量：一是将混合工具整体指定为以公允价值计量且其变动计入当期损益的金融资产或金融负债，进行相应的核算；二是将嵌入衍生工具从主合同中分拆出来，分别单独核算。

例如：银行购入 G 公司发行的股票 Y，在 Y 中嵌入看涨期权，约定当股价上涨超过 10% 时，G 公司能以发行价回购该股票。因该嵌入的看涨期权不与主合同紧密相关，所以可以进行分拆。

例如：银行购入某货币基金 E 基金份额 1 000 万，该基金约定银行能随时以基金份额净值赎回任意份额。因该赎回条款与主合同紧密相关，所以不应拆分。

（二）单独或嵌入衍生工具的账务处理

企业设置"衍生工具"科目，核算企业衍生工具的公允价值及其变动形成的衍生资产或衍生负债。本科目应当按照衍生工具类别进行明细核算。作为套期工具的衍生工具不在本科目核算。本科目为资产负债共同类科目，期末借方余额，反映企业衍生金融工具形成的资产的公允价值；期末贷方余额，反映企业衍生金融工具形成的负债的公允价值。

1. 取得衍生工具的账务处理

根据《企业会计准则第 22 号——金融工具确认和计量》（财会 [2017]7 号）准则规定，当企业成为金融工具合同的一方时，应当确认一项金融资产或金融负债。根据此确认条件，企业在形成衍生金融工具合同的权利和义务时，确认为金融资产或金融负债，即初始确认的时间是在合同签订之时，而不是交易发生之时。以确认为资产为例，企业取得衍生工具时，按其公允价值，借记"衍生工具"科目，按发生的交易费用，借记"投资收益"科目，按实际支付的金额，贷记"银行存款""存放中央银行款项"等科目。

2. 持有期间衍生工具的账务处理

资产负债表日，衍生工具的公允价值高于其账面余额的差额，借记"衍生工具"科目，贷记"公允价值变动损益"科目；公允价值低于其账面余额的差额，做相反的会计分录。

3. 处置衍生工具的账务处理

衍生工具终止确认时，应当比照"交易性金融资产""交易性金融负债"等科目的相关规定进行处理。

【例 6-1】某上市银行于 20×6 年 3 月 1 日与 A 公司签订以自身普通股为标的看涨期权合约，并于当日收到期权费 500 000 元。根据该期权合约，A 公司有权从银行购入普通股 100 000 股，行权价为 102 元，行权日期 20×7 年 3 月 31 日（欧式期

权)。双方约定期权到期以现金净额方式结算。其他有关资料如下:

时间	每股市价(元)	期权公允价值(元)
20×6年3月1日	100	500 000
20×6年12月31日	104	300 000
20×7年3月31日	104	200 000

银行相关的会计分录如下:

(1) 20×6年3月1日,银行发行看涨期权,确认衍生负债。

借:存放中央银行款项　　　　　　　　　　　　500 000
　　贷:衍生工具——看涨期权　　　　　　　　　　　　500 000

(2) 20×6年12月31日,确认期权公允价值下降。

借:衍生工具——看涨期权　　　　　　　　　　200 000
　　贷:公允价值变动损益　　　　　　　　　　　　　　200 000

(3) 20×7年3月31日,确认期权公允价值下降。

借:衍生工具——看涨期权　　　　　　　　　　100 000
　　贷:公允价值变动损益　　　　　　　　　　　　　　100 000

在同一天,A公司行使了该看涨期权,按照合同以现金净额方式进行结算,银行有义务向A公司交付1 040万元(=104×100 000),并从A公司收取1 020万元(=102×100 000),银行实际支付净额为20万元。会计分录为:

借:衍生工具——看涨期权　　　　　　　　　　200 000
　　公允价值变动损益　　　　　　　　　　　　300 000
　　贷:存放中央银行款项　　　　　　　　　　　　　　200 000
　　　　投资收益　　　　　　　　　　　　　　　　　　300 000

另一种情况:如果双方约定以普通股净额结算,银行有义务向A公司交付与1 040万元等值的本银行股票,并向A公司收取1 020万元,实际向A公司交付普通股数量1 923股(=200 000/104)。会计分录为:

借:衍生工具——看涨期权　　　　　　　　　　200 000
　　公允价值变动损益　　　　　　　　　　　　300 000
　　贷:股本　　　　　　　　　　　　　　　　　　　　1 923
　　　　资本公积——股本溢价　　　　　　　　　　　　198 077
　　　　投资收益　　　　　　　　　　　　　　　　　　300 000

二、套期保值的会计核算

套期保值(简称套期),是指企业为规避外汇风险、利率风险、商品价格风险、股票价格风险、信用风险等,指定一项或一项以上套期工具,使套期工具的公允价值或现金流量变动,预期抵销被套期项目全部或部分公允价值或现金流量变动。

套期会计方法,是指在相同会计期间将套期工具和被套期项目公允价值变动的抵销结果计入当期损益的方法。

相对于非金融企业,金融企业面临较多的金融风险,如利率风险、外汇风险、信用风险等,对套期保值有更多的需求。例如,某上市银行为规避汇率变动风险,与汇金公司签订外币期权合同对现存数额较大的美元敞口进行套期保值。

(一)套期工具及被套期项目的认定

1. 套期工具

套期工具是指企业为进行套期而指定的,其公允价值或现金流量变动预期可抵销被套期项目的公允价值或现金流量变动的金融工具。对外汇风险进行套期还可以将非衍生金融资产或非衍生金融负债作为套期工具。

2. 被套期项目

被套期项目是指使企业面临公允价值或现金流量变动风险,且被指定为被套期对象的、能够可靠计量的项目。可以指定为被套期项目的有:已确认资产或负债、尚未确认的确定承诺、极可能发生的预期交易、境外经营净投资。

(二)运用套期保值会计的条件

运用套期保值会计方法应同时满足下列条件:

(1)套期关系仅由符合条件的套期工具和被套期项目组成。

(2)在套期开始时,企业正式指定了套期工具和被套期项目,并准备了关于套期关系和企业从事套期的风险管理策略和风险管理目标的书面文件,该文件至少载明了套期工具、被套期项目、被套期风险的性质以及套期有效性评估方法(包括套期无效部分产生的原因分析以及套期比率确定方法)等内容。

(3)套期关系符合套期有效性要求。

套期有效性,是指套期工具的公允价值或现金流量变动能够抵销被套期风险引起的被套期项目公允价值或现金流量变动的程度。套期工具的公允价值或现金流量变动大于或小于被套期项目的公允价值或现金流量变动的部分为套期无效部分。

(三)套期的分类

套期分为公允价值套期、现金流量套期和境外经营净投资套期。

(1)公允价值套期是指对已确认资产或负债、尚未确认的确定承诺,或该资产或负债、尚未确认的确定承诺中可辨认部分的公允价值变动风险进行的套期。该类价值变动源于某类特定风险，且将影响企业的损益。

（2）现金流量套期是指对现金流量变动风险进行的套期。该类现金流量变动源于与已确认资产或负债、很可能发生的预期交易有关的某类特定风险，且将影响企业的损益。

对确定承诺的外汇风险进行套期，银行可以作为现金流量套期或公允价值套期。

（3）境外经营净投资套期是指对境外经营净投资外汇风险进行的套期。境外经营净投资是指企业在境外经营净资产中的权益份额。

（四）套期的账务处理

套期业务涉及套期时使用的工具和套期的对象，分别设置"套期工具"科目和"被套期项目"科目。

1. 套期工具的账务处理

企业设置"套期工具"科目，核算开展套期保值业务中套期工具及其公允价值变动形成的资产或负债，应当按照套期工具类别进行明细核算。本科目期末借方余额，反映企业套期工具形成的资产；本科目期末贷方余额，反映企业套期工具形成的负债。

（1）企业将已确认的衍生工具等金融资产或金融负债指定为套期工具时，应按其账面价值，借记或贷记"套期工具"科目，贷记或借记"衍生工具"等科目。

（2）资产负债表日，应按套期工具产生的利得，借记"套期工具"科目，贷记"套期损益""其他综合收益"等科目；按套期工具产生的损失，做相反的会计分录。

（3）当金融资产或金融负债不再作为套期工具核算时，应按套期工具形成的资产或负债，借记或贷记相关科目，贷记或借记"套期工具"科目。

2. 被套期项目的账务处理

企业设置"被套期项目"科目，核算开展套期保值业务中被套期项目及其公允价值变动形成的资产或负债，应当按照被套期项目类别进行明细核算。本科目期末借方余额，反映企业被套期项目形成的资产；本科目期末贷方余额，反映企业被套期项目形成的负债。

（1）企业将已确认的资产或负债指定为被套期项目时，应按其账面价值，借记或贷记"被套期项目"科目，贷记或借记"长期借款""其他权益性投资"等科目。

(2) 资产负债表日,应按被套期项目产生的利得,借记"被套期项目"科目,贷记"套期损益""其他综合收益"等科目;按被套期项目产生的损失,做相反的会计分录。

(3) 当资产或负债不再作为被套期项目核算时,应按被套期项目形成的资产或负债,借记或贷记相关科目,贷记或借记"被套期项目"科目。

【例6-2】20×5年1月1日,甲银行以每股50元的价格,从二级市场上购入MBI公司股票20 000股(占MBI公司有表决权股份的3%),且将其划分为权益性工具投资金融资产。为规避该股票价格下降的风险,甲银行于20×5年12月31日支付期权费120 000元,购入一项看跌期权。该期权的行权价格为每股65元,行权日期为20×7年12月31日。甲银行将该卖出期权指定为对权益性工具投资金融资产(MBI股票投资)的套期工具,在进行套期有效性评价时将期权的时间价值排除在外,即不考虑期权的时间价值变化。假定套期高度有效,不考虑税费等其他因素的影响,甲银行购入的MBI股票和卖出期权的公允价值如下:

	20×5年12月31日	20×6年12月31日	20×7年12月31日
MBI股票(元)			
每股价格	65	60	57
总价	1 300 000	1 200 000	1 140 000
期权(元)			
时间价值	120 000	70 000	0
内在价值	0	100 000	160 000
总价	120 000	170 000	160 000

要求:
(1) 根据以上资料做出相关会计分录;
(2) 判断甲银行于期权到期日是否会行使期权,并做出相应的会计分录。
甲银行的账务处理如下:
(1) 20×5年1月1日。
借:其他权益工具投资　　　　　　　　　　　1 000 000
　　贷:存放中央银行款项　　　　　　　　　　　　　1 000 000
(2) 20×5年12月31日,确认MBI股票价格上涨。
借:其他权益工具投资　　　　　　　　　　　　300 000
　　贷:其他综合收益　　　　　　　　　　　　　　　　300 000
(3) 20×5年12月31日,指定为被套期项目。
借:被套期项目——其他权益工具投资　　　　1 300 000
　　贷:其他权益工具投资　　　　　　　　　　　　　1 300 000

（4）20×5年12月31日，购入看跌期权被指定为套期工具。

借：套期工具——看跌期权　　　　　　　　　　120 000
　　贷：存放中央银行款项　　　　　　　　　　　　　　　　120 000

（5）20×6年12月31日，确认套期工具公允价值变动（分内在价值变动与时间价值变动）、确认被套期项目公允价值变动。

借：套期工具——看跌期权（内在价值）　　　　100 000
　　贷：套期损益　　　　　　　　　　　　　　　　　　　　100 000
借：套期损益　　　　　　　　　　　　　　　　 50 000
　　贷：套期工具——看跌期权（时间价值）　　　　　　　　 50 000
借：套期损益　　　　　　　　　　　　　　　　100 000
　　贷：被套期项目——其他权益工具投资　　　　　　　　　100 000

（6）20×7年12月31日，确认套期工具公允价值变动（分内在价值变动与时间价值变动）、确认被套期项目公允价值变动。

借：套期损益　　　　　　　　　　　　　　　　 70 000
　　贷：套期工具——看跌期权（时间价值）　　　　　　　　 70 000
借：套期工具——看跌期权（内在价值）　　　　 60 000
　　贷：套期损益　　　　　　　　　　　　　　　　　　　　 60 000
借：套期损益　　　　　　　　　　　　　　　　 60 000
　　贷：被套期项目——其他权益工具投资　　　　　　　　　 60 000

（7）20×7年12月31日，确认行权（以65元/股卖出股票）。

借：存放中央银行款项　　　　　　　　　　　1 300 000
　　贷：套期工具——看跌期权　　　　　　　　　　　　　　160 000
　　　　被套期项目　　　　　　　　　　　　　　　　　　1 140 000

同时，将直接计入其他综合收益的价值变动转出，计入留存收益。

借：其他综合收益　　　　　　　　　　　　　　300 000
　　贷：盈余公积——法定盈余公积　　　　　　　　　　　　 30 000
　　　　利润分配——未分配利润　　　　　　　　　　　　　270 000

【例6-3】乙银行于20×4年11月1日与B公司签订合同，约定于20×5年1月31日向B公司提供60万美元贷款。由于乙银行需要从金融市场购入该笔美元，为规避汇率变动风险，乙银行于当日与某金融机构签订一项3个月到期的远期外汇合同，约定汇率为1美元=6.79人民币元，合同购买金额60万美元。20×5年1月31日，乙银行以净额方式结算该远期外汇合同，同时购入60万美元并履约向B公司发放贷款。其他相关资料为：

（1）20×4年12月31日，1个月美元对人民币远期汇率为1美元=6.75元人民币，人民币的市场利率为6%。

（2）20×5年1月31日，美元对人民币即期汇率为1美元＝6.70元人民币。

假定套期高度有效，不考虑税费等其他因素的影响，要求根据以上资料做出乙银行的相关会计分录。

乙银行的账务处理如下：

（1）20×4年12月31日。

远期外汇合同的公允价值 = (6.79−6.75)×600 000/(1+6%×1/12)=23 900

借：其他综合收益　　　　　　　　　　　　　　　　23 900
　　贷：套期工具——远期外汇合同　　　　　　　　　　　　　23 900

（2）20×5年1月31日。

远期外汇合同的公允价值 =(6.79−6.70)×600 000=54 000，所以此时套期工具价值变动金额就是 54 000−23 900=30 100

借：其他综合收益　　　　　　　　　　　　　　　　30 100
　　贷：套期工具——远期外汇合同　　　　　　　　　　　　　30 100
借：套期工具——远期外汇合同　　　　　　　　　　54 000
　　贷：存放中央银行款项　　　　　　　　　　　　　　　　54 000
借：外汇贷款——B公司　　　　　　　　　　　　　$600 000
　　贷：货币兑换　　　　　　　　　　　　　　　　　　　　$600 000
借：货币兑换（6.7×60）　　　　　　　　　　　　4 020 000
　　贷：存放中央银行款项　　　　　　　　　　　　　　　4 020 000
借：套期损益　　　　　　　　　　　　　　　　　　54 000
　　贷：其他综合收益　　　　　　　　　　　　　　　　　　54 000

思考练习题

一、重要概念

衍生金融工具　混合工具　套期保值　套期会计方法　套期工具　被套期项目
公允价值套期　现金流量套期　境外经营净投资套期

二、思考题

1. 简述衍生金融工具的会计特征。
2. 简述衍生金融工具的功能。
3. 嵌入式衍生工具的分拆流程是怎样的？
4. 运用套期保值会计的条件是什么？

三、单项选择题

1. 下列科目中不具有共同类性质的是（　　）。
   A. 衍生工具　　　B. 套期损益　　　C. 套期工具　　　D. 被套期项目
2. 一定不能作为套期工具的是（　　）。
   A. 本企业普通股　B. 商品期货　　　C. 外汇期货　　　D. 期权
3. 衍生金融工具的计量属性是（　　）。
   A. 历史成本　　　B. 现值　　　　　C. 公允价值　　　D. 可变现净值
4. 银行取得衍生金融工具发生的相关交易费用应当计入（　　）。
   A. 投资收益　　　　　　　　　　　B. 管理费用
   C. 财务费用　　　　　　　　　　　D. 公允价值变动损益
5. 下面不属于独立衍生工具的是（　　）。
   A. 可转换公司债券　　　　　　　　B. 远期合同
   C. 期货合同　　　　　　　　　　　D. 互换和期权

四、多项选择题

1. 衍生金融工具的特征包括（　　）。
   A. 其价值随某些因素变动而变动　　B. 初始净投资较多
   C. 不要求初始净投资　　　　　　　D. 在未来某一日期结算
2. 不能作为被套期项目的有（　　）。
   A. 外币销售合同　　　　　　　　　B. 远期外汇合同
   C. 外币长期应付款　　　　　　　　D. 权益法核算的股权投资
3. 下列项目中不属于衍生金融工具的是（　　）。
   A. 银行存款　　　B. 应收票据　　　C. 债券证券　　　D. 期权合约
4. 下列情况中，嵌入金融衍生工具应当从主合同中予以分拆，作为独立的衍生工具处理的是（　　）。
   A. 嵌入衍生工具与利率或利率指数相联系，其能改变根据主债务合同支付或收取的利息额
   B. 与主合同在经济特征及风险方面不存在紧密关系
   C. 与嵌入衍生工具条件相同，单独存在的工具符合衍生工具的定义
   D. 相关混合工具没有指定为以公允价值计量且其变动计入当期损益的金融资产或金融负债
5. 公允价值套期、现金流量套期或境外经营净投资套期同时满足下列（　　）条件的，才能运用套期会计方法进行处理。
   A. 在套期开始时，企业对套期关系（即套期工具和被套期项目之间的关系）有正式指定，并准备了关于套期关系、风险管理目标和套期策略的正式书面文件

B. 该套期预期高度有效，且符合企业最初为该套期关系所确定的风险管理策略
C. 对预期交易的现金流量套期，预期交易应当发生的可能性很大，且必须使企业面临最终将影响损益的现金流量变动风险
D. 套期有效性能够可靠地计量，即被套期风险引起的被套期项目的公允价值或现金流量以及套期工具的公允价值能够可靠地计量

五、判断题

1. 企业利用衍生金融工具对以外币结算的应收账款进行套期，就是为了消除汇率变动可能给企业带来的风险。（　　）
2. 企业用期汇合约对已购进资产进行套期保值，因规避了风险从而一定会增加企业的净收益。（　　）
3. 在套期会计中，对预期交易的套期保值应采用现金流量套期会计处理程序，对确定承诺的套期保值是采用公允价值套期会计还是采用现金流量套期会计处理，可能有不同的观点。但是有一点是可以肯定的，那就是：预期交易和确定承诺都尚未确认。（　　）
4. 外汇期货合约既可服务于套期保值目的，也可以用于投机。（　　）
5. 用外汇期货进行投机和进行套期保值，有关会计处理基本没有区别，也就是说，投机交易的期货损益和保值目的的期货损益都直接计入当期损益。（　　）
6. 如果混合工具没有被整体指为以公允价值计量且其变动计入当期损益的金融资产或金融负债，则应当考虑将嵌入衍生工具从混合工具中分拆，以便对其按公允价值计量。（　　）

六、核算题

1. 20×4年4月1日，A银行与B金融机构签订一份合约，双方约定在20×5年3月31日进行一次"现金交换"（即净额交易），交换的标的物是A银行发行的股票4 000股。届时，A银行按固定价格每股105元付给B金融机构，B金融机构按每股市价付给A银行。假定该合约标的物（股票）于合约期间不发放股利且合约签订日远期价格的现值与现货价格相同，远期合约本身在签订日的公允价值为0。会计期末，远期合约的公允价值按照市场股票价格与固定远期价格的现值之间的差额计算。请根据以上资料做出A银行的账务处理，其他资料如下：

（1）合约签订日20×4年4月1日，合约到期日20×5年3月31日。

（2）20×4年4月1日每股市价为100元，20×4年12月31日每股市价为109元，假定当日固定远期价格的现值为410 000元。20×5年3月31日每股市价为107元。

2. 20×6年1月1日，甲银行为规避所持贵金属公允价值变动风险，与某金融机构签订了一项衍生工具合同（即衍生工具Y），并将其指定为20×6年上半年贵金属价

格变化引起的公允价值变动风险的套期。20×6年1月1日,衍生工具Y的公允价值为零,被套期项目(贵金属)的账面价值和成本均为1 000 000元。20×6年6月30日,衍生工具Y的公允价值上涨了22 500元,贵金属的公允价值下降了25 000元。当日,衍生工具到期,甲银行以净额结算,获得结算价款22 500元。甲银行采用比率分析法评价套期有效性,即通过比较衍生工具Y和贵金属的公允价值变动评价套期有效性。甲银行预期该套期完全有效,不考虑衍生工具的时间价值、相关税费及其他因素。

第七章 Chapter 7

系统内资金汇划及清算

学习目标

1. 了解系统内资金汇划及清算的含义、业务范围、组织体系
2. 熟悉系统内资金汇划及清算的基本做法和基本流程、会计科目与会计凭证
3. 掌握系统内资金调拨业务的核算
4. 掌握系统内资金汇划与清算的核算

第一节 系统内资金汇划及清算概述

一、系统内资金汇划及清算的含义

系统内资金汇划及清算是指同一系统内各行际间由于办理资金结算、调拨等业务而发生的资金账务往来。习惯上,银行内部各个分支行机构之间的这种资金账务往来也被称为联行往来。联行是同一银行系统内部有资金往来关系的不同行处之间的互称。

支付结算是商业银行办理的一项重要的中间业务,它是在收、付款人账户的基础上,通过银行将资金从付款人账户划转到收款人账户的过程。在办理资金划转的过程中,可能出现三种情况:一是收、付款人均在同一银行系统的同一营业机构开户;二是收、付款人在同一银行系统的不同行处开户;三是收、付款人在不同银行系统的营业机构开户。其中,第一种情况只需在营业机构内部将资金从付款人账户划转到收款人账户即可,第二种与第三种情况的结算款项则需要在收、付款人开户行之间汇划,才能完成支付结算。与此同时,由于银行之间汇划款项必然形成相互

代收、代付的资金，因此需要及时的资金清算。本章系统内资金汇划及清算业务属于第二种情况中的异地汇划。

目前，我国大型商业银行各自建立了自己的资金清算系统，人民银行有全国现代化支付系统，小型商业银行则有的挂靠大型银行的清算网络，有的以会员制加入人民银行的支付系统。

二、系统内资金汇划及清算的业务范围

银行系统内资金汇划系统处理客户收付款、银行系统内资金调拨与清算等引起的汇划业务，具体包括：汇兑、委托收款（商业汇票）、托收承付、银行汇票、银行卡、内部资金划转、汇划及其资金清算、查询与查复业务等。

通常可以将这些汇划业务分为贷方报单业务（贷报业务）和借方报单业务（借报业务）。贷报业务主要包括：汇兑、异地委托收款（商业汇票等）、托收承付、银行卡业务、系统内资金划拨等；借报业务主要包括：解付银行汇票、银行卡业务、系统内资金划拨等。

三、系统内资金汇划及清算的组织体系

我国商业银行实行的是分支行制，即在总行之下，可在本地或外地设立若干分支机构的银行体制。与此相适应，系统内资金汇划及清算体制通常采用总行、一级分行、二级分行的组织体系。

（一）全国清算资金往来

全国清算资金往来由总行负责监督清算，适用于全国不同省、自治区和直辖市各行处之间的资金账务往来。

（二）分行辖内往来

分行辖内往来适用于同一省、自治区和直辖市内各行处之间的资金账务往来，由分行负责监督清算。

（三）支行辖内往来

支行辖内往来适用于同一市（县）内各行处所之间的资金账务往来，由支行负责监督清算。

目前，并不是所有设有联行系统的银行都划分为三级组织体系，各行根据其业务量及清算资金往来的资金汇划手段，有的将分行辖内往来并入全国清算资金往来，

有的取消支行辖内往来，但总行、分行和支行在清算资金往来中均发挥重要的监督作用。

四、系统内资金汇划及清算的基本做法和基本流程

（一）系统内资金汇划及清算的基本做法

系统内资金汇划及清算业务的基本做法是：实存资金、同步清算、头寸控制、集中监督。

（1）实存资金。实存资金是指以清算行为单位在总行清算中心开立备付金存款账户，用于汇划款项时的资金清算。

（2）同步清算。同步清算是指发报经办行通过其清算行，经总行清算中心将款项汇划至收报经办行，同时总行清算中心办理清算行之间的资金清算。

（3）头寸控制。头寸控制是指各清算行在总行清算中心开立的备付金存款账户，保证足额存款，总行清算中心对各行汇划资金实行集中清算。清算行备付金存款不足，二级分行可向管辖省区分行借款，省区分行和直辖市分行、直属分行头寸不足，可向总行借款。

（4）集中监督。集中监督是指在资金汇划清算体系中，总行清算中心对汇划往来数据发送、资金清算、备付金存款账户资信情况和行际间查询、查复情况进行管理和监督。

（二）系统内资金汇划及清算的基本流程

系统内资金汇划及清算的基本流程是：各发报经办行根据发生的汇划业务录入相关数据，及时发至发报清算行；发报清算行将辖属各发报经办行的资金汇划信息传输给总行清算中心；总行清算中心对发报清算行传输来的汇划信息及时传输给收报清算行；收报清算行当天或次日将汇划信息传输给收报经办行，从而完成资金汇划业务。基本流程如图7-1所示。

发报经办行为汇划业务的发生行，收报经办行为汇划业务的接收行。发报清算行和收报清算行一般为各直辖市分行和二级分行（含省区分行营业部），需要在总行清算中心开立备付金存款账户。省区分行也在总行清算中心开立备付金存款账户，但不用于汇划款项的清算，只用于办理系统内资金调拨和内部资金利息额汇划。

系统内资金汇划业务全部采取无纸化信息电子传递，电子汇划信息与纸式汇划凭证具有同等效力，各银行机构由专人负责电子信息的查询、接收工作以及密押器、电子汇划专用章等的管理工作。

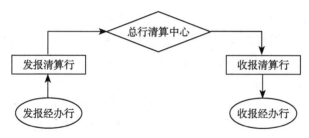

图 7-1 系统内资金汇划基本流程

五、系统内资金汇划及清算业务的会计科目与会计凭证

(一) 会计科目

1."清算资金往来"科目

该科目为资产负债共同类科目，核算各发、收报经办行与清算行之间的资金汇划往来与清算情况，反映余额轧差。每日营业终了，经办行与清算行、清算行与总行清算中心应核对账户余额并进行清算。

2."存放系统内款项"科目

该科目为资产类科目，是下级行用以核算其存放在上级行的资金的科目。

各清算行（直辖市分行、总行直属分行、二级分行）和省区分行在总行开立的备付金账户以及二级分行在省区分行开立的调拨资金账户均使用该科目进行核算。该科目下设置"上存总行备付金"或"上存省区分行备付金"账户。

3."系统内款项存放"科目

该科目为负债类科目，与"存放系统内款项"科目相对应，是上级行用以核算其下级行上存的备付金存款或调拨资金的科目。

总行在该科目下按清算行和省区分行设置"××行备付金"账户，用以核算各清算行和省区分行在总行的备付金存款的增减变动情况。

省区分行在该科目下按二级分行设置"××行调拨资金"账户，用以核算二级分行的调拨资金存款的增减变动情况。

(二) 会计凭证

1. 系统内资金汇划总记账凭证

该凭证由发报经办行日终根据向清算分中心发出的汇划业务信息打印，并以打印的"系统内汇划业务清单"作为附件。系统内资金汇划总记账凭证分为"系统内资金汇划借方报单"和"系统内资金汇划贷方报单"。

"系统内资金汇划借方报单"是发报经办行的记账凭证，一式两联。第一联做"清算资金往来"科目的借方凭证，第二联为系统内汇划转账凭证，代"存放系统内款项"等科目的贷方凭证。

"系统内资金汇划贷方报单"是发报经办行的记账凭证，一式两联。第一联做"清算资金往来"科目的贷方凭证，第二联为系统内汇划转账凭证，代"存放系统内款项"等科目的借方凭证。

2. 系统内资金汇划补充凭证

该凭证是收报经办行接收来账信息后打印的凭证，是账务记载和款项已入账的通知。该凭证分为"系统内资金汇划借方补充报单"和"系统内资金汇划贷方补充报单"均为一式两联，一联作为有关科目的借方或贷方凭证，借方补充凭证另一联作为有关科目的凭证或附件，贷方补充凭证另一联作为收账通知。资金汇划补充凭证是重要空白凭证，必须按规定领用和保管，并纳入表外科目核算。

第二节　系统内资金汇划与清算日常业务

一、系统内资金调拨业务的核算

（一）存放系统内款项的核算

系统内存款包括系统内上存款项和系统内存放款项，主要是指用于日常结算和资金划拨所需要的清算资金而在备付金账户相互存入存出的款项。

各清算行应在总行开立备付金存款账户，用于清算由于汇划业务引起的各清算行间的资金往来。为此各清算行在总行的备付金账户必须保持足够的金额支付，在清算行不能及时补足备付金存款时，清算行的备付金存款账户允许在日间出现透支，但营业终了时必须补足，如当日营业终了仍不能补足时，由总行清算中心自动向其管辖省区分行强行拆借以补充清算行的备付金存款。反之，当备付金日终存款余额超过限额时，上级行应主动调减。

1. 清算行上存资金及调整

（1）清算行上存备付金时，依据资金营运部门的资金调拨单，填制人民银行汇划凭证，向总行清算中心划款。会计分录为：

借：存放系统内款项——总行备付金户
　　贷：存放中央银行款项

调回资金时分录相反。

（2）总行清算中心在接到人民银行划来款项时，应在当日通知有关清算行，进行账务处理。会计分录为：

借：存放中央银行款项
　　贷：系统内款项存放——××行备付金存款户

调回资金时分录相反。

【例 7-1】建设银行辽宁分行填制中国人民银行划款凭证，向总行清算中心划款 2 000 万元。

辽宁分行的会计分录为：
借：存放系统内款项——总行备付金户　　20 000 000
　　贷：存放中央银行款项　　　　　　　　　　　　20 000 000
总行清算中心的会计分录为：
借：存放中央银行款项　　　　　　　　　20 000 000
　　贷：系统内款项存放——辽宁分行备付金户　　　20 000 000

（二）系统内借款的核算

系统内借款是指下级行根据相关管理规定和业务经营需要向上级行借入资金。

二级分行在总行清算中心的备付金存款不足可向管辖省区分行借款；省区分行和直辖市分行、直属分行头寸不足可向总行借款。相应地，设置"系统内借出"和"系统内借入"科目。

1. 一般借入的处理

以清算行（二级分行）向管辖区分行借款为例。清算行经批准，可向管辖省区分行发出借款申请。

（1）省区分行。省区分行接到二级分行借款申请，经审查、批准后向总行清算中心发出借出款项通知，办理借出资金手续。

省区分行批准借款后，填制特种转账凭证，并据以录入系统，系统自动登记"借出资金登记簿"，进行账务处理。会计分录为：

借：系统内借出——一般借出
　　贷：存放系统内款项——上存总行备付金

（2）总行清算中心。总行清算中心收到省区分行借出资金的信息后，当日自动进行账务处理，会计分录为：

借：系统内款项存放——××省区分行备付金
　　贷：系统内存放款项——××清算行备付金

（3）清算行。清算行（二级分行）收到总行清算中心的借出信息后，系统自动登记"借入资金登记簿"并进行账务处理。会计分录为：

借：存放系统内款项——上存总行备付金
　　贷：系统内借入——一般借入

省区分行也可以向总行借入资金，会计处理比照上述（1）和（3）处理。

【例7-2】工商银行沈阳市分行因资金周转困难，向辽宁省分行申请借入清算备付资金35 000 000元，省分行经审核同意其申请。

辽宁省分行的会计分录为：

借：系统内借出——一般借出　　　　　　　　35 000 000
　　贷：存放系统内款项——上存总行备付金　　　　　　　　35 000 000

总行清算中心的会计分录为：

借：系统内款项存放——辽宁省分行备付金　　35 000 000
　　贷：系统内款项存放——沈阳市二级分行备付金　　　　　35 000 000

沈阳市分行的会计分录为：

借：存放系统内款项——上存总行备付金　　　35 000 000
　　贷：系统内借入——一般借入　　　　　　　　　　　　　35 000 000

2. 强行借入的处理

每日营业终了时，如果清算行（二级分行）在总行的备付金账户余额不足，总行清算中心有权主动代省区分行强行向该清算行借出资金；省区分行备付金账户余额不足，总行清算中心将向省区分行强行借出资金；直辖市分行、总行直属分行备付金账户余额不足，总行清算中心将直接向其强行借出资金。

（1）总行清算中心。总行清算中心日终批量处理时，系统自动代省区分行强行拆借清算行（二级分行）。会计分录为：

借：系统内款项存放——××省区分行备付金
　　贷：系统内款项存放——××清算行备付金

（2）省区分行。省区分行次日收到总行代本行强行拆借的信息后，由系统自动进行账务处理。会计分录为：

借：系统内借出——强行借出
　　贷：存放系统内款项——上存总行备付金

（3）清算行。清算行（二级分行）次日收到总行清算中心代省区分行对其强行借款的通知后，打印记账凭证，由系统自动记账。会计分录为：

借：存放系统内款项——上存总行备付金
　　贷：系统内借入项——强行借入

归还借款时，会计分录与借入时相反。借出行通常按季向借入行计收利息。

【例 7-3】沿用例 7-2，沈阳市分行主动归还向管辖行辽宁省分行借入的资金 35 000 000 元。

沈阳市分行的会计分录为：
借：系统内借入——一般借入　　　　　　　　35 000 000
　　贷：存放系统内款项——上存总行备付金　　　　　　　　35 000 000
总行清算中心的会计分录为：
借：系统内款项存放——沈阳市二级分行备付金　35 000 000
　　贷：系统内款项存放——辽宁分行备付金　　　　　　　　35 000 000
辽宁省分行的会计分录为：
借：存放系统内款项——上存总行备付金　　　　35 000 000
　　贷：系统内借出——一般借出　　　　　　　　　　　　　35 000 000

二、系统内资金汇划与清算的核算

（一）发报经办行的处理

1. 日间处理

发报经办行是资金汇划业务的发生行，业务发生后，要经过录入、复核和授权三个环节的处理。首先，由经办人员根据客户填写的汇划凭证用计算机"转账发报录入系统"录入汇划凭证的内容；其次，复核人员根据原始汇划凭证，用"汇划发报复核系统"进行全面审查、复核；最后，授权人员根据"事权划分"的权限用"汇划发报授权系统"授权，实施业务全部授权。

汇划业务的发出分为实时处理和批量处理，其中实时处理主要是对紧急款项的划拨和查询查复事项要及时处理，其他业务做批量处理。

汇划业务经过录入、复核和授权无误后，产生有效汇划数据，由系统按规定时间发送至清算行。如为贷报业务，会计分录为：
借：单位活期存款或其他科目
　　贷：清算资金往来
如为借报业务，则会计分录相反。

2. 日终清算

日终，"清算资金往来"科目轧差反映，若为贷方余额（贷差），则为本行应付汇差，日终清算时，应减少本行在上级清算行的备付金存款。会计分录为：

借：清算资金往来
　　贷：存放系统内款项——上存××行备付金

日终，"清算资金往来"科目若为借方余额（借差），则为本行应收汇差，日终清算时，应增加本行在上级清算行的备付金存款。会计分录相反。

（二）发报清算行的处理

1. 跨清算行汇划业务的处理

（1）日间处理。发报清算行收到跨清算行汇划业务信息，系统自动更新其在总行清算中心的备付金存款，并将汇划数据加押后传输给总行清算中心。如为贷报业务，会计分录为：

借：清算资金往来——××经办行
　　贷：存放系统内款项——上存总行备付金

如为借报业务，则会计分录相反。

（2）日终清算。日终，对"清算资金往来"科目按经办行进行轧差，若为借方余额（借差），则为本行应收汇差，日终清算时，应减少该经办行在本行的备付金存款。会计分录为：

借：系统内款项存放——××经办行
　　贷：清算资金往来——××经办行

若"清算资金往来"为贷方余额（贷差），则为本行应付汇差，日终清算时，应增加该经办行在本行的备付金存款。

2. 同一清算行辖内汇划业务的处理

发报清算行清算本行辖区内汇划业务，系统直接将汇划数据加押后传输至收报经办行，并分别更新发报经办行和收报经办行在清算行的备付金存款。如为贷报业务，会计分录为：

借：系统内款项存放——××发报经办行
　　贷：系统内款项存放——××收报经办行

如为借报业务，则会计分录相反。

（三）总行清算中心的处理

总行清算中心收到汇划业务信息，系统自动登记后，传输至收报清算行。日终，系统自动更新各清算行在总行的备付金存款。如为贷报业务，会计分录为：

借：系统内款项存放——××发报清算行
　　贷：系统内款项存放——××收报清算行

如为借报业务，则会计分录相反。

（四）收报清算行的处理

收报清算行收到总行清算中心传来的汇划业务数据后，由计算机自动检测收报经办行是否为辖属行处，并经核押无误后自动进行账务处理。实时业务即时由系统自动记账或按报文信息的收报分签号下传至各收报经办行进行收报确认处理；批量报文处理后，次日传送至收报经办行。设置实时和批量两种传输类型，是为了控制收报处理行的信息确认处理时间。

清算行对资金汇划款项采取分散管理模式或集中管理模式。分散管理模式是指收报清算行收到总行传来的汇划数据后均传至收报经办行处理。集中管理模式是指收报清算行作为业务处理中心，负责全辖汇划收报的集中处理及汇出汇款等内部账务的集中管理。收报清算行除完成分散管理下会计处理外，还要代理收报经办行记账（会计处理参照分散管理模式下收报清算行和收报经办行处理）；收报经办行只需要在每日终了打印资金汇划补充凭证和有关记账凭证及清单，用于账务核对。以下为分散管理模式下的处理。

1. 日间处理

对核押无误的实时汇划业务，清算行确认后即时传至收报经办行，如为对方贷报业务，会计分录为：

借：存放系统内款项——上存总行备付金
　　贷：清算资金往来——××经办行

如为借方业务，则会计分录相反。

2. 日终清算

日终，对"清算资金往来"科目按经办行轧差，若为贷方余额（贷差），则为本行应付汇差，日终清算时，应增加该经办行在本行的备付金存款。会计分录为：

借：清算资金往来——××经办行
　　贷：系统内款项存放——××经办行

如为借方业务，则会计分录相反。

（五）收报经办行的处理

1. 日间处理

收报经办行收到清算行传来的实时或批量汇划业务，经审查无误后，打印"资金汇划（借方）补充凭证"或"资金汇划（贷方）补充凭证"，系统自动进行账务处

理。如为对方的贷报业务，会计分录为

借：清算资金往来
　　贷：单位活期存款——收款人户

如为借方业务，则会计分录相反。

2. 日终清算

日终，对"清算资金往来"科目若为借方余额（借差），则为本行应收汇差，日终清算时，应增加本行在上级清算行的备付金存款。会计分录为：

借：存放系统内款项——上存××行备付金
　　贷：清算资金往来

若"清算资金往来"为贷方余额（贷差），则为本行应付汇差，日终清算时，应减少本行在上级清算行的备付金存款。

【例7-4】 工商银行长沙浏阳河支行收到开户单位甲公司提交的电汇凭证，向工商银行沈阳铁西支行的开户单位乙公司汇出货款70 000元。浏阳河支行审核无误后，通过资金汇划清算系统办理款项汇划，铁西支行收到汇划信息，确认无误后，将货款收入乙公司账户。工商银行沈阳分行采取分散管理模式。根据以上资料编制各级行日间汇划的会计分录。

（1）长沙浏阳河支行（发报经办行），会计分录为：

借：单位活期存款——甲公司　　　　　　　　　　70 000
　　贷：清算资金往来　　　　　　　　　　　　　　　　　70 000

（2）长沙市分行（发报清算行），会计分录为：

借：清算资金往来——浏阳河支行　　　　　　　70 000
　　贷：存放系统内款项——上存总行备付金　　　　　　70 000

（3）总行，会计分录为：

借：系统内款项存放——长沙市分行　　　　　　70 000
　　贷：系统内款项存放——沈阳市分行　　　　　　　　70 000

（4）沈阳市分行（收报清算行），会计分录为：

借：存放系统内款项——上存总行备付金　　　　70 000
　　贷：清算资金往来——铁西支行　　　　　　　　　　70 000

（5）沈阳铁西支行，会计分录为：

借：清算资金往来　　　　　　　　　　　　　　70 000
　　贷：单位活期存款——乙公司　　　　　　　　　　　70 000

【例7-5】 根据以下资料编制会计分录。

1. 中国银行石家庄市分行20×7年12月26日发生以下经济业务，据此编制会计分录：

（1）开户单位金宇集团提交汇兑凭证，向中国银行北京市分行开户单位溢利商场汇款 50 000 元，经审核无误办理转账。会计分录为：

借：单位活期存款——金宇集团　　　　　　　　50 000
　　贷：清算资金往来　　　　　　　　　　　　　　　　50 000

（2）开户单位甲公司提交武汉市分行签发的银行汇票，金额为 120 000 元，要求全额解付，武汉市分行经审核无误办理转账。会计分录为：

借：清算资金往来　　　　　　　　　　　　　　120 000
　　贷：单位活期存款——甲公司　　　　　　　　　　120 000

（3）石家庄市分行收到中行武汉市分行汇划信息，金额为 300 000 元，系本行开户单位乙公司四天前以托收承付方式向武汉市百货公司收取的货款，经审核无误办理转账。会计分录为：

借：清算资金往来　　　　　　　　　　　　　　300 000
　　贷：单位活期存款——乙公司　　　　　　　　　　300 000

2. 承前例，中行北京市分行收到汇划信息，经审核无误办理转账。会计分录为：

借：清算资金往来　　　　　　　　　　　　　　50 000
　　贷：单位活期存款——溢利商场　　　　　　　　　50 000

3. 承前例，中行武汉市分行发出、收到汇划信息各一笔，金额分别是 300 000 元、120 000 元，经审核无误办理转账。会计分录为：

借：汇出汇款　　　　　　　　　　　　　　　　120 000
　　贷：清算资金往来　　　　　　　　　　　　　　　120 000
借：单位活期存款——百货公司　　　　　　　　300 000
　　贷：清算资金往来　　　　　　　　　　　　　　　300 000

【例 7-6】承例 7-5，表 7-1 为各行当天的清算信息，据以进行日终清算。

表 7-1　清算信息日报表

	发报行		收报行		汇差	
	借报业务	贷报业务	借报业务	贷报业务	借方	贷方
石家庄分行	120 000	50 000	300 000		370 000	
北京市分行				50 000	50 000	
武汉市分行		300 000		120 000		420 000
合计	120 000	350 000	350 000	120 000	420 000	420 000

（1）总行，会计分录为：

借：系统内款项存放——武汉市分行　　　　　　420 000
　　贷：系统内款项存放——石家庄市分行　　　　　　370 000
　　　　系统内款项存放——北京市分行　　　　　　　50 000

（2）石家庄市分行，会计分录为：
借：存放系统内款项——上存总行备付金　　　　370 000
　　贷：清算资金往来　　　　　　　　　　　　　　　　370 000
（3）北京市分行，会计分录为：
借：存放系统内款项——上存总行备付金　　　　 50 000
　　贷：清算资金往来　　　　　　　　　　　　　　　　 50 000
（4）武汉市分行，会计分录为：
借：清算资金往来　　　　　　　　　　　　　　　420 000
　　贷：存放系统内款项——上存总行备付金　　　　　　420 000

思考练习题

一、重要概念

系统内资金汇划与清算　贷报业务　借报业务　发报经办行　发报清算行
收报经办行　收报清算行　应收汇差　应付汇差

二、思考题

1. 系统内资金汇划与清算业务的基本做法是什么？
2. 系统内资金汇划与清算业务的基本流程是什么？
3. 简述系统内资金汇划与清算的业务范围。
4. 怎样理解分散式管理模式与集中式管理模式？

三、单项选择题

1. "系统内存放款项"科目属于（　　）类科目。
   A. 资产　　　　B. 负债　　　　C. 资产负债共同　　D. 所有者权益
2. 在系统内资金汇划与清算业务中，汇兑业务属于（　　）业务。
   A. 借报　　　　B. 贷报　　　　C. 汇出行　　　　D. 汇入行
3. 在系统内资金汇划与清算业务中，解付银行汇票业务属于（　　）业务。
   A. 借报　　　　B. 贷报　　　　C. 出票行　　　　D. 汇入行
4. "清算资金往来"科目的余额如果结计在贷方，则为本行的（　　）。
   A. 应解汇款　　B. 应收款项　　C. 应收汇差　　　D. 应付汇差
5. 日终，某商业银行"清算资金往来"科目轧差后为借方余额，汇差资金清算的分录为：
   A. 借：存放系统内款项　　　　　　B. 借：系统内款项存放
   　　贷：清算资金往来　　　　　　　　　贷：清算资金往来

C. 借：清算资金往来　　　　　　D. 借：清算资金往来
　　贷：存放系统内款项　　　　　　　贷：系统内存放款项

6. 具体办理结算资金和内部资金汇划业务的行处是（　　）。
   A. 总行清算中心　　B. 省区分行　　C. 清算行　　D. 经办行
7. 只可以发送借报的业务种类是（　　）。
   A. 委托收款　　B. 汇兑　　C. 银行汇票　　D. 托收承付

四、多项选择题

1. 系统内资金汇划与清算业务使用的会计科目有（　　）。
   A. 清算资金往来　　　　　　B. 存放系统内款项
   C. 系统内款项存放　　　　　D. 存放同业款项
2. 系统内资金汇划及清算的基本做法是（　　）。
   A. 实存资金　　B. 同步清算　　C. 头寸控制　　D. 集中监督
3. 汇划业务根据处理方式不同分为（　　）。
   A. 单一模式　　B. 分散模式　　C. 集中模式　　D. 复合模式
4. 清算系统汇划报文分为（　　）两种传输类型，用于控制收报处理行的报文确认处理时间。
   A. 延时　　B. 倒起息　　C. 实时　　D. 批量
5. 办理资金汇划业务的专用凭证包括（　　）。
   A. 电汇凭证　　　　　　B. 系统内资金汇划借贷方报单
   C. 汇票　　　　　　　　D. 系统内资金汇划借贷方补充报单

五、判断题

1. 在日常系统内资金汇划与清算中，总行清算中心必定会用到"存放系统内款项""系统内款项存放"两个科目。（　　）
2. 系统内借款是指下级行根据相关管理规定和业务经营需要向上级行借入资金。（　　）
3. 日终，"清算资金往来"科目轧差反映，若为贷方余额，则为本行应付汇差，日终清算时应增加本行在上级清算行的备付金存款。（　　）
4. 发报经办行发出借报业务信息，相应的会计分录为：借记"清算资金往来"科目，贷记有关科目。（　　）
5. 发报经办行办理的业务一定是付款业务，如汇兑业务。（　　）
6. 发报经办行对于汇兑、委托收款和托收承付业务，应填发贷方报单，清算资金往来记贷方；对于解付银行汇票款，应填发借方报单，清算资金往来记借方。（　　）

六、核算题

1. 工商银行西安市分行于201×年8月21日上存备付金80 000元；9月25日，总行退回备付金60 000元；10月8日因资金周转困难，向总行申请借入款500 000元，总行审核后同意借出；11月11日，该行主动归还向总行借入的资金500 000元及利息10 000元。请编制该银行的相关会计分录。

2. 6月27日，工商银行发生如下系统内汇划业务，据以编制会计分录（分散管理模式），其他资料如下。

   （1）山东省烟台市分行收到本行客户甲公司提交的银行汇票和转账进账单，出票行为广东省佛山市分行，出票金额为170 000元，实际结算金额为150 000元。银行经审核无误办理转账汇划。

   （2）湖南省长沙市分行收到本行客户乙公司提交的汇款凭证，金额为30 000元，收款人为广东省佛山市分行大桥支行的开户企业。银行经审核无误办理转账汇划。

   （3）广东省佛山市分行收到两笔汇划信息，一笔是兑付本行签发的170 000元银行汇票，另一笔是经办行为大桥支行的汇款业务（分散式）。

   （4）工商银行总行清算中心清算6月27日各行的汇差资金。

   （5）烟台分行、长沙分行、佛山分行分别清算当天汇差。

   （6）广东省佛山市大桥支行确认该笔30 000元的汇划信息，为开户企业丙公司办理入账手续。（要求编制大桥支行对该笔业务日间与日终处理的会计分录）。

Chapter 8 第八章

金融机构往来业务

学习目标

1. 熟悉金融机构往来的主要内容和核算要求
2. 掌握商业银行向人民银行存取现金的核算
3. 掌握商业银行向人民银行缴存存款的核算
4. 掌握商业银行向人民银行借款和再贴现的核算
5. 了解商业银行通过人民银行汇划款项的核算
6. 掌握商业银行同业存款和同业拆借的核算

第一节 金融机构往来业务概述

一、金融机构往来业务的概念及其主要内容

(一) 金融机构往来业务的概念

金融机构往来业务是指各金融机构之间（包括商业银行与中央银行之间、商业银行之间、商业银行与非银行金融机构之间）由于办理资金的缴存与融通、款项的汇划与清算等业务引起的资金账务往来。

(二) 金融机构往来业务的内容

从广义上讲，金融机构往来业务包括商业银行与中央银行之间往来业务、各商业银行之间往来业务、商业银行与非银行金融机构之间往来业务、中央银行与非银行金融机构之间往来业务以及非银行金融机构之间往来业务。本章金融机构往来业

务指的是商业银行与中央银行之间以及各商业银行之间的往来业务。

1. 商业银行与中央银行往来业务

商业银行与中央银行往来业务，是指中央银行与国有商业银行、股份制银行以及地方性商业银行等之间由于资金缴存、融通、汇划款项等引起的资金账务往来。中央银行作为银行的银行，其作用主要体现在三个方面：一是中央银行作为各商业银行的开户行，会与商业银行发生各种存款往来业务；二是中央银行作为最后贷款人，会与商业银行发生再贷款、再贴现等融资业务；三是中央银行为商业银行提供同城或异地资金汇划与清算服务。

2. 商业银行之间往来

商业银行之间往来是指商业银行之间由于办理跨系统资金汇划、相互拆借等业务引起的资金账务往来。由于个人和单位在不同商业银行开户，相互之间的资金汇划构成了商业银行之间往来的主要内容，如同城同业往来、异地跨系统汇划款项相互转汇等业务；同时，同业存款、同业拆借等也是商业银行之间往来的主要内容。

二、金融机构往来业务的核算要求

金融机构往来是各商业银行之间的资金账务往来，体现了银行之间的债权债务关系，所以金融机构往来的管理是银行会计工作管理的一项重要内容，应坚持以下要求：

第一，坚持"资金分开、独立核算"的原则，严格区分各商业银行和中央银行、各商业银行之间的资金界限。

第二，商业银行在中央银行的存款账户不得透支；要求留足备付金，如备付金不足应及时调度；同业拆借应通过双方在中央银行的存款账户办理转账，不得互相直接拆借现金。

第三，各商业银行之间临时性资金占用要及时清算。如临时资金头寸不足，可相互融通资金，到期后应及时还本付息；对相互代收代付款项的应及时清算，不能长期占用他行资金。

第四，保持汇路畅通，及时、准确办理结算往来业务，加速社会资金的周转。

三、金融机构往来业务核算的主要科目

1."存放中央银行款项"科目

该科目为资产类科目，核算各商业银行在中央银行开户而存入的用于支付清

算、调拨款项、存取现金、缴存存款等业务的款项。此科目应分别按存款性质进行明细核算。

2."向中央银行借款"科目

该科目为负债类科目,核算向中央银行借入的各种款项。此科目应按借款性质进行明细核算。

3."拆出资金"科目

该科目为资产类科目,核算本行拆借给境内外其他银行和非银行金融机构的款项。此科目应按拆出资金的金融机构进行明细核算。

4."拆入资金"科目

该科目为负债类科目,核算本行从境内外金融机构拆入的款项。此科目应按拆入资金的金融机构进行明细核算。

5."存放同业"科目

该科目为资产类科目,核算本行存放于境内外金融机构的款项。此科目应按存放款项性质和存放金融机构进行明细核算。

6."同业存放"科目

该科目为负债类科目,核算境内外金融机构存放于本行的款项。此科目应按存放款项性质和存放金融机构进行明细核算。

第二节 商业银行与中国人民银行往来业务

一、商业银行向中国人民银行存取现金的核算

根据货币发行制度的规定,商业银行须核定各行处业务库必须保留的现金限额,并报当地开户中国人民银行发行库备案。当库存现金超过规定限额或有残损币时,应缴存中央银行;当需用现金时应签发支票从中国人民银行提取。

(一)存入现金

商业银行向中国人民银行缴存现金时,应先办理出库手续,填制"现金缴款单",连同现金一起送交中国人民银行发行库。中国人民银行清点无误后,即在缴款

单回单联加盖"现金收讫"戳记。商业银行凭该回单记账,会计分录为:

借:存放中央银行款项
　　贷:库存现金

(二)支取现金

商业银行向中国人民银行支取现金时,应签发中国人民银行"现金支票",到当地中国人民银行办理。商业银行根据现金支票存根填制现金收入凭证记账,会计分录为:

借:库存现金
　　贷:存放中央银行款项

二、商业银行向人民银行缴存存款的核算

存款准备金制度是中央银行重要的宏观调控手段之一。商业银行和其他金融机构吸收的存款应按照一定比例缴存中央银行,由中央银行统一调控。对中央银行存款准备金,商业银行应重视和掌握存款准备金的余额控制和日常备付金的保持。首先,商业银行通过中央银行办理的业务活动,不能透支中央银行存款余额,而且应该保持足够的支付能力,以确保商业银行各项业务活动的顺利进行。如果商业银行在中央银行存款资金不足,应及时调度。其次,商业银行会计人员应随时把握在中央银行存款的增减变动情况,及时与中央银行会计进行财务核对。

根据商业银行向中央银行缴存存款的性质不同,可分为缴存财政性存款和缴存一般性存款,两者在缴存范围、缴存比例、处理方法等方面有较大的差异。

(一)缴存存款的一般规定

1.缴存范围与比例

(1)财政性存款。财政性存款是指商业银行代国库业务吸收的中央预算收入、地方金库款和代理发行国债等产生的存款。其缴存范围为:集中上交中央财政资金,集中上交地方财政资金,待结算财政款项(轧差后贷方余额),代收个人购买国库券款项(减:代付个人购买国库券本息款项),代收单位购买国库券款项(减:兑付单位购买国库券本息款项),代收国家其他债券款项(减:兑付国家其他债券本息款项)。商业银行无权动用财政性存款,必须全额划缴中国人民银行。

(2)一般性存款。一般性存款是指除财政性存款以外的各项存款,主要包括机关团体存款、财政预算外存款、个人储蓄存款、单位存款以及其他存款。其缴存范围为:企业存款、储蓄存款、农村存款、基建单位存款、机关团体存款、财政预算

外存款、委托存款（轧减委托贷款、委托投资后的差额）以及其他一般存款等。一般性存款的缴存比例适用中央银行确定的法定存款准备金比例。

2. 缴存存款的时间

各商业银行缴存存款的时间，除第一次按规定时间缴存外，市级分支行为每旬调整一次，在旬后 5 日内办理；县级分支行每月调整一次，在旬后 8 日内办理（最后一天遇节假日顺延）；不在中央银行开户的行处，由其管辖行或代理行每月调整一次。

财政性存款应由经办行在规定的时间内全额划交当地中央银行，不单独在中央银行开户的行处，委托其管辖行或代理行代为缴存；一般性存款由各商业银行法人统一缴存，各分支行逐级向上级行缴存。

（二）缴存存款的核算

商业银行在"存放中央银行款项"科目下设置"缴存中央银行财政性存款"和"缴存中央银行一般性存款"两个明细科目进行核算。而在实际工作中，常常将二级科目提升为一级科目使用。

"缴存中央银行财政性存款"是资产类账户，用以核算商业银行向中国人民银行缴存的财政性存款，向中国人民银行缴存时记入借方；中国人民银行退回时记入贷方；余额在借方，表示向中国人民银行缴存财政性存款的结余数。

"缴存中央银行一般性存款"是资产类账户，用以核算商业银行向中国人民银行缴存的一般性存款，向中国人民银行缴存时记入借方，中国人民银行退回时记入贷方，余额在借方，表示向人民银行缴存一般性存款的结余数。

1. 缴存财政性存款的核算

商业银行缴存财政性存款时应向当地中国人民银行划缴，划缴时应填制"缴存财政性存款科目余额表"，然后填制一式四联的"缴存（或调整）财政性存款划拨凭证"，据以计算调整数额，办理手续。

商业银行以划拨凭证第一、第二联分别代转账贷方传票和转账借方传票，办理转账。如为调增补缴，其会计分录为：

借：缴存中央银行财政性存款
　　贷：存放中央银行款项

如调减，则会计分录相反。

2. 缴存一般性存款的核算

各商业银行基层行于每旬旬末时，填制"应缴存存款科目余额表"，由总行汇总后

进行缴存。当商业银行本期为调增时,应增加法定存款准备金缴存额,会计分录为:

借:缴存中央银行一般性存款
　　贷:存放中央银行款项

如调减,则会计分录相反。

【例8-1】某银行于201×年1月成立,到1月月末该银行财政性存款余额为800 000元,一般性存款余额为200 000 000元。1月月末该银行第一次办理缴存手续。如果法定存款准备金率为12.5%,则该银行:

应缴财政性存款 =800 000×100%=800 000(元)

应缴一般性存款 =20 000 000×12.5%=2 500 000(元)

借:缴存中央银行一般性存款　　　　　　2 500 000
　　缴存中央银行财政性存款　　　　　　　 800 000
　　贷:存放中央银行款项　　　　　　　　　　　　　3 300 000

【例8-2】承上题,2月10日,该行财政性存款余额为900 000元,一般性存款余额为15 000 000元。如果法定存款准备金率仍为12.5%,则该行缴存存款数为:

应缴财政性存款 =900 000×100%-800 000=100 000(元)

应缴一般性存款 =15 000 000×12.5%-2 500 000=-625 000(元)

借:缴存中央银行财政性存款　　　　　　　100 000
　　贷:存放中央银行款项　　　　　　　　　　　　　　100 000
借:存放中央银行款项　　　　　　　　　　625 000
　　贷:缴存中央银行一般性存款　　　　　　　　　　　625 000

三、商业银行向人民银行借款与再贴现的核算

(一)向人民银行借款的核算

1.再贷款的种类

商业银行在资金不足时,既可以采取向上级行申请调入资金、同业拆借或通过金融市场融通资金等手段,也可以向中央银行申请借款。就中央银行而言,向商业银行提供再贷款是其控制货币供给量,进行宏观调控的一种主要工具。凡在中国人民银行开立有存款账户的商业银行和其他金融机构均可以向人民银行申请借款。

中国人民银行向商业银行发放的贷款,按期限可分为:年度性贷款、季节性贷款和日拆性贷款三种。

(1)年度性贷款是指商业银行因经济合理增长而引起的年度信贷资金不足而向中国人民银行申请的借款。借款期限一般为1年,最长不超过2年。

（2）季节性贷款是指商业银行因信贷资金先支后收或存款季节性下降、贷款季节性上升等原因引起的资金暂时不足而向人民银行申请的借款。借款期限一般为2个月，最长不超过4个月。

（3）日拆性贷款是指商业银行由于汇划款项未达等原因发生临时性资金短缺而向人民银行申请的借款。借款的期限一般为10天，最长不超过20天。

2. 向人民银行借款的核算

（1）申请借款的处理。商业银行向中国人民银行申请借款时，应填制一式二份的再贷款申请书，经人民银行相关部门审核批准后，根据申请书上有关内容填写一式五联的借款凭证（第一联代借据，作为借方传票；第二联代贷方传票；第三联作为回单；第四联由资金部门留存备查；第五联为到期检查卡），在借款凭证上加盖预留印鉴后，提交人民银行。商业银行会计部门根据第三联回单，另编转账传票办理转账，其会计分录为：

借：存放中央银行款项
　　贷：向中央银行借款

（2）归还借款的处理借款到期，商业银行应主动办理还贷手续。还贷手续应由会计部门填制一式四联的还款凭证（第一联为借方传票；第二联为贷方传票；第三联为还款记录送中国人民银行计划部门；第四联为回单），加盖预留印鉴后提交中国人民银行。借款银行会计部门收到中国人民银行退回的还款凭证第四联，作为贷方传票，另编一张转账借方传票办理转账。其会计分录为：

借：向中央银行借款
　　利息支出
　　贷：存放中央银行款项

（二）再贴现的核算

再贴现是商业银行将已贴现的未到期商业汇票提交给中国人民银行，中国人民银行按汇票金额扣除从再贴现之日起到汇票到期日止的利息后，以其差额向商业银行融通资金的业务。再贴现是解决商业银行因办理票据贴现引起的资金不足的有效途径，也是中央银行的三大货币政策工具之一。再贴现期限一般不超过4个月。

再贴现按照是否转移票据权利分为买断式再贴现和回购式再贴现。转移票据权利的为买断式再贴现，不转移票据权利的为回购式再贴现。在实践中，再贴现主要以回购式再贴现为主。

再贴现业务中使用"贴现负债"科目，用于核算银行办理商业票据贴现等业务所融入的资金。"贴现负债"可按贴现的类别和贴现的金融机构，分别按"面值""利息调整"进行明细核算。

1. 回购式再贴现

（1）办理再贴现的处理。

商业银行持未到期的已贴现票据向中国人民银行申请再贴现时，应填制再贴现凭证，连同商业汇票一起交中国人民银行。

$$再贴现利息 = 再贴现汇票面额 \times 再贴现天数 \times 再贴现率$$
$$再贴现实收金额 = 汇票面额 - 再贴现利息$$

商业银行取得再贴现款项时，会计分录为：

借：存放中央银行款项
　　贴现负债——利息调整（差额）
　贷：贴现负债——面值

（2）资产负债表日确认利息费用的处理。

借：利息支出
　贷：贴现负债——利息调整

（3）汇票到期收回的处理。回购式再贴现并不转移票据权利，票据到期时，商业银行将票据购回并作为债权人向付款人收取款项。当付款人拒付或无款支付退回凭证时，由商业银行向贴现申请人扣收款项。

1）票据到期如期收回票款时，商业银行一方面归还向中央银行的贴现款，另一方面终止该票据业务，会计分录为：

借：贴现负债——面值
　　利息支出
　贷：存放中央银行款项
　　　贴现负债——利息调整
借：清算资金往来或有关科目
　贷：贴现资产——面值

2）票据到期如期未能收回票款时，一方面归还向中央银行的贴现款或转为向中央银行的借款，另一方面则应从贴现申请人处扣收或转为其贷款，会计分录为：

借：贴现负债——面值
　　利息支出
　贷：存放中央银行款项（或向中央银行借款）
　　　贴现负债——利息调整
借：活期存款——贴现申请人户
　贷：贴现资产——面值

2. 买断式再贴现

买断式再贴现由于转移了票据权利，票据到期时由中央银行作为票据的债权人向付款人收取款项。如果付款人拒付或无款支付，中央银行从申请再贴现的商业银行账户扣收。相关账务处理比照回购式再贴现。

【例 8-3】 交通银行某支行因资金周转发生困难，7 月 10 日将未到期、已贴现的同城商业汇票向中国人民银行申请回购式再贴现，汇票金额为 300 万元，到期日为 10 月 6 日，贴现率为 5%。10 月 6 日该支行如期收回再贴现票款（计算保留整数）。

再贴现利息 = 3 000 000 × 88 × 5% ÷ 360 = 36 666（元）

再贴现实收金额 = 3 000 000 − 36 666 = 2 963 334（元）

（1）7 月 10 日支行会计分录为：

借：存放中央银行款项　　　　　　　　　　2 963 334
　　贴现负债——利息调整　　　　　　　　　　36 666
　　贷：贴现负债——面值　　　　　　　　　　　　　　3 000 000

（2）9 月 30 日支行会计分录为：

再贴现利息 = 3 000 000 × 83 × 5% ÷ 360 = 34 583（元）

借：利息支出　　　　　　　　　　　　　　　34 583
　　贷：贴现负债——利息调整　　　　　　　　　　　　34 583

（3）10 月 6 日支行会计分录为：

借：存放中央银行款项　　　　　　　　　　3 000 000
　　利息支出　　　　　　　　　　　　　　　 2 083
　　贷：贴现资产——面值　　　　　　　　　　　　　3 000 000
　　　　贴现负债——利息调整　　　　　　　　　　　　2 083
借：贴现负债——面值　　　　　　　　　　3 000 000
　　贷：存放中央银行款项　　　　　　　　　　　　　3 000 000

四、商业银行通过人民银行汇划款项的核算

中国人民银行作为支付体系建设的组织者、推动者、监督者，建设运行了大、小额支付系统和全国支票影像交换系统、同城票据交换系统、境内外币支付系统、网上支付跨行清算系统、电子商业汇票系统等现代化支付系统，并均由中国人民银行清算总中心负责运行维护。目前已形成了以该现代化支付系统为核心，各商业银行行内系统为基础，票据交换系统、卡基支付系统等并存的支付清算体系。

以中国人民银行为主导的支付系统如图 8-1 所示。该支付系统建有两级处理中心，分别是国家处理中心（NPC）和城市处理中心（CCPC）。其中，NPC 设在中国人民银行总行，CCPC 设在各中心城市人民银行分行。NPC 分别与各 CCPC 连接，其通信网络采用专用网络，以地面通信为主，卫星通信作为备份。

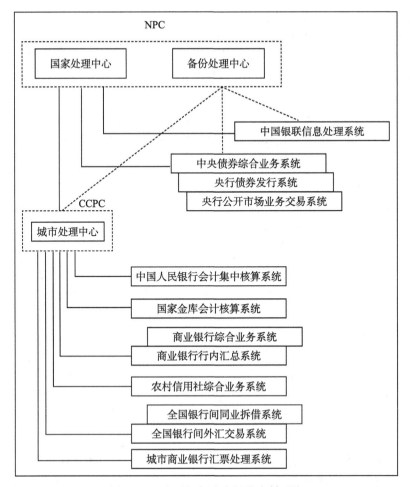

图 8-1 以人民银行为主导的支付系统

支付系统的两级处理结构，要求商业银行将在人民银行将开立的账户进行合并和集中：一是商业银行分支机构在人民银行分支行的账户合并，即在同一城市一家商业银行只在当地人民银行开立一个清算账户；二是商业银行在人民银行开立的所有清算账户都将集中在全国处理中心，而账户的开立与撤销、备付金管理、账户透支限额规定等管理业务仍由相关的人民银行负责。

各政策性银行、商业银行以其分行作为直接参与者接入 CCPC；中国人民银行会计集中核算系统（ABS）、国家金库会计核算系统（TBS）分别以地市为直接参与者远程接入 CCPC；中央债券综合业务系统和中国银联信息交换系统作为特许参与者与 NPC 连接，实现了债券交易的"券款对付"（DVP）清算和银联卡跨行业务的即时转账清算；城市商业银行资金清算中心、外汇交易中心作为特许参与者与上海 CCPC 连接，办理城市商业银行银行汇票和外汇交易、银行间同业拆借的资金清算；香港人民币清算行、澳门人民币清算行作为特许参与者分别与深圳 CCPC、广州 CCPC 连接，办理个人人民币汇款及存款、兑换和银行卡业务的资金清算。

（一）大额实时支付系统

1. 大额支付系统简介

大额实时支付系统（简称"大额支付系统"）是中国人民银行按照我国支付清算需要，利用现代计算机技术和通信网络开发建设，处理同城和异地跨行之间和行内的大额贷记及紧急小额贷记支付业务，中国人民银行系统的贷记支付业务以及即时转账业务等的应用系统，也就是说所有的贷记支付业务都可以通过大额支付系统处理。大额支付系统采用支付指令实时传输、逐笔实时处理、全额清算资金的处理方式。大额支付系统按照国家法定工作日运行，早 8:00 至晚 17:00 为其日间业务处理时间。

2. 大额支付系统的业务处理流程

大额支付系统处理支付业务，历经发报经办行、发报清算行、发报 CCPC，经 NPC 清算资金后实时转发收报 CCPC、收报清算行、收报经办行，全过程实行自动化实时处理。其流程如图 8-2 所示，其中发报清算行也可能同时为发报经办行，收报方亦同。

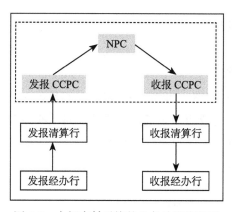

图 8-2　大额支付系统的业务处理流程图

3. 大额支付的账务处理

在大额支付系统中，清算行与当地 CCPC 的往来业务即为商业银行与中国人民银行的往来业务，而清算行与经办行的往来业务则属于商业银行系统内的资金汇划与清算业务。异地业务需要经过 NPC 接收和发送报文，同城业务则只需经过 CCPC。

（1）发报清算行的处理。经办员根据原始凭证录入数据并复核无误后，加编密押，将报文发至大额支付系统，系统自动记账，并打印电子汇划贷方报单。会计分录为：

借：活期存款等科目
　　贷：存放中央银行款项

（2）收报清算行的处理。收报清算行电子汇划系统接收到大额支付系统传来的报文，系统将报文自动清分至收款人开户行并自动记账。会计分录为：

借：存放中央银行款项
　　贷：活期存款等科目

【例 8-4】 中国工商银行北京市分行客户甲公司向上海乙公司支付货款 100 万元，乙公司的开户行为中国农业银行上海市分行。北京市工行通过大额支付系统向上海市农行办理汇划支付。相关会计分录为：

（1）中国工商银行北京市分行，会计分录为：

借：单位活期存款——甲公司　　　　　　　1 000 000
　　贷：存放中央银行款项　　　　　　　　　　　　　1 000 000

（2）中国农业银行上海市分行，会计分录为：

借：存放中央银行款项　　　　　　　　　　1 000 000
　　贷：单位活期存款——乙公司　　　　　　　　　　1 000 000

（二）小额批量支付系统

1. 小额支付系统简介

小额批量支付系统（简称"小额支付系统"）是继大额实时支付系统之后中国人民银行建设运行的又一重要应用系统，主要处理同城和异地纸凭证截留的借记支付业务和小额贷记支付业务，支付指令批量发送，轧差净额清算资金。小额支付系统实行 7×24 小时连续运行，能支撑多种支付工具的使用，是银行业金融机构跨行支付清算的重要平台。

小额支付系统的业务范围为：

（1）普通贷记业务：指付款人通过其开户银行办理的主动付款业务，主要包括金额 5 万元以下的汇兑、委托收款（划回）、托收承付（划回）、网上银行支付以及财税库汇划等业务。

（2）定期贷记业务：指付款人开户银行依据当事各方事先签订的合同（协议），定期向指定的收款人开户银行发起的批量付款业务，如代付工资、养老金、保险金、国库各类款项的批量划拨等。

(3) 普通借记业务：指收款人通过其开户银行向付款人开户银行主动发起的收款业务，包括人民银行机构间的借记业务、国库借记汇划业务和支票截留业务等。

(4) 定期借记业务：指收款人开户银行依据当事各方事先签订的合同（协议），定期向指定的付款人开户银行发起的批量收款业务，如收款人委托其开户银行收取水、电、煤气等公用事业费用。

(5) 实时贷记业务：指付款人委托其开户银行发起的，将确定款项实时划拨到指定收款人账户的业务，主要包括国库实时缴税、跨行个人储蓄通存等业务。

(6) 实时借记业务：指收款人委托其开户银行发起的，从指定付款人账户实时扣收确定款项的业务，主要包括国库实时扣税、跨行个人储蓄通兑等业务。

2. 小额支付系统的业务处理流程

小额支付系统的业务处理流程参照大额支付系统。

3. 小额支付的会计核算

小额支付系统的会计处理参照大额支付系统。

（三）同城票据交换系统

同城票据交换是指同城或同一票据交换区内的银行各行处定时、定点集中交换相互代收、代付的票据，并轧差清算资金的业务活动。

同城票据交换由人民银行设立统一的交换场所，规定统一的交换时间，负责清算并进行管理和监督。加入清算的银行需向人民银行申请，经批准并发给交换号码后方能参加交换。参加清算的各商业银行应在人民银行开立备付金账户，并一律通过此账户进行各行存欠资金的清算。

目前，我国同城票据主要采用清分机操作、清算系统方式、手工清分三种操作方式进行票据交换。

1. 同城票据交换的基本原理

票据交换分为提出行和提入行两个系统。提出行是向其他行提交票据的行处，提入行是接受他行提交票据的行处。在实际工作中，每个行处既是提出行，又是提入行，在不同的业务中有不同的角色。

各行提出提入的票据有两种：一种是在本行开户的付款单位委托本行向他行开户单位付款的票据，称为贷方票据或代收票据；一种是在本行开户的收款单位提交应由他行开户单位付款的票据，称为借方票据或代付票据。在票据交换中，提出行提出借方票据则表示为本行应收款项；提出行提出贷方票据则表示为本行应付款项。提入行提入借方票据则表示为本行应付款项；提入行提入贷方票据则表示为本行应收款项。由于参加票据交换的各行处通常既是提出行又是提入行,因此各行在每次交换中应当场加计应收、应付款项并轧算出应收差额或应付差额,最后由票据交换所加计各行应收差额合计与应付差额合计两者总轧平衡,以确保本次票据交换资金清算的正确性。

2. 同城票据交换的基本流程

同城票据交换的基本流程主要可分为三个环节:一是参加交换的银行机构向票据交换所提出票据;二是票据交换所对提出的票据以提入行为单位进行清分,然后交银行机构提回;三是扎差净额提交中央银行会计部门完成资金清算。

3. 同城票据交换的账务处理

(1) 提出票据的处理。各参加票据交换的行处按规定的交换场次和时间参加票据交换时,各提出行受理的非本行同城票据,按提出代收票据(电汇的转汇、进账单等)和提出代付票据(支票、银行汇票、本票及委托收款等)分别整理登记"代收票据交换登记簿"和"代付票据交换登记簿",计算出金额合计数。然后按提入行的交换号顺序整理,结计汇总提出代收代付票据差额,并分别填制"代理付款清单"(借方票据清单)和"代理收款清单"(贷方票据清单),根据清单加计金额及凭证张数填入"票据交换报告表"的提出代收、代付有关栏。

商业银行设置"同城票据清算"账户进行核算。"同城票据清算"是资产负债共同类账户,用以核算同城交换清算的款项。提出借方票据或提回贷方票据时,记入借方;提出贷方票据或提回借方票据时,记入贷方;其借贷方差额为应收差额或应付差额,当天清算后,该账户无余额。

1) 提出贷方票据 (代收票据),会计分录为:

借:单位活期存款等
 贷:同城票据清算

2) 提出借方票据 (代付票据),会计分录为:

借:同城票据清算
 贷:其他应付款——提出交换专户

退票时间过后,对他行未退回的代付票据,可以为收款人进账,会计分录为:

借:其他应付款——提出交换专户
 贷:单位活期存款——收款人户

(2) 提入票据的处理。

1) 提入贷方票据 (代收票据),一般不会发生退票,可以直接办理转账,会计分录为:

借:同城票据清算

  贷：单位活期存款——收款人户

  2）提入借方票据（代付票据），付款单位有足够的款项支付时，会计分录为：

  借：单位活期存款等
    贷：同城票据清算

  如果付款单位发生透支或票据存在问题，银行则不能付款，需要将提入的票据办理退票，会计分录为：

  借：其他应收款——退票专户
    贷：同城票据清算

  同时，将待退回的票据专夹保管，于下场交换时退回原提出行，并在提出交换时冲销上笔分录。

  （3）票据清算的处理

  各参加票据交换的银行在票据交换结束后，编制交换差额报告单，根据提出与提入票据的张数和金额，轧计出本次交换的应收、应付款。其计算方法为：

$$应收款 = 提出的借方票据金额 + 提入的贷方票据金额$$

$$应付款 = 提出的贷方票据金额 + 提入的借方票据金额$$

  两项相抵后，如果应收金额大于应付金额，则为应收差额；如果应付金额大于应收金额，则为应付差额。

  1）应收差额时，商业银行的会计分录为：

  借：存放中央银行款项
    贷：同城票据清算

  2）应付差额时，商业银行的会计分录为：

  借：同城票据清算
    贷：存放中央银行款项

  3）人民银行为各行清算票据交换差额时，会计分录为：

  借：××银行存款——应付差额行户
    贷：××银行存款——应收差额行户

  【例8-5】某建行交换时提出的借方票据（代付票据，即付款人在他行开户）金额为80万元，其中工行应付票据为50万元，中行应付票据为30万元；提出的贷方票据（代收票据，即付款人在本行开户）为110万元，均为工行应收票据。从交换所提入的借方票据（付款人在本行开户）金额为50万元，提入的贷方票据（收款人在本行开户）金额为140万元。提出的票据他行均未退票，但在提入的借方票据中，一笔金额为10 000元的支票出现透支，建行办理退票。请编制建行的相关会计分录。

  （1）提出票据，会计分录为：

1）提出借方票据。

借：同城票据清算 800 000
　　贷：其他应付款——提出交换专户 800 000
借：其他应付款——提出交换专户 800 000
　　贷：单位活期存款——收款人户 800 000

2）提出贷方票据。

借：单位活期存款——付款人户 1 100 000
　　贷：同城票据清算 1 100 000

（2）提入票据，会计分录为：

1）提入借方票据。

借：单位活期存款——付款人户 490 000
　　其他应收款——退票专户 10 000
　　贷：同城票据清算 500 000

2）提入贷方票据。

借：同城票据清算 1 400 000
　　贷：单位活期存款——收款人户 1 400 000

（3）清算票据差额，会计分录为：

　　建行应收款 = 800 000 + 1 400 000 = 2 200 000（元）
　　建行应付款 = 1 100 000 + 500 000 = 1 600 000（元）

轧差后应收金额为 600 000 元。

借：存放中央银行款项 600 000
　　贷：同城票据清算 600 000

（四）全国支票影像交换系统

1. 支票影像交换系统简介

全国支票影像交换系统是指运用影像技术将实物支票转换为支票影像信息，通过计算机及网络将影像信息传递至出票人开户银行提示付款的业务处理系统，它是中国人民银行继大、小额支付系统建成后的又一重要金融基础设施。

影像交换系统定位于处理银行机构跨行和行内的支票影像信息交换，其资金清算通过中国人民银行覆盖全国的小额支付系统处理。

支票影像业务的处理分为影像信息交换和业务回执处理两个阶段，即支票提出银行通过影像交换系统将支票影像信息发送至提入行提示付款；提入行通过小额支付系统向提出行发送回执完成付款。小额支付系统对付款完成的业务进行资金轧差清算。

2. 支票影像交换系统的账务处理

（1）提入行的处理。提入行根据提入的支票业务报文，登记支票业务登记簿，并进行核验，核验无误进行付款，会计分录为：

借：单位活期存款——出票人户
　　贷：待清算支付款项

核验后系统在规定的时间内自动生成小额支付系统支票回执报文（确认付款或退票），并按同一清算行组成支票回执业务包（包中附带确认付款回执或退票回执的业务明细），然后将回执包发送至小额支付系统总分中心并销记支票业务登记簿。

提入行会收到小额支付系统总分中心返回的"已清算""已排队""已拒绝"等通知。在收到"已清算"的通知时，会计分录为：

借：待清算支付款项
　　贷：存放中央银行款项

（2）提出行的处理。提出行接收总分中心发送的支票回执业务包并核验密押，无误后向总分中心返回确认信息；如果核押有误，则作拒绝处理。对对方确认付款的，会计分录为：

借：待清算支付款项
　　贷：单位活期存款——收款人户

提出行收到总分中心发送的"已清算"通知，会计分录为：

借：存放中央银行款项
　　贷：待清算支付款项

第三节　商业银行往来业务

一、同业存款的核算

（一）同业存款的概念

同业存款是指金融企业之间因发生日常结算往来业务而存入本企业的清算款项。同业存款的利率由存款双方协商决定。

同业存款按照存款人所在地域分为国内同业存款和国外同业存款。

同业存款业务主要发生在两种情况下：地域性银行委托全国性银行代办全国业务时；国内（外）银行委托国外（内）银行代办业务时。

（二）同业存款的账务处理

1. 存出行的处理

存出行设置"存放同业款项"科目核算，通常按照存入行的情况设置明细科目。

存款增加时借记该科目，贷记"活期存款""利息收入"等科目；存款减少时贷记该科目，借记相关科目。

2. 存入行的处理

存入行设置"同业存放款项"科目核算，通常按照存款行设置明细科目。存款增加时贷记该科目，借记"活期存款""利息支出"等科目；存款减少时借记该科目，贷记相关科目。

【例8-6】贵阳银行在工商银行贵阳分行开立有结算性存款账户。该行收到贵阳工行的转汇凭证，金额80 000元，收款人为在本行开户的甲公司。

贵阳银行的会计分录为：

借：存放同业款项——贵阳工行　　　　　　　　　　80 000
　　贷：单位活期存款——甲公司　　　　　　　　　　　　　80 000

【例8-7】承上例。贵阳工行向贵阳银行支付本期同业存款利息60 000元。贵阳工行的会计分录为：

借：利息支出　　　　　　　　　　　　　　　　　　60 000
　　贷：同业存放款项——贵阳银行　　　　　　　　　　　　60 000

二、同业拆借的核算

（一）同业拆借的概念及规定

同业拆借是指各金融机构之间，因为解决临时性资金不足而进行的资金融通。如商业银行因跨系统汇划款等原因导致结算账户余额不足，可以向其他商业银行进行资金拆借。

同业拆借的主要有关规定如下：

（1）同业拆借只能是一种短期资金融通行为，不得将拆借资金用于弥补信贷收支缺口，扩大贷款规模和直接投资。

（2）商业银行拆出的资金，只能是交足法定存款准备金、归还中央银行贷款和上缴应缴系统内汇差后的剩余资金。商业银行拆入的资金只能用于解决同城票据清算头寸不足和季节性先支后收等临时资金周转的需要。

（3）商业银行拆入资金的期限最长为1年，不得展期。拆借资金的利率由交易双方自行商定。

（4）同业拆借实行限额管理。

(二) 资金拆借的账务处理

1. 拆出行的处理

商业银行拆借资金时，拆借双方签订"拆借资金合同"，提交资金营运部门和会计部门。会计部门对"拆借资金合同（代借据）"的第一联进行审查后，凭合同书据以签发中央银行转账支票（或汇兑凭证），加盖预留印鉴后，办理划款手续，以转账支票存根联（或汇兑凭证回单附件），编制借、贷方转账凭证办理转账。其会计分录为：

借：拆出资金——××拆入行户
　　贷：存放中央银行款项

2. 中央银行的处理

拆出行开户的中央银行以拆出行的结算凭证及拆入行的进账单作借、贷方记账凭证办理转账。其会计分录为：

借：××银行存款（拆出行）
　　贷：××银行存款（拆入行）

3. 拆入行的处理

办理资金拆入业务，须在有关部门拆入手续处理完毕后，以收到开户的中央银行收款通知代转账借方传票，以拆出资金行的借据回单（第四联）代转账贷方传票办理转账。其会计分录为：

借：存放中央银行款项
　　贷：拆入资金——××拆出行户

(三) 拆借资金归还时的处理

1. 拆入行的核算

拆借资金到期，会计部门根据借款合同书规定期限计算利息，签发转账支票（或汇兑凭证），办理归还手续。其会计分录为：

借：拆入资金——××拆出行户
　　利息支出
　　贷：存放中央银行款项

2. 中央银行的核算

拆借资金到期，中央银行收到拆入行归还借款的转账支票或汇兑转账凭证，以及拆出行的进账单，凭以作借、贷方记账凭证办理转账手续。其会计分录为：

借：××银行存款（拆入行）
　　贷：××银行存款（拆出行）

3. 拆出行的核算

拆借资金到期，收到开户的中央银行收账通知，即原拆入行归还的本金和利息，审核无误后办理转账。其会计分录为：

借：存放中央银行款项
　　贷：拆出资金——××拆入行户
　　　　利息收入

【例 8-8】 某工商银行为了解决资金短期不足问题，于20×6年8月3日，和某农业银行达成协议，向农业银行拆借资金1 000万元，期限为30天，利率为6%，当日通过人民银行办理了转账手续。

（1）8月3日，办理资金拆借，会计分录为：

农业银行：

借：拆出资金——工商银行户	10 000 000	
贷：存放中央银行款项		10 000 000

工商银行：

借：存放中央银行款项	10 000 000	
贷：拆入资金——农业银行户		10 000 000

（2）9月3日，拆借资金到期归还，会计分录为：

利息 = 10 000 000 × 30 × 6% ÷ 360 = 50 000（元）

工商银行：

借：拆入资金——农业银行户	10 000 000	
利息支出	50 000	
贷：存放中央银行款项		10 050 000

农业银行：

借：存放中央银行款项	10 050 000	
贷：拆出资金——工商银行户		10 000 000
利息收入		50 000

思考练习题

一、重要概念

金融机构往来　财政性存款　一般性存款　再贷款　再贴现　同业存款

同业拆借

二、思考题

1. 商业银行与中央银行往来的业务包括哪些内容?
2. 商业银行之间往来的业务包括哪些内容?
3. 商业银行缴存财政性存款与一般性存款有什么不同?
4. 结合上一章内容,总结商业银行汇划款项的途径有哪些,各适用于什么情况?
5. 大额支付系统的业务流程是怎样的?
6. 大额支付系统和小额支付系统有什么不同?
7. 同城票据交换的基本原理和基本流程是什么?
8. 同业拆借主要有哪些规定?

三、单项选择题

1. "系统内存放款项"科目属于(　　)类科目。
   A. 资产　　　　　B. 负债　　　　　C. 资产负债共同　　　D. 所有者权益
2. 某商业银行缴存财政性存款,本旬的财政性存款余额为 1 540 万元,上旬缴存财政性存款余额为 1 516 万元,则本旬缴存财政性存款应(　　)。
   A. 不做调整　　　B. 调减 24 万元　　C. 调增 24 万元　　　D. 按比例调增
3. "存放同业款项"科目属于(　　)类科目。
   A. 资产　　　　　B. 负债　　　　　C. 资产负债共同　　　D. 所有者权益
4. 商业银行向中国人民银行提取现金,会导致其(　　)。
   A. 资产总额增加　B. 资产总额减少　　C. 资产总额不变　　　D. 库存现金减少
5. 某工行因结算需求,在当地某建行开设了结算性存款账户,则建行应采用(　　)科目进行核算。
   A. 存放同业款项　B. 存放系统内款项　C. 同业存放款项　　　D. 系统内存放款项
6. 某银行本旬的一般性存款余额为 20 亿元,上旬"缴存中央银行一般性存款"余额为 3 亿元。假定法定存款准备金率为 12%,则本旬向中央银行缴存一般性存款时应(　　)。
   A. 调增 17 亿元　B. 调减 17 亿元　　C. 调增 0.6 亿元　　　D. 调减 0.6 亿元
7. 下列属于商业银行应缴存法定准备金的一般存款是(　　)。
   A. 中央预算收入
   B. 地方金库款
   C. 代理发行国债款(抵减代理兑付国债款)
   D. 财政预算外存款
8. 商业银行向中国人民银行办理再贴现业务时,应使用的会计科目是(　　)。
   A. 贴现资产　　　　　　　　　　　　　B. 贴现负债

C. 向中央银行借款　　　　　　　D. 拆入资金
9. 小额支付系统普通贷记业务的最大汇款金额不超过（　　）。
   A. 20 000 元　　B. 50 000 元　　C. 10 000 元　　D. 5 000 元
10. 中国银行广州市分行越秀区支行 8 月 11 日参加同城票据交换，提出借方票据金额 105 万元，提出贷方票据金额 91 万元，提入借方票据金额 128 万元，提入贷方票据金额 83 万元，则会计上对本场交换差额列账应为（　　）。
    A. 借记存放中央银行款项 59 万元　　B. 贷记存放中央银行款项 59 万元
    C. 借记存放中央银行款项 31 万元　　D. 贷记存放中央银行款项 31 万元

四、多项选择题

1. 小额批量支付系统主要处理同城和异地纸凭证截留的借记支付业务和小额贷记支付业务，主要业务范围包括（　　）。
   A. 普通贷记业务　　B. 定期贷记业务　　C. 普通借记业务　　D. 定期借记业务
2. 商业银行在中央银行开立存款准备金账户，可以办理下列（　　）业务。
   A. 存取现金　　B. 资金清算　　C. 缴存准备金　　D. 融资
3. 商业银行向中国人民银行缴存一般性存款的范围包括（　　）。
   A. 企业存款　　B. 储蓄存款　　C. 代理发行国债存款　　D. 机关团体存款
4. 商业银行资金短缺时，可以通过以下（　　）渠道进行融资。
   A. 向中央银行提取现金　　　　　　B. 再贴现
   C. 同业拆借　　　　　　　　　　　D. 再贷款
5. 下列属于商业银行往来业务的是（　　）。
   A. 同城票据交换及清算　　　　　　B. 异地跨系统汇划款相互转汇
   C. 同业拆借及转贴现　　　　　　　D. 缴存存款准备金
6. 商业银行交换的下列票据，属于应收票据的有（　　）。
   A. 提出交换的借方票据　　　　　　B. 提出交换的贷方票据
   C. 提入的借方票据　　　　　　　　D. 提入的贷方票据

五、判断题

1. 商业银行在办理缴存款业务时，财政性存款和一般性存款的缴存时间、缴存范围及缴存比例均相同。　　　　　　　　　　　　　　　　　　　　　　　　（　　）
2. 商业银行拆入的资金，可以用于弥补清算资金不足、临时性周转和投资等。
   　　　　　　　　　　　　　　　　　　　　　　　　　　　　　　　　（　　）
3. 各商业银行相互拆借资金，应通过中国人民银行存款账户，不可以相互直接拆借资金。　　　　　　　　　　　　　　　　　　　　　　　　　　　　　（　　）
4. 商业银行在中国人民银行的准备金存款账户，从商业银行看，属于资产性质；从人民银行看，属于负债性质。　　　　　　　　　　　　　　　　　　　（　　）

5. 通过大额实时支付系统汇划款项时，由发报经办行直接向收报经办行实时发送信息即可完成支付。   (   )

六、核算题

1. 某工商银行于4月发生如下业务，请据以编制会计分录：
   （1）2日，持已贴现尚未到期的异地银行承兑汇票向当地中国人民银行申请回购式贴现，汇票面额为600 000元，到期日为5月24日，再贴现率为5%。5月24日，该行收到同系统行划回票款，办理票据终止核算。（结果保留整数位）
   （2）6日，将超过本日库存限额的700 000元现金缴存当地人民银行。
   （3）11日，办理本行上旬的缴存款。存款余额显示：上旬末一般性存款余额为9 000万元，财政性存款余额为2 000万元；缴存一般性存款余额为800万元，缴存财政性存款余额为2 160万元。假定存款准备金率为10%。
   （4）18日，为客户A公司通过大额支付系统汇款1 500 000元，收款人为在异地建行开户的B公司。
   （5）20日归还当日到期的中国人民银行季节性贷款100万元，贷款期限为3个月，利率为3%。

2. 根据以下资料编制会计分录（包括清算票据差额）：
   （1）6月7日，某农业银行在当日最后一次同城票据交换中，与某建设银行之间的票据交换情况如下（下列活动均为农业银行进行）：
   　　提出转账支票12张、银行本票1张、委托收款银行承兑汇票1份，共计金额85 000元（提出借方票据）；提出进账单4张，共计金额23 000元（提出贷方票据）；提入转账支票7张，共计金额141 000元（提入借方票据）；提入进账单2张，共计金额9 000元（提入贷方票据）。其中，在提入的7张转账支票中，一笔金额为21 000的支票发生透支。
   （2）6月8日，在当日第一次同城票据交换中，提出昨日退票；同时收到建设银行昨日转账支票退票，金额为5 000元，退票理由是出票日期书写有涂改。

3. 9月2日，光大银行因资金临时周转困难，向建设银行拆借资金2 000 000元，期限15天，利率10%，到期日光大银行归还本息。请做出两家银行拆借与归还时的会计分录。

4. 北京市农业银行收到A银行北京市分行的转汇凭证，要求转汇给乌鲁木齐市农行的开户单位甲公司，金额为8 000元。渤海银行北京市分行在北京市农业银行开立有结算存款账户。请做出三家银行的会计分录。

第九章 • Chapter 9

外汇业务

学习目标

1. 了解外汇与汇率的概念及分类
2. 理解外汇分账制与外汇统账制
3. 理解货币兑换科目,掌握结汇、售汇与套汇的核算
4. 了解外汇存款的种类,掌握外汇存款业务的核算
5. 了解外汇贷款的分类和特点,掌握外汇贷款业务的核算
6. 掌握信用证、托收、汇款三种结算方式的概念、结算流程与核算
7. 了解进出口押汇、打包贷款和福费廷等贸易融资的核算

第一节 外汇业务概述

一、外汇与汇率

(一)外汇的概念及其分类

外汇是指以外国货币表示的用于国际结算的各种支付手段。外汇包括:外国现钞,如现钞、铸币;外币支付凭证或者支付工具,如票据、银行存款凭证、银行卡等;外币有价证券,如债券、股票等;特殊债权,如协定外汇、特别提款权;其他外汇资产等。

外汇可按不同的标准进行分类。

1. 现汇和现钞

按照外汇的形态,可分为现汇和现钞。现钞是指各种外币钞票、铸币等。现汇

又称转账外汇，是国际汇兑和国际非现金结算中用以清偿国际债权债务的外汇。

2. 贸易外汇和非贸易外汇

按外汇的来源和用途，可分为贸易外汇和非贸易外汇。贸易外汇是一国进出口贸易所收付的外汇及与进出口贸易有关的从属费用外汇，如货款、运输费、保险费、佣金、广告费等，是企业外汇收入的重要来源。非贸易外汇是一国进出口贸易以外所收付的各项外汇，如侨汇、旅游、航运、邮电、海关、银行、对外承包工程等收入和支出的外汇，以及图书、电影、邮票、代理及服务、个人和团体（与贸易无关的团体）出国差旅费等收支。

3. 即期外汇和远期外汇

按照外汇交易交割期的不同，可分为即期外汇和远期外汇。即期外汇是指即期收付的外汇，一般即期外汇交易的成交双方在两个营业日内办理交割。远期外汇是指银行同业间预先签订合同，商定外汇买卖数量、汇率和期限，到约定日期进行交割而收付的外汇。交割期限一般为 1～6 个月，最长不超过 1 年。

4. 自由外汇和记账外汇

按照外汇能否自由兑换，可分为自由外汇和记账外汇。自由外汇，即现汇，是指不需要货币发行国当局批准，可以自由兑换成其他货币，或者是可以向第三者办理支付的外国货币及其支付手段。自由外汇可以自由转移、调拨、兑换、支付、使用。记账外汇是指根据两国政府间签订的有关贸易支付协定或贸易协议书所开立的清算账户下的外汇。此种外汇不能兑换成其他货币，也不能支付给第三国，只能用于支付缔约国之间的贸易货款、从属费用和缔约国双方政府同意的其他款项。

（二）汇率的概念及其分类

1. 汇率的概念

外汇是可以自由兑换的资产，也是国际债权债务清算的重要支付手段。国际债权债务的清算必然需要将一国货币按照一定的外汇汇率兑换成债权人所需的另一国货币。以一种货币单位表示另一种货币单位的价格，即称为外汇汇率，又叫作外汇比价。

汇率的标示方法，按照国际上的做法分为直接标价法和间接标价法两种。

直接标价法是以一定单位的外国货币作为标准，折算为一定数额的本国货币。如果折成的本国货币数量增加了，则表示本国货币币值下降，外国货币币值上涨，即外汇汇率上升；反之，则表示本国货币币值上涨，外国货币币值下降，即外汇汇率下跌。世界上大多数国家都采用这种标价法。

间接标价法是以一定单位的本国货币为标准,折算为一定数额的外国货币。使用间接标价法时,如果折成外国货币的数量增加了,则表示外国货币币值下降,本国货币币值上涨,即外汇汇率下跌;反之,则表示外国货币币值上涨,本国货币币值下降,即外汇汇率上升。英国、美国外汇市场采用间接法标价法。

2. 汇率的分类

外汇汇率可以按照不同标准划分为不同种类。

(1)官方汇率和市场汇率。按照外汇管制的宽严,外汇汇率可以分为官方汇率和市场汇率两种。官方汇率是由国家外汇管理机构确定公布的,并以此为标准进行交易的汇率。市场汇率是由外汇的供求关系自发形成的汇率,又称为市场调节汇率。人民币汇率实行以市场供求为基础的、有管理的浮动汇率制度。

(2)买入汇率和卖出汇率。从商业银行买卖外汇的角度看,外汇汇率可以分为买入汇率和卖出汇率两种。以商业银行为主体,银行买入外汇时所使用的汇率为买入汇率,简称买价;银行卖出外汇时所使用的汇率为卖出汇率,简称卖价。买价和卖价间的差额体现为银行的收入。

(3)电汇汇率、信汇汇率和票汇汇率。按照交易凭证传递的方式,可以将汇率分为电汇汇率、信汇汇率和票汇汇率三种。电汇汇率是银行买卖外汇时用电报通知国外银行联行或代理行付款时所用的汇率。电汇付款时间较快,使外汇售出银行在国外存款利息减少,因此,电汇汇率一般较高。现在国际支付中绝大多数使用电汇方式,故电汇汇率为基础汇率。

信汇汇率是银行以信函通知国外代理行或国外联行付款时所用的汇率。由于邮程需要的时间比电汇所需时间长,银行售出外汇,把支付委托书邮寄国外,对方银行收到后才在存款账内支出,需要在汇率内扣除邮程的利息,故汇率比电汇汇率低。

票汇汇率是银行买卖外汇汇票时使用的汇率。由于汇票卖出到外汇支付有一段间隔时间,银行在这段时间可以运用所卖出的外汇资金进行其他活动。因此,票汇汇率也比电汇汇率低。

(4)即期汇率和远期汇率。按照外汇买卖交割期不同,可以将汇率分为即期汇率和远期汇率两种。即期汇率是指在买卖成交后当时或两个工作日内交割所使用的汇率;远期汇率是指由外汇买卖双方通过协商,达成协议签订合约,预定在将来某一约定日期,按照约定汇率进行交割所使用的汇率。

二、外汇业务会计核算的记账方法

(一)外汇统账制

所谓外汇统账制,又称本位币记账法,是指以本国货币为记账本位币,各种外国货币均按照一定的汇率分别折合为本国货币再行记账的一种方法。

在外汇统账制下，所有外汇业务均按当时市场汇率或按固定汇率折合成本币直接记账，所以只需设立一种账簿，记账手续比较简单。我国一般工商企业通常采用外汇统账制。外汇统账制的缺点是如果外汇汇率变动较大，会导致会计核算中所反映的各种外币记账价值，与各外币的实际价值不符；同时，也不能反映各种外币的存、欠增减变动情况，不便于外汇资金的调拨运用与管理。尤其当前各国普遍实行浮动汇率制，在国际金融市场汇率波动大且频繁的情况下，这种记账方法不利于真实反映相关外币事项的实际价值。

（二）外汇分账制

外汇分账制又称原币记账法，是指在外汇业务发生时，对有关外币的账务，从填制凭证、登记账簿到编制报表，都直接以外币核算，各种外币都自成一套独立的账务系统，互不混淆。银行等金融企业由于外币交易频繁，涉及外币币种业务较多，通常采用外汇分账制进行核算。外汇分账制的核算要求如下。

1.按照币种分别建立独立的账务系统

在外汇资金核算中，银行应当将本币和外币严格分开设置账户。一般按照经营的主要外汇币种分别设置外汇账户、填制外币凭证、登记账簿、编制报表，形成独立的外币账务体系，以反映各种外币的交易及头寸。

2.严格区分自由外汇和记账外汇

由于自由外汇与记账外汇的清算方式不同、汇率不同、使用范围不同。因此，为了准确反映外汇资金的实际周转和存储情况，即便是同一种货币，也必须将两种外汇严格区分，分账核算。

3.设置"货币兑换"科目

在外汇核算过程中，当涉及两种不同种类货币的交易时，须通过"货币兑换"科目作为平衡两个账户的桥梁，使其各自保持账务系统的完整性和独立性。

4.资产负债表日编制各种货币合并报表

资产负债表日，为了全面反映本币和外币的资产负债情况，商业银行应将按原币反映的各种分账货币分别按货币性项目和非货币性项目折算为本币，与本币报表的相同科目对口合并。具体来说，货币性项目按资产负债表日即期汇率折算，非货币性项目按交易日即期汇率折算，产生的汇兑差额计入当期损益。

第二节 货币兑换业务

一、货币兑换业务核算的主要科目

货币兑换是按照一定汇价,将一种货币兑换成另一种货币的交易行为。在银行日常业务中主要反映为售汇、结汇、套汇和银行自营或代客买卖外汇。在外汇分账制下,特有的科目主要是"货币兑换"和"汇兑损益"等。

(一)"货币兑换"科目

"货币兑换"是外汇分账制下的一个特定科目,属于资产负债共同类科目。在银行办理外汇交易业务账务处理中发挥桥梁和平衡作用。

1. 货币兑换的主要账务处理

在外汇分账制下,买入外汇时以原币记入该科目的贷方,相应的人民币金额记入该科目的借方;卖出外汇时以原币记入该科目的借方,相应的人民币金额记入该科目的贷方。

(1)发生的外币交易涉及货币性项目和非货币性项目的,按相应外币金额同时记入货币性项目和"货币兑换"科目,同时,按当日即期汇率折算的记账本位币金额,记入非货币性项目和"货币兑换"科目(记账本位币)。

(2)发生的外币交易仅涉及货币性项目的,按相应外币金额记入货币性项目,不需要通过"货币兑换"科目核算;如果涉及两种以上外币,按相同币种金额记入相应货币性项目和"货币兑换"科目。

(3)期末,应将所有以外币表示的"货币兑换"科目余额按期末汇率折算为记账本位币金额,并与"货币兑换"科目(记账本位币)余额相比较,其差额转入"汇兑损益"科目:如为借方差额,借记"汇兑损益"科目,贷记"货币兑换"科目(记账本位币);如为贷方差额,借记"货币兑换"科目(记账本位币),贷记"汇兑损益"科目。

(4)"货币兑换"科目期末无余额。

2. "货币兑换"账簿的设置

"货币兑换"科目按币种设置分户账和总账。

(1)"货币兑换"科目分户账是具有特定格式的账簿,本币和相应的外币交易在同一账页中反映。账簿格式由买入、卖出、结余三栏组成,买入、卖出栏分别由外币、牌价和本币三栏组成。买入栏外币为贷方，本币为借方；卖出栏外币为借方，本币为贷方。结余栏则设借或贷外币，借或贷本币两栏。其格式如图9-1所示。

表中：买入外币（贷方）× 汇价 = 本币借方；卖出外币（借方）× 汇价 = 本币贷方。如果买入外币数大于卖出外币数，则外币结余应为贷方余额（多头）；反之，则为借方余额（空头）。相应地，本币方的记录与外币相反。由于货币兑换传票是套写传票，外币联与人民币联内容相同，所以记账时可以凭外币"货币兑换"科目传票记账。

×××行

货币兑换科目账

货币：USD

年		摘要	买入			卖出			结余			
			外币	汇价	本币	外币	汇价	本币	外币		本币	
月	日		(贷)		(借)	(借)		(贷)	借	贷	借	贷
										6 000	36 720	

图9-1　货币兑换科目分户账示例

（2）"货币兑换"科目总账用一般总账格式，按各币种分别设置。营业终了时，根据各个币种的"货币兑换"科目日结单借方、贷方发生额填记，然后根据上日余额加减本日发生额分别计算出本日余额，计入余额栏。

(二)"汇兑损益"科目

"汇兑损益"是损益类科目，核算银行发生外币交易因汇率变动而产生的损益：借方反映因汇率变动而产生的汇兑损失，贷方反映因汇率变动而产生的汇兑收益，期末具体处理见"货币兑换"科目。该科目期末应无余额。

银行货币兑换业务包括结汇、售汇、套汇和银行自营或代客买卖外汇，可分为现钞与转账业务，本节重点介绍外币现钞的买卖，转账业务的相关内容见外汇存贷款业务一节的介绍。

【例9-1】某银行于资产负债表日的美元货币兑换余额如图9-1所示。假定当日美元的即期汇率为USD 1.00=CNY 6.00，试结计货币兑换的损益。

$$6\ 000 \times 6 = 36\ 000$$

$$36\ 720-36\ 000=720$$

借：汇兑损益　　　　　　　　　　　　　　　　CNY720
　　贷：货币兑换　　　　　　　　　　　　　　　　　　CNY720

二、货币兑换业务的核算

（一）结汇

结汇是指外汇指定银行按公布的买入汇率买入企事业单位或个人外汇，并支付相应人民币的外汇业务。

单位或个人持外币前来银行要求兑换时，必须认真鉴别外币真伪。经鉴别符合买入条件的外币，银行应按当日现钞买价及买入金额填制一式两联的"货币兑换"传票。第二联盖章后退给客户，第一联作为银行编制"货币兑换"科目日结单和登记"货币兑换"科目分户账的依据。每日营业终了，根据"货币兑换"科目日结单登记总账。

1. 支付人民币现金

如客户要求将外币兑换成人民币现金，则会计分录为：

借：库存现金　　　　　　　　　　　　　　　　外币
　　贷：货币兑换——钞买价　　　　　　　　　　　　外币
借：货币兑换——钞买价　　　　　　　　　　　　人民币
　　贷：库存现金　　　　　　　　　　　　　　　　　人民币

2. 支付人民币存款

如客户要求将外币兑换成人民币存款，则会计分录为：

借：库存现金　　　　　　　　　　　　　　　　外币
　　贷：货币兑换——钞买价　　　　　　　　　　　　外币
借：货币兑换——钞买价　　　　　　　　　　　　人民币
　　贷：活期储蓄存款等　　　　　　　　　　　　　　人民币

（二）售汇

售汇是指外汇指定银行按公布的卖出汇率卖给企事业单位或个人外汇，并收取相应人民币的外汇业务。

凡属有外钞收兑牌价的外币，银行在符合有关条件下可办理外汇兑出。兑出外币时，要按当日外钞卖出价及卖出金额，填制一式两联的"货币兑换"传票。第二联盖章后交客户，第一联作为银行编制"货币兑换"科目日结单和登记分户账的依据。

1. 收取人民币现金

如客户要求将人民币现金购买外币，则会计分录为：

借：库存现金　　　　　　　　　　　　　　　　　　　　　　人民币
　贷：货币兑换——钞卖价　　　　　　　　　　　　　　　　人民币
借：货币兑换——钞卖价　　　　　　　　　　　　　　　　　外币
　贷：库存现金　　　　　　　　　　　　　　　　　　　　　外币

2. 收取人民币存款

如客户以银行存款向银行购买外币，则会计分录为：

借：活期储蓄存款等　　　　　　　　　　　　　　　　　　　人民币
　贷：货币兑换——钞卖价　　　　　　　　　　　　　　　　人民币
借：货币兑换——钞卖价　　　　　　　　　　　　　　　　　外币
　贷：库存现金　　　　　　　　　　　　　　　　　　　　　外币

（三）套汇

套汇是指外汇指定银行按公布的人民币汇率，将一种外币兑换成另一种外币的业务。银行的套汇业务，按照套汇的目的和方法不同分为经营性套汇业务和一般套汇业务。

经营性套汇业务是指商业银行自己或代客户对两种不同货币，在不同地点利用时差或暂时性汇率差异进行的外汇买卖。如中国香港外汇市场 GBP 1=USD 1.173 2，美国纽约外汇市场 GBP 1=USD 1.324 0。如果在香港外汇市场以 11 732 美元买进 10 000 英镑，然后在纽约外汇市场卖出，则可从中获利 1 508 美元（忽略交易税费）。该种套汇是以从中获取利润为目的。

一般套汇是银行因业务经营需要，以一种外币兑换成另一种外币而发生的外汇买卖。如客户在银行开立美元存款账户，而对外付款时需要用澳元支付，这就需要将美元套算成澳元对外偿付。这种套汇目的不是为了获利，而是为了国际债权债务的清算。过去，我国商业银行大多办理的是一般套汇业务。现在随着商业银行代理理财业务的开展，新的外汇理财产品的推出，经营性套汇业务日益增多。

一般套汇业务通常包括两种情况：一种是两种外币之间的套算，即一种外币兑换成另一种外币，须买入一种外币，按买入价折成人民币数额，然后按卖出价把人民币数额折算为另一种外币；二是同种货币钞兑汇或汇兑钞，这是因为现钞和现汇有不同的汇率。

【例9-2】某公司持港币现钞要求换取120美元。当日美元钞卖价为：USD 100=CNY 613.57；港币钞买价 USD 100=CNY 78.16。

所需港币金额=（120×6.135 7）÷0.781 6=HKD 942.02，会计分录为：

借：库存现金　　　　　　　　　　　　　HKD 942.02
　　贷：货币兑换——钞买价（0.781 6）　　　　　　　HKD 942.02
借：货币兑换　　　　　　　　　　　　　CNY 736.28
　　贷：货币兑换　　　　　　　　　　　　　　　　　CNY 736.28
借：货币兑换——钞卖价（6.135 7）　　　USD120
　　贷：库存现金　　　　　　　　　　　　　　　　　USD120

【例9-3】某公司要求将其收到的汇款USD60 000存入在银行开立的英镑存款账户。当日牌价为：美元汇买价USD100=CNY 611.13；英镑汇卖价GBP 100=CNY 963.22。

英镑存款金额=（60 000×6.111 3）÷9.632 2=GBP 38 067.94，会计分录为：

借：汇入汇款　　　　　　　　　　　　　USD60 000
　　贷：货币兑换——汇买价（6.111 3）　　　　　　　USD60 000
借：货币兑换　　　　　　　　　　　　　CNY 366 678
　　贷：货币兑换　　　　　　　　　　　　　　　　　CNY 366 678
借：货币兑换——汇卖价（9.632 2）　　　GBP 38 067.94
　　贷：外汇活期存款　　　　　　　　　　　　　　　GBP 38 067.94

【例9-4】某公司持美元现钞USD10 000，要求汇往纽约。当日美元钞买价为：USD100=CNY 606.23；美元汇卖价为：USD100=CNY 613.57。会计分录为：

借：库存现金　　　　　　　　　　　　　USD10 000
　　贷：货币兑换——钞买价（6.062 3）　　　　　　　USD10 000
借：货币兑换　　　　　　　　　　　　　CNY 60 623
　　贷：货币兑换　　　　　　　　　　　　　　　　　CNY 60 623
借：货币兑换——汇卖价（6.135 7）　　　USD9 880.37
　　贷：汇出汇款　　　　　　　　　　　　　　　　　USD9 880.37

第三节　外汇存贷款业务

一、外汇存款业务的核算

（一）外汇存款的种类

外汇存款是单位或个人将其外汇资金（国外汇入汇款、外币以及其他外币票据等) 存入银行, 并随时或约期支取的一种业务。

外汇存款按存款对象, 可分为单位外汇存款和个人外汇存款; 按存入资金形态, 可分为现汇存款和现钞存款; 按存款期限, 可分为定期存款和活期存款; 按存取方式可分为支票户存款和存折户存款。但外汇存款一般按存款对象和管理要求不同做如下分类:

1. 甲种外汇存款

甲种外汇存款的主要对象为: 各国驻华外交代表机构、领事机构、商务机构, 驻华的国际组织机构和民间机构; 在中国境外 (包括港澳地区) 的中外企业、团体; 在中国境内的机关、团体、学校、国有企事业单位、城乡集体经济组织; 在中国境内的外商投资企业。甲种存款的存款外汇币种有美元、英镑、欧元、日元、港币等, 其中定期存款起存金额不低于人民币 1 万元的等值外汇, 存期分为 1 个月、3 个月、6 个月、1 年、2 年 5 个档次; 活期存款起存金额不低于人民币 1 000 元的等值外汇。

2. 乙种外汇存款

乙种外汇存款的主要对象为: 居住在国外或我国港澳地区的外国人、外籍华人、港澳同胞、短期来华者以及居住在中国境内的驻华使馆、驻华代表机构外籍人员、外国专家学者、海外留学生、实习生等, 还有按国家规定有个人留成外汇的中国人等。其存款外汇币种包括美元、英镑、欧元、港币。定期存款起存金额不低于人民币 500 元等值外汇, 存期分 1 个月、3 个月、6 个月、1 年、2 年五个档次; 活期存款起存金额不低于人民币 100 元的等值外汇。

3. 丙种外汇存款

丙种外汇存款的主要对象为: 中国境内的居民, 包括归侨、侨眷、港澳台胞的亲属, 其存款外汇币种有美元、港币, 起存金额及定期存款的存期与乙种外汇存款相同。丙种外币现钞户一般不准汇往国外。

甲种外汇存款为单位存款, 乙种和丙种存款为个人外汇存款。甲种存款一般只有现汇户, 没有现钞户。乙种和丙种存款既有现汇账户又有现钞账户。甲、乙、丙三种存款又均可分为定期存款和活期存款。

(二) 外汇存款业务的核算

1. 外汇活期存款的核算

外汇活期存款的核算包括单位外汇活期存款和个人外汇活期存款的核算。单位或个人在银行办理存取款, 必须先在银行开户, 即向银行提出开户申请, 填具开户申请书，经银行审核批准后，才能开户，办理存取款。单位申请开立外汇存款账户必须持有关证明文件；个人申请开立外汇存款账户必须提供个人有关证件，如护照、身份证等。开户银行对单位或个人交来的有关证件进行审查，若合格，即为其办理开户手续。单位外汇活期存款核算使用"单位外汇活期存款"科目，个人外汇活期存款核算使用"个人外汇活期存款"科目。

（1）存入款项。由于外汇存款账户分为现汇户和现钞户，因而存款核算按照账户和存入的资金形态不同，其处理办法略有不同。

1）存款人以外币现钞存入。若存款人是单位，银行必须将现钞折算为现汇，记入单位的现汇账户，即进行套汇处理。单位存入外币现钞时，应填制一式两联进账单，银行审查合格后，在第一联上加盖印鉴后，退回单位，凭第二联进账单办理转账，同时通过"货币兑换"科目进账。会计分录为：

　　借：库存现金　　　　　　　　　　　　　　　　　　　外币
　　　　贷：货币兑换——钞买价　　　　　　　　　　　　外币
　　借：货币兑换　　　　　　　　　　　　　　　　　　　人民币
　　　　贷：货币兑换　　　　　　　　　　　　　　　　　人民币
　　借：货币兑换——汇卖价　　　　　　　　　　　　　　外币
　　　　贷：单位外汇活期存款——××现汇户　　　　　　外币

若存款人是个人，持可自由兑换现钞存入现钞户时，应填写存款凭条办理存款，会计分录为：

　　借：现金　　　　　　　　　　　　　　　　　　　　　外币
　　　　贷：个人外汇活期存款——××现钞户　　　　　　外币

2）存款人以转账方式存入。银行收到国外或国内港澳地区汇入的收妥汇款票据或国内联行划来的款项时，属于现汇资金以转账方式存入。银行凭有关结算凭证及送款单（或个人用存款凭条）办理存款。会计分录为：

　　借：汇入汇款（或其他科目）　　　　　　　　　　　　外币
　　　　贷：单位外汇活期存款（或个人外汇活期存款）——××现汇户　外币

（2）支取款项。根据客户存款账户的性质不同，提取现钞和现汇的核算办法也有不同。

1）支取现钞。对于现钞存款户，在提取现钞时，银行可以按照客户提取的现金金额，直接从该存款账户转出即可。会计分录为：

　　借：个人外汇活期存款——××现钞户　　　　　　　　外币
　　　　贷：现金　　　　　　　　　　　　　　　　　　　外币

对于现汇存款户，在提取现金时，银行应通过汇买钞卖进行处理。银行在收到单位或个人交来的取款凭证并审查合格后，即可办理外币现钞的取款手续。会计分录为：

借：单位外汇活期存款（或个人外汇活期存款——××现汇户）外币
　　贷：货币兑换——汇买价　　　　　　　　　　　　　　　　外币
借：货币兑换　　　　　　　　　　　　　　　　　　　　　　　人民币
　　贷：货币兑换　　　　　　　　　　　　　　　　　　　　　人民币
借：货币兑换——钞卖价　　　　　　　　　　　　　　　　　　外币
　　贷：库存现金　　　　　　　　　　　　　　　　　　　　　外币

2）支取存款汇往国外或国内港澳地区。单位或个人（现汇户）若要求将外币存款汇往境外，则另须填写汇款凭证，银行依据汇款凭证和取款凭条办理取款和汇款手续。会计分录为：

借：单位外汇活期存款（个人外汇活期存款——××现汇户）外币
　　贷：汇出汇款　　　　　　　　　　　　　　　　　　　　　外币

【例9-5】英国某外资企业在A银行开立英镑现汇账户，该企业提示现金支票，要求提取现金5 000英镑用于支付员工差旅费。当日的汇率为：

中间价	钞买价	汇买价	钞/汇卖价
964.110 0	930.730 0	960.370 0	967.110 0

银行的会计分录为：
借：单位外汇活期存款　　　　　GBP5 035.09
　　贷：货币兑换——汇买价　　　　　　　　　　　GBP5 035.09
借：货币兑换　　　　　　　　　CNY48 355.50
　　贷：货币兑换　　　　　　　　　　　　　　　　CNY48 355.50
借：货币兑换——钞卖价　　　　GBP5 000
　　贷：库存现金　　　　　　　　　　　　　　　　GBP5 000

2. 外币定期存款的核算

外汇定期存款是存款人一次存入，约定期限，到期一次支取本息的外汇资金。它包括单位外汇定期存款和个人外汇定期存款，分别通过"单位外汇定期存款""个人外汇定期存款"科目核算。

（1）存入款项。外汇定期存款是一种一次性存取的存款。因此，单位或个人申请开立外汇定期存款户时，凡由其他存款账户转入或汇入的资金，银行可按单位或个人要求办理开户手续，用"单位外汇定期存款"或"个人外汇定期存款——现汇户"核算。会计分录为：

借：单位外汇活期存款（或汇入汇款或其他科目）　　　　　　外币
　　贷：单位外汇定期存款（或个人外汇定期存款）——××现汇户　外币

（2）支取款项。单位外汇定期存款金额较大，因而一般不能提取现钞，只能转账或办理汇款。个人定期存款可以提取现钞。提取现钞的会计分录为：

借：个人外汇定期存款——××现钞户　　　　　　　　　　外币
　　贷：库存现金　　　　　　　　　　　　　　　　　　　　　外币

3. 外汇存款的利息计算

外汇存款利息的核算与人民币存款利息的核算手续和办法均相同。

二、外汇贷款业务的核算

（一）外汇贷款的分类

1. 按照贷款期限

按照贷款期限，可将外汇贷款分为短期外汇贷款和中长期外汇贷款。

短期外汇贷款是指贷款期限一般在1年以内（含1年）的外汇贷款。贸易融资是短期外汇贷款的主要形式，如打包贷款、进出口押汇、票据融资等。中长期外汇贷款是指贷款期限在1年以上的外汇贷款，一般1～3年期的贷款为中期外汇贷款，3年以上的为长期外汇贷款。

2. 按照贷款利率形式

按照外汇贷款利率形式，可将外汇贷款分为浮动利率贷款、固定利率贷款和优惠利率贷款等。

3. 按照贷款性质

按照外汇贷款的性质，可将外汇贷款分为外汇固定资金贷款和外汇流动资金贷款。

4. 按照贷款发放方式

按照外汇贷款发放方式，可将外汇贷款分为外汇信用贷款、外汇担保贷款和外汇保证贷款。

5. 按照资金来源

按照资金来源划分，可将外汇贷款分为现汇贷款、买方信贷款、银团贷款等。

（二）外汇贷款的特点

1. 借外汇还外汇，借什么货币还什么货币

无论是单位还是个人从银行获取外汇借款，都必须具有外汇偿还能力。同时，借款人归还的货币种类应与其借款货币种类相同。

2. 收取原币利息

商业银行计收外汇贷款利息时，应该将借款人存款币种折算为与借款货币相同的币种扣收。

(三) 外汇贷款的核算

1. 现汇贷款

现汇贷款，是银行以自行筹集的外汇资金发放的贷款。贷款的币种有美元、英镑、欧元、港币等多种货币。贷款期限一般有 1 个月、3 个月、6 个月、1 年、2 年、3 年。本节以短期外汇贷款为例，简述现汇贷款的会计核算。

（1）贷款的发放。贷款发放应由借款单位向银行提出申请，填具借款申请书。经银行审批同意后，与银行订立借款契约，据以开立"短期外汇贷款"账户，并区别不同情况办理发放手续。

1）贷款直接转入借款单位的外汇存款账户时，会计分录为：

借：短期外汇贷款——××户　　　　　　　　　　　　外币
　　贷：单位外汇活期存款　　　　　　　　　　　　　　外币

2）直接使用贷款对外付汇时，会计分录为：

借：短期外汇贷款——××户　　　　　　　　　　　　外币
　　贷：存放国外同业（或其他科目）　　　　　　　　　外币

3）以非贷款货币对外付汇时，通过"货币兑换"科目按套汇处理。

【例 9-6】丙公司向 A 银行申请港币短期贷款 500 000 元，以备对外支付货款。银行经审查同意后，为其办理发放贷款手续。会计分录为：

借：短期外汇贷款——丙公司　　　　　HKD 500 000
　　贷：单位外汇活期存款——丙公司现汇户　　　　　HKD 500 000

（2）贷款的计息。现汇贷款的利率可以是浮动利率、固定利率或优惠利率，按双方约定的时间或按季计算利息。按照合同约定，利息可以转为贷款本金或从借款人本外币账户扣划。会计分录为：

借：短期外汇贷款/单位外汇活期存款　　　　　　　　　外币
　　贷：利息收入　　　　　　　　　　　　　　　　　　外币

（3）贷款的收回。贷款到期，借款人可以用自由外汇偿还或以人民币资金购汇归还本息。当借款人以与借款货币相同的自由外汇偿还时，无须货币兑换的处理；其他情况则需要经过货币兑换的处理。

【例 9-7】甲公司于 5 月 9 日向 A 银行申请短期贷款 100 000 美元，期限半年，按季计息,利率为3个月期浮动利率。贷款用以支付甲公司向澳大利亚某公司的澳元货款。银行审查同意后,为其办理发放贷款手续,并于当日通过国外银行在 A 银行开立的账户直接对外支付货款。浮动利率情况为:5月9日5%,8月9日4%,5月9日的汇率如下表所示。假定甲公司在银行开立美元现汇账户。

货币名称	现汇买入价	现钞买入价	现汇卖出价	现钞卖出价
澳元	520.92	504.85	524.58	524.58
美元	612.97	608.06	615.43	615.43

银行的会计分录为:

(1)5月9日,发放并支付贷款。

借:短期外汇贷款——甲公司　　　　USD100 000
　贷:货币兑换　　　　　　　　　　　　　　　　USD100 000
借:货币兑换　　　　　　　　　　　CNY612 970
　贷:货币兑换　　　　　　　　　　　　　　　　CNY612 970
借:货币兑换　　　　　　　　　　　AUD116 849.67
　贷:国外同业存款　　　　　　　　　　　　　　AUD116 849.67

(2)6月20日计息,会计分录为:

$$100\ 000 \times 43\ 天 \times 5\% \div 360 = 597.22$$

借:单位外汇活期存款——甲公司　　USD597.22
　贷:利息收入　　　　　　　　　　　　　　　　USD597.22

(3)9月20日计息,会计分录为:

$$100\ 000 \times 49\ 天 \times 5\% \div 360 + 100\ 000 \times 43\ 天 \times 4\% \div 360 = USD1\ 158.34$$

借:单位外汇活期存款——甲公司　　USD1 158.34
　贷:利息收入　　　　　　　　　　　　　　　　USD1 158.34

(4)11月9日,收回贷款,会计分录为:

$$100\ 000 \times 49\ 天 \times 4\% \div 360 = USD544.44$$

借:单位外汇活期存款——甲公司　　USD100 544.44
　贷:短期外汇贷款——甲公司　　　　　　　　　USD100 000
　　　利息收入　　　　　　　　　　　　　　　　USD544.44

2. 买方信贷外汇贷款

买方信贷是一种出口信贷。它是出口国为了支持本国的商品出口,由出口国银行直接向买方或买方银行提供的贷款,以便于买方利用这项贷款向出口国购买技术和设备,并支付相关费用。买方信贷具有贷款期限较长、利率较低等特点,也是发展中国家利用外资的重要形式之一。

买方信贷分为出口买方信贷和进口买方信贷两种。我国商业银行办理的进口买方信贷,是指以我国银行作为进口国银行从出口国银行取得资金,并按需要转贷给进口单位使用的信贷。买方信贷款的使用有一定的条件限制:①该种贷款只能用于向提供买方信贷的国家购买资本性商品、技术及其相关的商品或劳务;②使用买方信贷必须经过出口国政府的批准,签订贸易合同和贷款合同;③买方信贷的每一笔合同金额均不能低于协议商定的最低金额;④买方信贷只提供合同总额一定比例的资金,其余则应以定金形式支付现汇,支付定金之后才能使用贷款,分期按等分金额每半年还本付息一次。进出口双方在签订商业合同时,进口国银行要与提供买方信贷的出口国银行签订买方信贷协议。目前,我国买方信贷项下向国外银行的借入款,是由各商业银行总行集中开户,并由总行负责偿还借入的本息。各地分行负责向使用贷款的单位发放买方信贷外汇贷款,并负责按期收回贷款的本息。

买方信贷款核算主要通过"借入买方信贷款"科目和"买方信贷外汇贷款"科目核算。

"借入买方信贷款"属于负债类科目,用于反映商业银行买方信贷款的获取和偿还情况,其贷方反映借入款的增加数,借方反映借入款的减少数,余额在贷方,表示尚未归还国外银行的借款金额。该科目一般由总行使用。

"买方信贷外汇贷款"属于资产类科目,用于反映商业银行将获得的买方信贷款进行发放和收回的情况,该科目借方反映买方信贷款的发放数,贷方反映买方信贷款的收回数,余额在借方,表示商业银行尚未收回的买方信贷款金额。

买方信贷款核算的基本程序主要包括:对外签订信贷协议,支付定金,使用贷款,贷款本息的偿还。

(1)对外签订信贷协议。各商业银行总行根据有关政策、法规等,统一对外谈判,签订买方信贷总协议,并通知各分行和有关部门。在总协议下的每个项目的具体信贷协议,由总行对外谈判签订,也可由总行授权分行谈判签订分协议。分协议签订后,均由总行使用"买方信贷用款限额"表外科目核算,并登记"买方信贷用款限额登记簿"。其会计分录如下:

  收入:买方信贷用款限额   外币

(2)支付定金。按照协议规定,在商业银行取得买方信贷款项以前必须先由买方信贷外汇贷款的使用单位向国外出口商支付定金。在定金支付后,商业银行才能从出口国取得买方信贷款,也才能向国内进口商发放该贷款。支付定金的一般会计分录为:

  借:单位外汇活期存款(或其他科目)——××现汇户 外币
   贷:存放国外同业(或其他科目)   外币

若单位没有外币对外支付,则可以向商业银行申请短期外汇贷款,并以获得的短期外汇贷款对外支付定金。

(3)使用贷款。使用贷款是指在进口单位支付了定金后,买方贷款协议生效。

在这一阶段，由出口国银行代向其国内出口商支付款项，同时意味着进口方商业银行取得了买方信贷款并向国内进口单位代发放了买方信贷款。这一阶段的核算会因进口单位是否与总行同在一地而有所不同。

若进口单位与总行同在一地，则由总行直接向进口商发放买方信贷款。其会计分录为：

借：买方信贷外汇贷款——×× 户　　　　　　　　　　　　　　外币
　　贷：借入买方信贷款——×× 户　　　　　　　　　　　　　　外币

因使用了买方信贷额度，所以按使用金额逐笔转销此表外科目。会计分录如下：

付出：买方信贷用款限额　　　　　　　　　　　　　　　　　　　外币

若进口单位与总行不在一地，则买方信贷款是由进口单位所在地分行发放，总行与分行之间的外汇资金划拨需要通过"全国联行外汇往来"核算。

（4）贷款本息的偿还。贷款到期，银行应按照借款契约规定计算借款利息，并及时收回贷款本息。买方信贷款是由总行统一对外偿还本息，对内本着谁贷款、谁负责收回的原则，因而贷款收回阶段的核算分为对外偿还贷款本息和对内收回贷款本息两个部分。若是总行对内发放的买方信贷款，则由总行负责收回贷款本息，这时总行对外偿还本息、对内收回贷款本息会计分录分别为：

借：借入买方信贷款——×× 户　　　　　　　　　　　　　　　外币
　　利息支出——买方信贷款利息支出　　　　　　　　　　　　　外币
　　贷：存放国外同业（或国外同业存款等）　　　　　　　　　　外币
借：单位外汇活期存款——×× 现汇户　　　　　　　　　　　　 外币
　　贷：买方信贷外汇贷款　　　　　　　　　　　　　　　　　　外币
　　　　利息收入——买方信贷款利息收入　　　　　　　　　　　外币

如果借款单位没有外汇，则需要通过汇卖处理，将人民币折算为借款货币归还贷款。

若是分行发放的买方信贷外汇贷款，则需要由分行负责收回，并通过全国联行外汇往来转入总行账户。

第四节　外汇结算业务

一、信用证结算方式

信用证（letter of credit）是一种银行有条件保证付款的凭证，是开证银行根据开证申请人（进口商）的要求和指示，向受益人（出口商）开立的具有一定金额，在一定期限内凭规定的单据付款或承兑汇票的书面承诺。

信用证有一定的融资担保功能,是国际贸易中最常见的结算方式,是较为安全的结算方式。其特点主要表现在以下三个方面。

一是信用证是一项独立的文件。信用证不依附于买卖合同,银行在审单时强调的是信用证与基础贸易相分离的书面形式上的认证。

二是信用证方式是纯单据业务。信用证是凭单付款,不以货物为准。只要满足单证一致、单单一致条件,开证行就应付款。

三是开证银行负首要付款责任。信用证是一种银行信用,它是银行的一种担保文件,开证银行对支付承担首要的付款责任。

(一)信用证项下进口业务的核算

信用证项下进口业务核算主要包括开立信用证、审单、付款三个基本环节。

1. 开立信用证

进口商与国外出口商签订贸易合同后,应在规定时间内,根据合同填写"开立信用证申请书",并连同有关材料一同交银行申请开立信用证。经银行审查同意,为其开立信用证,并根据不同情况收取开证保证金。会计分录为:

借:单位外汇活期存款——××现汇户　　　　　　　　外币
　　贷:存入保证金　　　　　　　　　　　　　　　　　外币

如果进口商以人民币缴纳保证金,则需要通过"货币兑换"科目进行汇卖处理。同时,通过或有资产、或有负债项目反映权责关系。会计分录为:

借:应收开出信用证款项　　　　　　　　　　　　　　外币
　　贷:应付开出信用证款项　　　　　　　　　　　　　外币

2. 审单

开证行收到国外议付行(出口方银行)寄来的单据后,应审查进口信用证项下单据是否与信用证规定的条款一致、单据之间是否一致,然后通知进口商。

3. 付款

经审核确认付款后,由开证行按信用证条款规定,办理付款或承兑。信用证按照付款期限,有即期信用证和远期信用证两种,开证行的处理也有所不同。

(1)即期信用证项下付款。根据进出口双方交易条件和支付方式的不同,即期信用证项下付款有单到国内审单付款、国外审单主动借记、国外审单电报索汇等多种方式。会计分录为:

借:应付开出信用证款项　　　　　　　　　　　　　　外币
　　贷:应收开出信用证款项　　　　　　　　　　　　　外币

借：存入保证金（或其他科目）　　　　　　　　　　　　　　外币
　　贷：存放国外同业（或其他科目）　　　　　　　　　　　　外币

若开证行不能直接向国外银行付款，则需通过"全国联行外汇往来"科目向上划转，通过与账户行有关系的银行将款项转交国外银行。

（2）远期信用证项下付款。远期信用证是进口单位为了获得远期支付货款的方便，由开证行向国外出口商提供银行担保，保证出口商提交远期跟单汇票时，在单证一致、单单一致情况下给予承兑，并在信用证到期时付款。其核算程序分为承兑汇票、汇票到期付款两个阶段。

1）承兑汇票。开证行收到国外议付行寄来的有关单据及受益人开出的以开证行为付款人的远期汇票时，审核无误后，承兑汇票。会计分录为：

借：应付开出信用证款项　　　　　　　　　　　　　　　　　外币
　　贷：应收开出信用证款项　　　　　　　　　　　　　　　　外币
借：应收承兑汇票款　　　　　　　　　　　　　　　　　　　　外币
　　贷：承兑汇票　　　　　　　　　　　　　　　　　　　　　外币

2）汇票到期付款。汇票到期，承兑行办理付款手续。会计分录为：

借：承兑汇票　　　　　　　　　　　　　　　　　　　　　　　外币
　　贷：应收承兑汇票款　　　　　　　　　　　　　　　　　　外币
借：存入保证金（或其他科目）　　　　　　　　　　　　　　　外币
　　贷：存放国外同业（或其他科目）　　　　　　　　　　　　外币

（二）信用证项下出口业务的核算

信用证项下出口业务核算主要包括受证与通知、审单议付、收款三个基本环节。

1. 受证与通知

信用证受证是指出口方银行受理信用证，即出口方银行收到开证银行寄来的信用证，审查合格后同意受理信用证并通知出口商。出口方收到通知后，应按照信用证及合同的要求备货出运。受证银行在这一环节没有发生资金收付，仅代表银行受理了该项业务，通常通过表外反映。其相关处理为：

收入：国外开来保证凭信　　　　　　　　　　　　　　　　　　外币

2. 审单议付

审单议付是出口方银行收到出口商提交的各种货运单据后，按照"单证一致，单单一致"的原则进行审单，审单合格后要求对方开证行付款的过程。由于信用证业务是一种单据的买卖，未来能否安全收汇完全取决于单据的质量，因此审单议付是议付行的关键环节。银行审单相符后的相关处理为：

付出：国外开来保证凭信　　　　　　　　　　　　　　　　　　　　外币
借：应收信用证出口款项　　　　　　　　　　　　　　　　　　　　外币
　贷：代收信用证出口款项　　　　　　　　　　　　　　　　　　　外币

同时，向进口方银行寄单索汇。

3. 收款

收款环节是出口方银行通过代理行往来或国外及国内港澳联行往来收取出口货款的过程。基本会计分录为：

借：代收信用证出口款项　　　　　　　　　　　　　　　　　　　　外币
　贷：应收信用证出口款项　　　　　　　　　　　　　　　　　　　外币
借：单位外汇活期存款——××现汇户　　　　　　　　　　　　　　外币
　贷：国内港澳及国外联行往来（或其他科目）　　　　　　　　　　外币

若出口单位需要向银行结汇，则通过"货币兑换"科目进行汇买处理。

信用证的结算流程如图 9-2 所示。

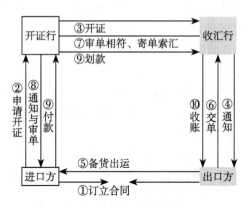

图 9-2　信用证的结算流程

【**例 9-8**】A 银行于 1 月 20 日收到荷兰某代理行开来的不可撤销信用证，金额为 500 000 美元，出口商为在本行开立美元外汇账户的东亭化工厂，开证申请人为荷兰某公司。A 银行于当日通知东亭化工厂。化工厂备货出运后，于 1 月 28 日送交银行相关单据及跟单汇票 500 000 美元，另银行按照合同向对方收取的议付、通信费等 1 000 美元。A 银行审单相符后，当日将单据寄出，3 月 5 日收到国外代理行发来的"已贷记"信息。A 银行相关业务处理如下：

（1）1 月 20 日收到信用证：

收入：国外开来保证凭信　　　　　　　　　　　　　　　　　USD 500 000

（2）1 月 28 日议付寄单：

付出：国外开来保证凭信	USD 500 000	
借：应收信用证出口款项	USD 501 000	
贷：代收信用证出口款项		USD 501 000

（3）3 月 5 日收款：

借：代收信用证出口款项	USD 501 000	
贷：应收信用证出口款项		USD 501 000
借：存放国外同业——ING 行	USD 501 000	
贷：单位外汇活期存款——化工厂现汇户		USD 500 000
手续费及佣金收入		USD 1 000

二、托收结算方式

托收（collection）是由债权人或收款人开立汇票或提供赎回凭据，委托银行向债务人收取款项的一种结算方式。托收业务包括出口托收和进口代收两个方面。出口托收是出口商根据贸易合同的规定，在货物发运后委托银行向国外进口商收取货款；进口代收是银行受国外行的委托，代向付款人（进口商）收取款项。托收和代收其实是同一笔贸易业务的两个方面，就出口方银行来讲为出口托收（托收行），就进口方银行来讲为进口代收（代收行）。

托收属于一种商业信用。在托收与代收结算中，委托人和托收行、托收行与代收行之间的关系均是委托代理关系。因此，银行不承担保证付款的责任，出口方能否收到货款，取决于进口方的信用。

根据汇票是否附有出口货物单证，托收可分为光票托收和跟单托收两种。光票托收是指汇票不附带货运单据的托收方式；跟单托收是指汇票连同所附货运单据一起交银行委托代收。跟单托收按交单的条件不同，分为付款交单和承兑交单两种。付款交单是指被委托的代收银行必须在进口商付清票款后，才能将货运单据交给进口商的一种方式；承兑交单是指被委托的代收银行于付款人承兑汇票后，将货运单据交给付款人，付款人在汇票到期时履行付款义务的一种方式。

（一）出口托收

出口托收的会计核算主要包括托收交单和受托结汇两个环节。

1. 托收交单

出口商根据贸易合同备妥出口托收单据，填写"无证出口托收申请书"，交银行办理托收。银行审查后，编列顺序号，填制"出口托收委托书"，寄至国外代收银行委托收款。同时通过或有资产、或有负债项目反映权责关系，会计分录为：

  借：应收出口托收款项   外币
   贷：代收出口托收款项   外币

2. 收妥结汇

托收行收到国外银行发来的报单（如"请借记"报单），对委托人办理结汇。会计分录为：

  借：代收出口托收款项   外币
   贷：应收出口托收款项   外币
  借：存放国外同业（或其他科目）   外币
   贷：单位外汇活期存款——出口商户   外币

若客户需要结汇，则通过"货币兑换"科目处理。

（二）进口代收

进口代收的会计核算主要包括通知和付款两个环节。

1. 通知

代收行收到国外行寄来的进口代收单据后，应编制好顺序，填制"进口代收单据通知书"，交送进口商通知其备款赎单，同时通过或有资产、或有负债项目反映权责关系，会计分录为：

  借：应收进口代收款项   外币
   贷：应付进口代收款项   外币

2. 确认付款

在进口商确认付款并交来进口代收单据承认书后，代收行应办理付款手续，并向国外行发出报单（如"已贷记"报单），会计分录为：

  借：单位外汇活期存款——进口单位户   外币
   贷：国外同业存款（或其他科目）   外币

若客户需要购买外汇，则通过"货币兑换"科目办理售汇。会计分录为：

  借：应付进口代收款项   外币
   贷：应收进口代收款项   外币

如果进口商不同意承付，应提出拒付理由，连同单据退交代收银行，代收银行转告国外委托行；如部分拒付，应征得国外委托行同意后再按实际金额付款。

托收的结算流程如图 9-3 所示。

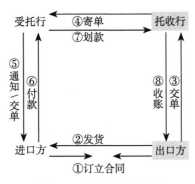

图 9-3 托收的结算流程

【例 9-9】5 月 9 日，境内 A 银行受远华公司委托，向香港某银行办理出口托收，金额为 500 000 港币。8 月 2 日，A 银行收到对方行"已贷记"报单，同时为客户办理结汇。当日牌价为 HKD1=CNY0.7944/64。A 银行的会计分录为：

（1）5 月 9 日，发出托收。

借：应收出口托收款项　　　　　　　　　HKD 500 000
　　贷：代收出口托收款项　　　　　　　　　　　　　　HKD 500 000

（2）8 月 2 日，结汇。

借：存放国外同业——华侨银行　　　　　HKD 500 000
　　贷：货币兑换　　　　　　　　　　　　　　　　　　HKD 500 000
借：货币兑换　　　　　　　　　　　　　CNY 397 200
　　贷：单位活期存款——远华公司　　　　　　　　　　CNY 397 200

同时转销或有事项：

借：代收出口托收款项　　　　　　　　　HKD 500 000
　　贷：应收出口托收款项　　　　　　　　　　　　　　HKD 500 000

【例 9-10】8 月 3 日，B 银行向开户企业 A 公司送交进口代收单据通知书并附单据，金额为 100 000 美元。8 月 11 日，A 公司确认无误后，通知 B 银行办理对外付款，B 银行收取手续费 100 美元。当日牌价为：USD1=CNY6.1440/1690。B 银行的会计分录为：

（1）8 月 3 日，B 银行送交代收通知书。

借：应收进口代收款项　　　　　　　　　USD 100 000
　　贷：应付进口代收款项　　　　　　　　　　　　　　USD 100 000

（2）8 月 11 日，确认付款。

借：单位活期存款——A 公司　　　　　　CNY 617 516.9
　　贷：货币兑换　　　　　　　　　　　　　　　　　　CNY 617 516.9

借：货币兑换	USD 100 100	
贷：存放国外同业		USD 100 000
手续费及佣金收入		USD 100

同时转销或有事项：

借：应付进口代收款项	USD 100 000	
贷：应收进口代收款项		USD 100 000

三、汇款结算方式

汇款（remittance）是指汇出行应汇款人的要求，利用汇票或其他信用工具，把一定金额的款项划转到国外汇入行，交与收款人的一种结算方式。

根据汇款选用的方式不同，可分为信汇、电汇和票汇三种。信汇是指汇出行根据汇款人的要求，以邮汇方式通知国外汇入行，请其把款项付与收款人的方式。电汇是指汇出行根据汇款人的要求，以电报方式通知国外汇入行，请其把款项付与收款人的方式。票汇是指汇出行根据汇款人的申请，开立以汇入行为付款行的汇票给汇款人，由汇款人将汇票交于收款人或自己携带出口，凭票到付款行领取汇款的一种方式。信汇和电汇方式主要适用于非贸易结算，而票汇方式主要适用于贸易结算。

电汇的业务流程是：汇款人申请电汇时，应填写汇款申请书交汇款行。银行接受申请后，按汇款申请书的指示拟写电稿，加编密押后发给汇入行。汇入行收到电报后，首先验证密押，如密押无误，则编制电汇通知书，通知收款人取款。

信汇的业务流程与电汇大体相同，只是汇出行不采用电报形式，而是使用信汇委托书或支付委托书通知汇入行付款。一般金额较小、使用时间不紧迫的汇款可以采用信汇方式。

票汇业务流程是：银行须签发汇票给汇款人，并向汇入行寄送汇票通知书。当收款人持汇票向汇入行提取款项时，汇入行在审验汇票无误后，解付票款给收款人。

（一）汇出行的核算

1. 汇款时的账务处理

汇款人填写汇款申请书、银行接受申请后，应按汇款人的要求填写汇款凭证，然后进行账务处理。会计分录为：

借：单位外汇活期存款——汇款人户	外币
贷：汇出汇款	外币
手续费及佣金收入	外币

2. 结清汇款时的账务处理

款项汇出后，在接到国外汇入行的解付通知书后，汇出行进行核销转账。会计分录为：

借：汇出汇款　　　　　　　　　　　　　　　　　　　　　　外币
　贷：存放国外同业——汇入行户　　　　　　　　　　　　　外币

（二）汇入行的核算

汇入行收到汇出行的汇款电报/信汇支付凭证或票汇通知书时，应首先验押或验印，审核无误后填制汇款通知书，在收妥汇款头寸后，通知收款人来行取款。

收到汇款时，会计分录为：

借：国外同业存款——汇出行户　　　　　　　　　　　　　　外币
　贷：汇入汇款　　　　　　　　　　　　　　　　　　　　　外币
借：汇入汇款　　　　　　　　　　　　　　　　　　　　　　外币
　贷：单位活期外汇存款（或其他科目）　　　　　　　　　　外币

四、贸易融资

贸易融资是指银行对进口商或出口商提供的与进出口贸易结算相关的短期融资或信用便利。它是企业在贸易过程中运用各种贸易手段和金融工具增加现金流量的融资方式。针对国际贸易的不同业务种类和业务处理的不同环节，银行提供的贸易融资类产品也多种多样，押汇、打包贷款和福费廷是常见的三种贸易融资方式。

（一）押汇

押汇是指进出口企业以进出口货运单据作为担保向银行申请借款，由银行提供短期资金的融资方式。企业在信用证项下、托收项下都可以申请押汇融资。押汇按照业务内容可分为进口押汇和出口押汇。

1. 进口押汇

进口押汇是指进口企业以进口货物物权作为担保，向银行申请的短期资金融通。如果客户是信用证业务中的开证申请人（进口商），那么银行在收到国外出口商寄来的所开信用证项下单据后，对于虽然单证相符，但企业因资金临时周转困难等原因，确实无法在规定付款日前筹措到付款资金的，可允许其向银行申请进口押汇。

进口押汇包括叙做进口押汇和收回押汇垫款两个环节，在会计处理中通过"进口押汇"科目核算。"进口押汇"科目属于资产类科目，余额在借方。

（1）叙做进口押汇。进口企业申请进口押汇时，应填制进口押汇申请书，并提供贸易合同、信托收据等材料，经银行审查同意，办理进口押汇并向出口方付款，会计分录为：

  借：进口押汇——进口企业户   外币
    贷：存放国外同业（或其他科目）   外币

（2）收回押汇垫汇。进口企业向银行偿还押汇本息赎回单据时，银行应抽出保管的有关凭证进行核对审查，并计算扣除自进口押汇日起至进口商赎单还款日止的利息，会计分录为：

  借：单位外汇活期存款——进口企业户   外币
    贷：进口押汇——进口企业户   外币
      利息收入——押汇利息收入   外币

2. 出口押汇

出口押汇是指出口企业将全套出口单据提交议付行，由银行买入单据并按票面金额扣除自议付日到预计收款日为止的利息及有关手续费，将净额预先支付给出口企业的融资方式。根据结算方式的不同，出口押汇分为信用证项下出口押汇和托收项下出口押汇。

出口押汇包括叙做出口押汇和收回押汇垫款两个环节，会计处理中通过"出口押汇"科目核算。"出口押汇"科目属于资产类科目，余额在借方。

（1）叙做出口押汇。出口企业申请出口押汇时，应填制出口押汇申请书，并与银行签订出口押汇总质权书，以明确双方权利和义务。经银行审查同意，按押汇之日起，加上开证行或付款行合理工作日及票据期限，计算押汇垫款利息，办理出口押汇手续。会计分录为：

  借：出口押汇——出口企业户   外币
    贷：单位外汇活期存款——出口企业户   外币
      利息收入——押汇利息收入   外币

（2）收回押汇垫款。押汇银行收到国外联行或代理行已收妥货款通知后，办理收回垫款手续，会计分录为：

  借：单位外汇活期存款——出口企业户   外币
    贷：出口押汇——出口企业户   外币

（二）打包贷款

打包贷款（packing loan）是出口企业收到国外开来的信用证后，由于备货资金不足而向银行申请的短期资金融通。当货物出运后，出口企业将全套单据连同汇票送交银行委托代收款项，以收到的货款偿还原打包借款。由于是用于本地出口商备货出运，所以打包贷款通常是本币资金，贷款额度一般不超过信用证总金额等值本币的 85%，贷款期限从贷款之日起至货款收妥或办理出口押汇日止，不超过 3 个月。

打包贷款包括放款和收回本息两个环节，会计处理中通过"打包贷款"科目核算。"打包贷款"科目属于资产类科目，余额在借方。

1. 放款

申请打包贷款的出口企业，应向银行提交打包贷款申请书、贸易合同及国外开来的信用证正本等有关文件，经银行审查同意后签署放款协议，然后发放贷款。会计分录为：

借：打包贷款——出口企业户　　　　　　　　　　人民币
　　贷：单位活期存款——出口企业户　　　　　　　　　　人民币

2. 收回本息

收回打包贷款本息时，银行首先应考虑从出口企业的出口议付货款中扣收，企业也可能以出口押汇或本币存款偿还。

（1）以收妥的货款偿还时，会计分录为：

借：存放国外同业（或其他科目）　　　　　　　　外币
　　贷：货币兑换　　　　　　　　　　　　　　　　　　外币
借：货币兑换　　　　　　　　　　　　　　　　人民币
　　贷：打包贷款——出口企业户　　　　　　　　　　人民币
　　　　利息收入——打包贷款利息收入　　　　　　　人民币
　　　　单位活期存款——出口企业户　　　　　　　　人民币

（2）以出口押汇偿还时，会计分录为：

借：出口押汇——出口企业户　　　　　　　　　　外币
　　贷：货币兑换　　　　　　　　　　　　　　　　　　外币
借：货币兑换　　　　　　　　　　　　　　　　人民币
　　贷：打包贷款——出口企业户　　　　　　　　　　人民币
　　　　利息收入——打包贷款利息收入　　　　　　　人民币
　　　　单位活期存款——出口企业户　　　　　　　　人民币

（3）以本币存款时，会计分录为：

借：单位活期存款——出口企业户　　　　　　　　人民币
　　贷：打包贷款——出口企业户　　　　　　　　　　人民币
　　　　利息收入——打包贷款利息收入　　　　　　　人民币

（三）福费廷

福费廷（forfeiting）也称买断或包买票据，是银行从出口企业处无追索权地买断由国外银行承兑或担保的票据，是企业提前获得货款的一种资金融通形式。福费廷业务范围包括：经开证行或保兑行有效承兑的远期信用证；经付款行有效承诺的延期付款信用证；经进口企业所在地银行保付签章的汇票或本票。

福费廷的特点体现在两个方面：一是无追索权，即在债权真实有效的前提下，如果债务人到期不付款，融资银行无权向卖方追索；二是具有可流通性，即融资银行可以将买入的债权持有至到期日，也可以再转卖给其他银行。

福费廷的交易货币一般限于美元、英镑、欧元、日元和港币，其利率的高低主要取决于进口国及开证行（或保兑行、保付行）的资信状况，及以伦敦银行同业拆放利率（LIBOR）为基础浮动。买断期限以银行向出口企业提供融资之日起至票据到期日加宽限期来计算。

福费廷业务的会计处理通过"买入外币票据"科目核算，该科目为资产类科目；买进票据的同时还要登记"有价单证"表外科目。

（1）买断时的会计分录为：

借：买入外币票据　　　　　　　　　　　　　　　　外币
　　贷：单位外汇活期存款　　　　　　　　　　　　　　外币
　　　　利息收入——买入票据利息收入　　　　　　　　外币
收：有价单证

（2）到期收回票款时的会计分录为：

借：存放国外同业等　　　　　　　　　　　　　　　　外币
　　贷：买入外币票据　　　　　　　　　　　　　　　　外币
付：有价单证

思考练习题

一、重要概念

外汇　现汇　汇率　外汇分账制　结汇　售汇　套汇　买方信贷　信用证　托收　汇款　出口押汇　进口押汇　打包贷款　福费廷

二、思考题

1. 什么是外汇分账制？它与外汇统账制相比有什么特点？
2. 货币兑换账务处理的规则是什么？
3. 简述信用证结算方式的核算流程。
4. 简述托收结算方式的核算流程。

5. 打包贷款与出口押汇是银行向出口商的融资，这两种融资方式有什么不同？
6. 福费廷这种融资方式的特点是什么？

三、单项选择题

1. 某外贸公司申请从其人民币账户汇出 7 000 000 英镑，银行办理这一业务时应使用（　　）。
   A. 汇卖价　　　　B. 钞卖价　　　　C. 汇买价　　　　D. 钞买价
2. 某外资企业需要从其美元账户汇款 2 000 000 欧元，银行办理这一业务时应通过（　　）处理。
   A. 买入美元现汇卖出欧元现汇　　　B. 买入欧元现汇卖出美元现汇
   C. 买入美元现钞卖出欧元现汇　　　D. 卖出美元现钞买入欧元现汇
3. 某客户向银行提交 1 000 加元现钞申请结汇，银行应向客户支付（　　）元人民币。（当日美元汇率：中间价 530.42；钞买价 517.48；汇买价 533.97；卖出价 538.25）
   A. 5 304.2　　　B. 5 174.8　　　C. 5 339.7　　　D. 5 382.5
4. 目前我国银行开办的外汇存款中，境内居民存入的外汇存款称为（　　）。
   A. 甲种存款　　B. 乙种存款　　C. 丙种存款　　D. 丁种存款
5. 下列结算方式中哪一种是以银行作为付款人的（　　）。
   A. 电汇　　　　B. 信汇　　　　C. 托收　　　　D. 信用证
6. 信用证结算方式下，作为出口方的通知行和议付行，主要包括（　　）、议付与寄单、收汇与结汇三个主要环节。
   A. 受证与通知　B. 审单付汇　　C. 开出信用证　D. 承兑票据
7. 开证行履行信用证付款责任，是以信用证规定的条款为依据，以（　　）为条件的。
   A. 单证一致，单同（合同）一致　　B. 单单一致，单同（合同）一致
   C. 单单一致，单证一致　　　　　　D. 进口商交付足额保证金
8. 下列科目中属于资产类科目的是（　　）。
   A. 资本公积　　　　　　　　　　　B. 进出口押汇
   C. 应解汇款及临时存款　　　　　　D. 其他应付款
9. 对出口押汇的表述，错误的是（　　）。
   A. 出口押汇是一项贸易融资业务
   B. 出口押汇由于有信用证收汇作为保证，因此是没有风险的
   C. 出口押汇资金可以直接办理结汇
   D. 银行对办理的出口押汇有追索权

四、多项选择题

1. 外汇分账制的内容主要有（　　）。

A. 人民币与外币分账核算
B. 记账外汇与现汇分账核算
C. 买入或卖出外汇时使用"货币兑换"科目
D. 年终单独编制外币报表

2. 国际贸易结算中常使用的结算方式有（　　）。
　A. 信用证　　　　B. 托收　　　　　C. 银行支票　　　　D. 汇款

3. "货币兑换"科目的贷方反映（　　）。
　A. 买入外币　　　B. 卖出外币　　　C. 兑出本币　　　　D. 兑入本币

4. 以下属于出口贸易融资的是（　　）。
　A. 信用证打包贷款　　　　　　　　B. 出口押汇
　C. 进口押汇　　　　　　　　　　　D. 福费廷

5. 以下关于福费廷的说法，正确的是（　　）。
　A. 是一种出口贸易融资方式　　　　B. 融资银行可以将买入的债权转卖
　C. 又称为票据买断　　　　　　　　D. 融资银行对出口商无追索权

五、判断题

1. 对于经办外汇业务的银行来说，同种外币的现钞与现汇的买入价是相同的。
（　　）

2. "货币兑换"科目明细账结余栏的外币贷方余额表示买入外汇大于卖出外汇。
（　　）

3. 开证银行一旦开立信用证，表明其在任何情况下都要对出口商承担付款的责任。
（　　）

4. 议付行向国外银行寄出代表物权的货运单据后，便与开证行之间构成了债权债务关系，因此会计上应运用表内科目来反映这种关系。（　　）

5. 出口押汇是出口方银行为支持出口商按期履行合同义务出运货物而向出口商提供的以正本信用证为抵押的贷款。（　　）

六、核算题

中国银行某分行营业部发生如下业务，请据以编制会计分录。相关汇率见下表。

币种	交易单位	中间价	现汇买入价	现钞买入价	卖出价
港币	100	78.93	79.670 0	79.030 0	79.970 0
美元	100	611.84	617.710 0	612.760 0	620.190 0
英镑	100	965.11	969.640 0	939.720 0	976.460 0

1. 2月6日李红持3 000美元现金至柜台，要求兑换成人民币。银行按当日牌价予以兑换。

2. 3月27日张强来行要求兑换2 000美元现钞。银行审核无误，按当日牌价予以兑换。

3. 8月11日银行收到英国某代理行汇入的货款500 000美元，收款人为A公司，银行经审核无误，按当日牌价办理结汇。
4. 甲公司从其人民币存款账户中要求兑换400 000元港币汇往香港，汇入行为中国银行香港分行。银行经审核无误，按当日牌价办理。
5. 甲外资企业存入其外汇活期存款账户（美元户）现金10 000美元。银行经审核无误，按当日牌价办理。
6. 乙外资企业申请从其港币存款账户中，汇款200 000英镑，汇入行为英国国民银行，该行在本行开立有账户。
7. 甲外资企业从其活期外汇存款账户（美元户）中支取32 000美元汇往国外，银行办理转账。汇入行为荷兰拉博银行，本行在该行开立有账户。
8. 银行向乙公司发放短期现汇贷款120 000英镑，用于向国外出口商支付货款。
9. 9月1日，银行接受丙公司的开立信用证申请，金额为600 000美元，并从其美元现汇账户中收取保证金100 000美元。11月21日，收到国外议付行的索汇单据，经审核无误后办理付款。丙公司因资金周转困难，向银行办理进口押汇500 000美元用于付款，银行同时收取信用证结算手续费300美元。
10. 10月1日，银行收到香港某联行开立的不可撤销即期信用证800 000元港币用于购买电子仪表，出口商为本行开户企业远华公司。10月5日，远华公司在备货过程中出现资金短缺，故向银行申请打包贷款。银行审查后按照信用证总金额等值本币金额70%当天发放打包贷款400 000元人民币，利率为4%。10月19日，远华公司顺利备货出运，向银行提交货运单据及金额为800 000元港币的跟单汇票。该行议付行审单相符，远华公司向银行申请叙做出口押汇800 000元港币。银行审查同意，预计押汇垫款时间为10月19日至12月19日，利率为4%。银行一方面为客户办理押汇垫款，另一方面计算通知费、议付费、邮电费等共500元港币，连同货款一并向开证行寄单索汇。12月19日，银行收到香港联行的"已贷记"报单，办理转账。
11. 将第1、2、3题中发生的外汇业务登记到表9-1的货币兑换科目账中。12月31日，若当日美元的即期汇率为5.900，结转货币兑换的利润。

Chapter 10 第十章

投资业务

学习目标

1. 了解以摊余成本计量的金融资产的分类
2. 掌握以摊余成本计量的金融资产的会计核算
3. 了解以公允价值计量且其变动计入其他综合收益的金融资产的分类
4. 掌握以公允价值计量且其变动计入其他综合收益的金融资产的会计核算
5. 了解以公允价值计量且其变动计入当期损益的金融资产的分类
6. 掌握以公允价值计量且其变动计入当期损益的金融资产的会计核算
7. 了解长期股权投资的概念
8. 掌握长期股权投资的会计核算

本章所讲的投资是指商业银行除贷款资产外,为保持资产多元化、获取经济利益而让渡一项资产,同时获取另一项资产的行为。按照2017年修订后的《企业会计准则第22号》,商业银行可将投资取得的金融资产根据其管理这类金融资产的业务模式和金融资产的合同现金流量特征,划分为以摊余成本计量的金融资产、以公允价值计量且其变动计入其他综合收益的金融资产、以公允价值计量且其变动计入当期损益的金融资产,以及长期股权投资。

第一节 以摊余成本计量的金融资产

一、以摊余成本计量的金融资产的分类

金融资产同时符合下列条件的,应当分类为以摊余成本计量的金融资产[⊖]:

⊖ 商业银行的贷款本质上属于以摊余成本计量的金融资产。

（1）企业管理该金融资产的业务模式是以收取合同现金流量为目标的。

（2）该金融资产的合同条款规定，在特定日期产生的现金流量，仅为对本金和以未偿付本金金额为基础的利息的支付。

例如，银行投资取得的普通债券的合同现金流量是到期收回本金及按约定利率在合同期间按时收取的固定或浮动利息。在没有其他特殊安排的情况下，普通债券通常可能符合本金加利息的合同现金流量特征。如果银行管理该债券的业务模式是以收取合同现金流量为目标的，那么该债券可以分类为以摊余成本计量的金融资产。

二、以摊余成本计量的金融资产的会计核算

商业银行设置"债权投资"会计科目，核算以摊余成本计量的债权投资的账面余额，该科目属于资产类科目，按照投资的类别和品种，分别按"面值""利息调整""应计利息"等进行明细核算。其中，"利息调整"实际上反映的是债券等投资溢价和折价的相应摊销。本科目期末借方余额，反映的是企业持有的该类金融资产的摊余成本。

债权投资发生减值的，可以单独设置"债权投资减值准备"科目。

（一）取得债权投资的账务处理

企业取得的债券等债权投资，应按该投资的面值，借记"债权投资——面值"；取得债权投资所支付的价款中如果包含已宣告但尚未领取的债券利息，应当单独确认为应收项目，借记"应收利息"等科目；按实际支付的金额，贷记"银行存款""存放中央银行款项"等科目；按其差额，借记或贷记"债权投资——利息调整"。这表明债权投资按取得时的公允价值和相关交易费用之和作为初始确认金额。

（二）持有债权期间的账务处理

1. 投资收益的确认与计量

投资购入的债权如债券通常有分期付息、到期一次还本付息两种情况。

（1）分期付息的债券，应在资产负债表日按面值和票面利率计算确定的应收未收的利息，借记"应收利息"科目，按摊余成本和实际利率计算确定的利息收入的金额，贷记"投资收益"科目，按其差额，借记或贷记"债权投资——利息调整"。

（2）到期一次还本付息的债券，应在资产负债表日按面值和票面利率计算确定的应收未收的利息，借记"债权投资——应计利息"，按摊余成本和实际利率计算确定的利息收入的金额，贷记"投资收益"科目，按其差额，借记或贷记"债权投资——利息调整"。

2. 减值的确认与计量

资产负债表日，债权投资发生减值的，按应减记的金额，借记"资产减值损失"科目，贷记"债权投资减值准备"。

（三）终止债权的账务处理

出售债权或债权到期时，应按实际收到的金额，借记"银行存款"等科目，已计提减值准备的，借记"债权投资减值准备"科目，按其账面余额，贷记"债权投资——面值、利息调整、应计利息"科目，按其差额，贷记或借记"投资收益"科目。

【例10-1】甲银行于20×4年1月1日从交易市场购入财政部发行的三年期债券，该债券票面利率为4%，每年12月31日收到本年度利息，到期日为20×6年12月31日，到期日收到本金及最后一期利息。甲银行购入债券的面值为1 000 000元，实际支付价款为947 500元（含交易费用）。甲银行购入债券后将其划分为以摊余成本计量的金融资产。购入债券的实际利率为5.2%。假定按年计提利息，利息不以复利计算，结果保留整数位。

（1）20×4年1月1日购入债券，会计分录为：

借：债权投资——面值　　　　　　　　　　　　1 000 000
　　贷：存放中央银行款项　　　　　　　　　　　　　947 500
　　　　债权投资——利息调整　　　　　　　　　　　　52 500

（2）20×4年12月31日，计算实际利息收入，确认投资收益，会计分录为：

借：应收利息　　　　　　　　　　　　　　　　　　40 000
　　债权投资——利息调整　　　　　　　　　　　　　10 310
　　贷：投资收益 [967 500×5.2%]　　　　　　　　　　50 310
借：存放中央银行款项　　　　　　　　　　　　　　40 000
　　贷：应收利息　　　　　　　　　　　　　　　　　40 000

（3）20×5年12月31日，计算实际利息收入，确认投资收益，会计分录为：

借：应收利息　　　　　　　　　　　　　　　　　　40 000
　　债权投资——利息调整　　　　　　　　　　　　　10 846
　　贷：投资收益 [（967 500+10 310）×5.2%]　　　　 50 846
借：存放中央银行款项　　　　　　　　　　　　　　40 000
　　贷：应收利息　　　　　　　　　　　　　　　　　40 000

（4）20×6年12月31日，确认投资收益，收到本息

借：应收利息　　　　　　　　　　　　　　　　　　40 000
　　债权投资——利息调整 [32 500−10 310−10 846]　　11 344

```
        贷：投资收益                                        51 344
    借：存放中央银行款项                    1 040 000
        贷：应收利息                                        40 000
            债权投资——面值                             1 000 000
```

第二节　以公允价值计量且其变动计入其他综合收益的金融资产

一、以公允价值计量且其变动计入其他综合收益的金融资产的分类

金融资产同时符合下列条件的，应当分类为以公允价值计量且其变动计入其他综合收益的金融资产：

（1）企业管理该金融资产的业务模式既以收取合同现金流量为目标又以出售该金融资产为目标。

（2）该金融资产的合同条款规定，在特定日期产生的现金流量，仅为对本金和以未偿付本金金额为基础的利息的支付。

需要说明的是，权益工具投资因一般不符合本金加利息的合同现金流量特征，所以股票投资一般不划分为这类资产，但银行可以将非交易性权益工具投资指定为以公允价值计量且其变动计入其他综合收益的金融资产，并按照规定确认股利收入，如近期并不打算出售的股票投资。

由此可见，以公允价值计量且其变动计入其他综合收益的金融资产，包括权益工具投资（如股票、股份）和债权投资（如债券）。

二、以公允价值计量且其变动计入其他综合收益的金融资产的会计核算

商业银行设置"其他债权投资""其他权益工具投资"科目，分别核算分类为此类的债权投资和非交易性权益工具投资。"其他债权投资"分别按"成本""利息调整""公允价值变动"等科目进行明细核算；"其他权益工具投资"分别按"成本""公允价值变动"等科目进行明细核算。两个科目期末均为借方余额，反映银行持有的该类金融资产的公允价值或成本。

（一）取得的账务处理

商业银行取得的这类金融资产，应按其公允价值（或成本）与交易费用之和，借记"其他债权投资——成本"或"其他权益工具投资——成本"，按支付的价款中包含的已宣告但尚未发放的现金股利，借记"应收股利"等科目，按实际支付的金额，贷记"银行存款""存放中央银行款项"等科目。

(二) 持有期间的账务处理

资产负债表日，这类资产公允价值的后续变动计入其他综合收益，即除了获得的股利、利息计入当期损益外，其他相关的利得和损失（包括汇兑损益）均应当计入其他综合收益。

(三) 终止的账务处理

这类资产终止确认时，应按实际收到的金额，借记"银行存款"或"存放中央银行款项"等科目，按其账面余额，贷记"其他债权投资——成本"或"其他权益工具投资——成本"科目，借记或贷记"其他债权投资——利息调整""其他权益工具投资——公允价值变动"等科目；之前计入其他综合收益的累计利得或损失应当从其他综合收益中转出，属于债权性投资的计入当期损益，按差额贷记或借记"投资收益"科目；属于非交易性权益工具投资的计入留存收益。

【例10-2】20×5年1月20日，甲银行从二级市场购入乙上市公司股票100万股，并将其划分为公允价值计量且其变动计入其他综合收益的金融资产。该笔股票投资在购买日的公允价值为1 000万元，另支付相关交易费用金额为2万元；6月30日该股票市价暂时性下跌至990万元；12月31日该股票市价上升为1 016万元。20×6年1月8日，甲银行因特殊原因以1 040万元将乙公司的股票全部出售。

(1) 20×5年1月20日，购入股票，会计分录为：

借：其他权益工具投资——成本　　　　　　10 020 000
　　贷：存放中央银行款项　　　　　　　　　　　　　10 020 000

(2) 20×5年6月30日，公允价值下跌，会计分录为：

借：其他综合收益　　　　　　　　　　　　120 000
　　贷：其他权益工具投资——公允价值变动　　　　　 120 000

(3) 20×5年12月31日，公允价值上升，会计分录为：

借：其他权益工具投资——公允价值变动　　260 000
　　贷：其他综合收益　　　　　　　　　　　　　　　260 000

(4) 20×6年1月8日，出售股票，会计分录为：

借：其他综合收益　　　　　　　　　　　　140 000
　　贷：盈余公积——法定盈余公积　　　　　　　　　 14 000
　　　　利润分配——未分配利润　　　　　　　　　　 126 000
借：存放中央银行款项　　　　　　　　　　10 400 000
　　贷：其他权益工具投资——成本　　　　　　　　　10 020 000
　　　　　　　　　　　——公允价值变动　　　　　　 140 000

　　　　盈余公积——法定盈余公积　　　　　　　　　　　　　24 000
　　　　利润分配——未分配利润　　　　　　　　　　　　　216 000

第三节　以公允价值计量且其变动计入当期损益的金融资产

一、以公允价值计量且其变动计入当期损益的金融资产的分类

　　分类为以摊余成本计量的金融资产和以公允价值计量且其变动计入其他综合收益的金融资产之外的金融资产，应当分类为以公允价值计量且其变动计入当期损益的金融资产。

　　股票、基金、可转换债券等是这类金融资产常见的投资产品。

二、以公允价值计量且其变动计入当期损益的金融资产的会计核算

　　商业银行设置"交易性金融资产"科目，核算持有的以公允价值计量且其变动计入当期损益的金融资产，该科目金融资产的类别和品种，分别按照"成本""公允价值变动"进行明细核算。本科目期末借方余额，反映银行持有的该类金融资产的公允价值。

（一）取得交易性金融资产的账务处理

　　企业取得交易性金融资产时，按其公允价值，借记"交易性金融资产——成本"科目；取得交易性金融资产所发生的相关交易费用（包括支付给代理机构、咨询公司、券商的手续费、佣金等），按实际支付金额，借记"投资收益"科目；取得交易性金融资产所支付的价款中如果包含已宣告但尚未发放的现金股利或已到付息期但尚未领取的债券利息，应当单独确认为应收项目，借记"应收股利"或"应收利息"科目。按实际支付的全部金额，贷记"银行存款""存放中央银行款项"等科目。

（二）持有期间交易性金融资产的账务处理

　　在持有交易性金融资产期间收到被投资单位宣告发放的现金股利或债券利息，借记"应收股利"或"应收利息"等科目，贷记"投资收益"科目。

　　资产负债表日，交易性金融资产的公允价值高于其账面余额的差额，借记"交易性金融资产——公允价值变动"，贷记"公允价值变动损益"科目；公允价值低于其账面余额的差额，做相反的会计分录。

（三）出售交易性金融资产的账务处理

　　出售交易性金融资产时，应按实际收到的金额，借记"银行存款""存放中央

银行款项"等科目，按该项交易性金融资产的成本，"交易性金融资产——成本"科目；按该项交易性金融资产的公允价值变动，贷记或借记"交易性金融资产——公允价值变动"科目；按其差额，贷记或借记"投资收益"科目。同时，按该项交易性金融资产的公允价值变动，贷记或借记"公允价值变动损益"科目，贷记或借记"投资收益"科目。

【例10-3】20×7年4月2日，甲银行购入按季计息的甲公司债券，支付价款235 000元，其中含5 000元已经到期但尚未领取的债券利息，另外发生相关税费4 200元，均以转账方式支付。甲银行将其划分为交易性金融资产进行管理。4月5日，甲银行收到债券利息。6月30日，该债券的市价为242 000元，应收利息为5 000元。7月3日，CNB银行收到债券利息。7月6日甲银行将该债券出售，扣除相关税费后，实际收到367 800元。

（1）4月2日，取得债券时，甲银行的会计分录为：

借：交易性金融资产——成本　　　　　　　　　　230 000
　　投资收益　　　　　　　　　　　　　　　　　　4 200
　　应收利息　　　　　　　　　　　　　　　　　　5 000
　　贷：存放中央银行款项　　　　　　　　　　　　　　　　239 200

（2）4月5日，收到利息，甲银行的会计分录为：

借：存放中央银行款项　　　　　　　　　　　　　12 000
　　贷：应收利息　　　　　　　　　　　　　　　　　　　12 000

（3）6月30日，确认公允价值变动损益、投资收益，甲银行的会计分录为：

借：交易性金融资产——公允价值变动　　　　　　7 000
　　贷：公允价值变动损益　　　　　　　　　　　　　　　　7 000
借：应收利息　　　　　　　　　　　　　　　　　5 000
　　贷：投资收益　　　　　　　　　　　　　　　　　　　　5 000

（4）7月3日收到债券利息，甲银行的会计分录为：

借：存放中央银行款项　　　　　　　　　　　　　5 000
　　贷：应收利息　　　　　　　　　　　　　　　　　　　　5 000

（5）7月6日出售债券，甲银行的会计分录为：

借：存放中央银行款项　　　　　　　　　　　　　367 800
　　贷：交易性金融资产——成本　　　　　　　　　　　　　230 000
　　　　　　　　　　　——公允价值变动　　　　　　　　　12 000
　　　　投资收益　　　　　　　　　　　　　　　　　　　125 800
借：公允价值变动损益　　　　　　　　　　　　　12 000
　　贷：投资收益　　　　　　　　　　　　　　　　　　　　12 000

第四节 长期股权投资

一、长期股权投资的概念

长期股权投资是指投资方对被投资单位实施共同控制、产生重大影响的权益性投资，以及对其合营企业的权益性投资，即对子公司、联营企业和合营企业的权益性投资，不具有控制、共同控制和重大影响等的其他投资，适用《企业会计准则第22号——金融工具确认和计量》。

控制是指有权决定一个企业的财务和经营政策，并能据以从该企业的经营活动中获取利益的行为活动。投资企业能够对被投资单位实施控制的，被投资单位为其子公司，投资企业应将子公司纳入合并财务报表。

共同控制是指按照相关约定对某项安排所共有的控制，并且该安排的相关活动必须经过分享控制权的参与方一致同意后才能决策。投资企业与其他方对被投资单位实施共同控制的，被投资单位为其合营企业。

重大影响是指投资方对被投资单位的财务和经营政策有参与决策的权力，但并不能够控制或者与其他方一起共同控制这些政策的制定。在确定能否对被投资单位施加重大影响时，应当考虑投资方和其他方持有的被投资单位当期可转换公司债券、当期可执行认股权证等潜在表决权因素。投资方能够对被投资单位施加重大影响的，被投资单位为其联营企业。

二、长期股权投资的会计核算

企业设置"长期股权投资"科目，核算企业持有的采用成本法和权益法核算的长期股权投资。本科目可按被投资单位进行明细核算。长期股权投资采用权益法核算的，还应当分别按"投资成本""损益调整""其他综合收益""其他权益变动"进行明细核算。本科目期末借方余额，反映企业长期股权投资的价值。

长期股权投资发生减值的，可以单独设置"长期股权投资减值准备"科目。

（一）初始取得长期股权投资的账务处理

1. 合并取得

同一控制下企业合并形成的长期股权投资，应当在合并日按照被合并方所有者权益以最终控制方合并财务报表中的账面价值的份额作为长期股权投资的初始投资成本，借记"长期股权投资"科目；按享有被投资单位已宣告但尚未发放的现金股利或利润，借记"应收股利"科目；按支付的合并对价的账面价值，贷记有关资产、所有者权益或借记有关负债科目；按其差额，贷记或借记"资本公积——资本溢价或股本溢价"科目，资本公积（资本溢价或股本溢价）不足冲减的，依次借记"盈余公积""利润分配——未分配利润"科目。

非同一控制下企业合并形成的长期股权投资，应在购买日按企业合并成本（不含应被投资单位收取的现金股利或利润），借记"长期股权投资"科目；按享有被投资单位已宣告但尚未发放的现金股利或利润，借记"应收股利"科目；按支付合并对价的账面价值，贷记有关资产或借记有关负债科目；按发生的直接相关费用（如资产处置费用），贷记"银行存款"等科目；按其差额，贷记"营业外收入"或借记"业务及管理费""营业外支出"等科目。

合并方或购买方为企业合并发生的审计、法律服务、评估咨询等中介费用以及其他相关管理费用，应当于发生时计入当期损益。同一控制下与发行权益性证券直接相关的费用，应当在冲减发行收到的对价后计入相关权益项目；与发行债务性证券直接相关的费用，应当计入债务性工具的初始确认金额。非同一控制下购买方作为合并对价发行的权益性工具或债务性工具的交易费用，应当计入权益性工具或债务性工具的初始确认金额。

2. 其他方式取得

除企业合并形成的长期股权投资以外，其他方式取得的长期股权投资，应当按照下列规定确定其初始投资成本。

（1）以支付现金取得的长期股权投资，应当按照实际支付的购买价款作为初始投资成本（初始投资成本包括与取得长期股权投资直接相关的费用、税金及其他必要支出），借记"长期股权投资"；按包含被投资单位已宣告但尚未发放的现金股利或利润，借记"应收股利"科目；按实际支付的价款，贷记"银行存款"等科目。

（2）以发行权益性证券取得的长期股权投资，应当按照发行权益性证券的公允价值作为初始投资成本。与发行权益行证券直接相关的费用，应当冲减发行收到的对价后计入相关权益项目。

（3）以债务重组、非货币性资产交换等方式取得的长期股权投资，其初始投资成本应当按照《企业会计准则第12号——债务重组》《企业会计准则第7号——非货币性资产交换》的原则确定。

（4）企业进行公司改制。此时，对资产、负债的账面价值按照评估价值调整的，长期股权投资应以评估价值作为改制时的认定成本，评估值与原账面价值的差异应计入资本公积（资本溢价或股本溢价）。

【例10-4】20×6年11月30日，A银行向C村镇银行的原股东定向增发1 000万股普通股（面值1元/股，市价8.68元/股），取得该村镇银行60%股权。

相关手续于当日完成，支付发行费用 170 万元。合并后 C 村镇银行仍维持其独立法人资格继续经营。A 银行与 C 村镇银行均受甲集团公司控制，且 C 村镇银行为甲集团公司于 20×1 年以非同一控制下企业合并方式收购的全资子公司。合并日，C 村镇银行财务报表中净资产的账面价值为 2 200 万元，甲集团公司合并财务报表中该村镇银行净资产账面价值为 4 000 万元。不考虑相关税费等因素，A 银行的会计处理如下：

借：长期股权投资——投资成本　　　　　　　　24 000 000
　　贷：股本　　　　　　　　　　　　　　　　　　　　　　10 000 000
　　　　资本公积——股本溢价　　　　　　　　　　　　　　14 000 000
借：资本公积——股本溢价　　　　　　　　　　 1 700 000
　　贷：存放中央银行款项　　　　　　　　　　　　　　　　 1 700 000

【例 10-5】20×6 年 1 月 20 日，甲银行以初始投资成本 10 400 万元，从非关联处取得 D 公司 20% 的股权。甲银行向中介支付了 300 万元佣金和手续费。不考虑相关税费等因素，甲银行初始取得长期股权投资的会计处理如下：

以实际支付的价款作为初始投资成本：

借：长期股权投资——投资成本　　　　　　　 107 000 000
　　贷：存放中央银行款项　　　　　　　　　　　　　　　 107 000 000

（二）持有期间长期股权投资的账务处理

长期股权投资在持有期间，根据投资企业对被投资单位的影响程度，应当分别按照不同情况，采用成本法和权益法进行核算。

1. 成本法的核算

成本法是指长期股权投资按成本计价的方法。根据长期股权投资准则，投资方持有的对子公司投资应当采用成本法核算，投资方为投资性主体且子公司不纳入其合并报表的除外。

采用成本法核算的长期股权投资，追加或收回投资应当调整长期股权投资的成本。被投资单位宣告分派的现金股利或利润，应当确认为当期投资收益，借记"应收股利"科目，贷记"投资收益"科目。

【例 10-6】承例 10-4。A 银行按成本法核算该项投资。20×6 年 3 月，C 村镇银行宣告实现净利润 500 万元。A 银行按其持股比例可取得 300 万元。不考虑相关税费等因素，A 银行的会计处理如下：

借：应收股利　　　　　　　　　　　　　　　　　3 000 000
　　贷：投资收益　　　　　　　　　　　　　　　　　　　　 3 000 000

2. 权益法的核算

权益法是指投资以初始投资成本计量后，在投资持有期间根据投资企业享有被投资单位所有者权益的份额的变动对投资的账面价值进行调整的方法。根据长期股权投资准则，投资方对联营企业和合营企业的投资采用权益法核算。

（1）初始投资成本调整。长期股权投资的初始投资成本大于投资时应享有被投资单位可辨认净资产公允价值份额的，不调整长期股权投资的初始投资成本；长期股权投资的初始投资成本小于投资时应享有被投资单位可辨认净资产公允价值份额的，其差额应当计入当期损益，贷记"营业外收入"，同时调整长期股权投资的成本，借记"长期股权投资——投资成本"。

（2）投资损益的确认。投资方取得长期股权投资后，应当按照应享有或应分担的被投资单位实现的净损益的份额，确认投资收益，同时调整长期股权投资的账面价值，即借记"长期股权投资——损益调整"科目，贷记"投资收益"科目。如果被投资单位亏损，则做相反分录。

（3）被投资单位宣告分派的利润或现金股利。投资方按照被投资单位宣告分派的利润或现金股利计算应享有的部分，相应减少长期股权投资的账面价值，即借记"应收股利"科目，贷记"长期股权投资——损益调整"科目。

（4）被投资单位其他综合收益变动。被投资单位其他综合收益发生变动的，投资方应当按照归属于本企业的部分，相应调整长期股权投资的账面价值，同时增加或减少其他综合收益，即借记或贷记"长期股权投资——其他综合收益"科目，贷记或借记"其他综合收益"。

（5）被投资单位除净损益、其他综合收益以及利润分配以外所有者权益的其他变动。投资方对于被投资单位除净损益、其他综合收益和利润分配以外所有者权益的其他变动，应当调整长期股权投资的账面价值并计入所有者权益，即借记或贷记"长期股权投资——其他权益变动"科目，贷记或借记"资本公积——其他资本公积"。

3. 减值的确认

投资方应当关注长期股权投资的账面价值是否大于享有被投资单位所有者权益账面价值的份额等类似情况。出现类似情况时，投资方应当对长期股权投资进行减值测试，可收回金额低于长期股权投资账面价值的，应当计提减值准备。

资产负债表日，长期股权投资发生减值的，按应减记的金额，借记"资产减值损失"科目，贷记"长期股权投资减值准备"科目。

（三）处置长期股权投资的账务处理

处置长期股权投资，其账面价值与实际取得价款之间的差额，应当计入当期损益。应按实际收到的金额,借记"银行存款""存放中央银行款项"等科目,按账面价值的余额,贷记"长期股权投资"科目,按尚未领取的现金股利或利润,贷记"应收股利"科目,按其差额,贷记或借记"投资收益"科目。已计提减值准备的,还应同时结转减值准备。

采用权益法核算的长期股权投资处置时,除上述规定外,还应结转原计入其他综合收益、资本公积的相关金额,借记或贷记"资本公积——其他资本公积""其他综合收益",贷记或借记"投资收益"科目。

【例10-7】承例10-5。甲银行取得该部分股权后对D公司能够施加重大影响并采用权益法核算。20×6年1月20日,甲银行取得投资时,D公司净资产账面价值为10亿元。20×6年年末A公司实现净利润9 000万元,当期D公司因持有的金融资产公允价值变动计入其他综合收益的金额为80万元。20×7年3月10日,D公司宣告分派现金股利2 000万元。20×7年6月22日,甲银行将D公司20%股份全部出售,收到价款35 000万元。假定D公司各项可辨认净资产的公允价值与其账面价值相同,双方采用的会计政策及会计期间相同。甲银行的相关会计处理如下:

(1) 20×6年1月20日,调整初始投资成本。

借:长期股权投资
　　——投资成本(=10亿×20%-1.07亿)　　93 000 000
　贷:营业外收入　　　　　　　　　　　　　　　　　　　93 000 000

(2) 20×6年12月31日,确认投资收益、其他综合收益变动。

借:长期股权投资——损益调整(=9 000万×20%)　18 000 000
　　　　　　　　——其他综合收益　　　　　　　160 000
　贷:投资收益　　　　　　　　　　　　　　　　　　　　18 000 000
　　　其他综合收益　　　　　　　　　　　　　　　　　　　160 000

(3) 20×7年3月10日,D公司宣告分派现金股利。

借:应收股利(2000万×20%)　　　　　　　4 000 000
　贷:长期股权投资——损益调整　　　　　　　　　　　4 000 000

(4) 20×7年6月22日,出售股权。

借:存放中央银行款项　　　　　　　　　350 000 000
　　其他综合收益　　　　　　　　　　　　　　160 000
　贷:长期股权投资——投资成本　　　　　　　　　200 000 000
　　　　　　　　——损益调整　　　　　　　　　　14 000 000
　　　　　　　　——其他综合收益　　　　　　　　　160 000
　　　投资收益　　　　　　　　　　　　　　　　　　　136 000 000

思考练习题

一、重要概念

以摊余成本计量的金融资产　以公允价值计量且其变动计入其他综合收益的金融资产　交易性金融资产　长期股权投资　成本法　权益法

二、思考题

1. 简述以公允价值计量且其变动计入其他综合收益的金融资产的确认条件。
2. 摊余成本与历史成本有什么不同?
3. 其他权益工具与其他债权投资的会计核算有什么异同?
4. 长期股权投资的适用范围是什么?
5. 说明长期股权投资成本法的适用范围及其核算方法。
6. 说明长期股权投资权益法的适用范围及其核算方法。

三、单项选择题

1. 对于以公允价值计量且其变动计入当期损益的金融资产,下列有关业务中,不应贷记"投资收益"的是(　　)。
   A. 收到持有期间获得的现金股利
   B. 收到持有期间获得的债券利息
   C. 资产负债表日,持有的该类金融资产的市价大于其账面价值
   D. 企业转让交易性金融资产收到的价款大于其账面价值的差额

2. 关于交易性金融资产的计量,下列说法中正确的是(　　)。
   A. 资产负债表日,应将交易性金融资产的公允价值变动计入资本公积
   B. 取得交易性金融资产的相关交易费用应计入其入账价值
   C. 处置交易性金融资产时,其公允价值与初始入账金额之间的差额应确认为投资收益,不调整公允价值变动损益
   D. 应以取得该金融资产的公允价值作为初始入账金额,相关交易费用计入当期损益

3. 某银行购入面值为1 000万元的债券,划分为以公允价值计量且其变动计入其他综合收益的金融资产,共支付价款1 150万元,其中包括手续费4万元,已到付息期但尚未领取的利息46万元,则该项金融资产应记入"其他债权工具——成本"科目的金额为(　　)万元。
   A. 1 150　　　　B. 1 146　　　　C. 1 104　　　　D. 1 100

4. 20×6年1月1日,甲银行从二级市场购入乙公司分期付息、到期还本的债券12万张,以银行存款支付价款1 120万元,另支付相关交易费用12万元。该债券系乙公司于20×5年1月1日发行,每张债券面值为100元,期限为3年,票面年利率为5%。甲银行将其作为以摊余成本计量的金融资产核算,则20×6年1月1

日甲银行购入乙公司债券的初始入账价值为（　　）万元。

　　A. 1 120　　　　B. 1 132　　　　C. 1 200　　　　D. 1 212

5. X银行于20×6年1月2日从证券市场上购入乙公司于20×5年1月1日发行的到期一次还本付息债券，该债券期限为3年、票面年利率为6%，到期日为20×7年12月31日。X银行购入债券的面值为1 000万元，实际支付价款为996.61万元，另支付相关交易费用15万元。甲公司购入后将其划分为以摊余成本计量的金融资产。购入债券的实际年利率为8%。20×6年度甲公司应确认的投资收益为（　　）万元。

　　A. 76.13　　　　B. 80.93　　　　C. 81.2　　　　D. 80

6. 20×6年1月1日，A银行以1 500万元取得B公司30%的股权，能对B公司施加重大影响，取得投资时被投资单位可辨认净资产的公允价值为6 000万元。B公司20×6年度共实现净利润700万元。不考虑其他因素，则20×6年年末A银行该项长期股权投资的账面价值为（　　）万元。

　　A. 2 010　　　　B. 1 800　　　　C. 1 710　　　　D. 2 200

7. 长期股权投资采用权益法核算时，下列各项最终不会引起长期股权投资账面价值变动的是（　　）。

　　A. 被投资单位持有的可供出售权益工具的公允价值上升

　　B. 被投资单位发生净亏损

　　C. 被投资单位计提盈余公积

　　D. 被投资单位宣告发放现金股利

8. 在成本法下，被投资单位宣告分派现金股利时，投资企业应按享有的部分计入（　　）科目。

　　A. 长期股权投资　　B. 投资收益　　C. 资本公积　　D. 营业外收入

9. 采用权益法核算长期股权投资时，初始投资成本小于投资时应享有被投资单位可辨认净资产公允价值份额的差额，应计入（　　）科目。

　　A. 投资收益　　　　　　　　　B. 资本公积

　　C. 营业外收入　　　　　　　　D. 公允价值变动损益

10. 采用权益法核算时，被投资单位因持有的权益工具投资的公允价值发生的变动，投资方应调整长期股权投资的账面价值，并计入（　　）。

　　A. 投资收益　　B. 资本公积　　C. 营业外收入　　D. 其他综合收益

四、多项选择题

1. 下列各项中，符合划分为以摊余成本计量的金融资产的条件是（　　）。

　　A. 该金融资产的业务模式既以收取合同现金流量为目标又以出售为目标

　　B. 企业购入有公开报价但不准备随时变现的M公司2%的流通股票

　　C. 金融资产的业务模式是以收取合同现金流量为目标的

D. 金融资产的合同条款规定，在特定日期产生的现金流量，仅为对本金和以未偿付本金金额为基础的利息的支付

2. 企业发生的下列事项中，不影响当期"投资收益"科目余额的有（　　）。
   A. 交易性金融资产在持有期间取得的现金股利
   B. 购买交易性金融资产支付的交易费用
   C. 期末交易性金融资产的公允价值小于账面价值
   D. 交易性金融资产持有期间收到包含在购买价格中的现金股利

3. 下列各项中，会引起其他债权工具账面价值发生变动的有（　　）。
   A. 计提减值准备　　　　　　B. 持有的金融资产的公允价值变动
   C. 持有期间的现金股利　　　D. 持有期间的应计利息

4. 企业的金融资产按其管理的业务模式和金融资产的合同现金流量特征，应分类为（　　）。
   A. 以公允价值计量且其变动计入当期损益的金融资产
   B. 以摊余成本计量的金融资产
   C. 贷款和应收款项
   D. 以公允价值计量且其变动计入其他综合收益的金融资产

5. 关于金融资产的后续计量，下列说法中正确的有（　　）。
   A. 资产负债表日，企业应将交易性金融资产的公允价值变动计入当期损益
   B. 债权投资在持有期间按照摊余成本和实际利率计算确认利息收入，计入投资收益
   C. 资产负债表日，其他债权投资应当以公允价值计量，公允价值变动计入其他综合收益
   D. 资产负债表日，其他权益工具投资应当以公允价值计量，且其公允价值变动计入当期损益

6. 对于非同一控制下企业合并形成的长期股权投资，下列表述中正确的有（　　）。
   A. 合并过程中发生的审计及法律咨询等中介费用，应计入长期股权投资的初始投资成本
   B. 以发行权益性证券作为合并对价的，为发行权益性证券所发生佣金、手续费应计入合并成本
   C. 所支付的非货币性资产在购买日的公允价值与账面价值的差额应作为资产处置损益予以确认
   D. 实际支付的合并价款中包含的已宣告但尚未发放的现金股利或利润，应计入应收股利

7. 长期股权投资的权益法核算适用的范围包括（　　）。
   A. 投资企业能够对被投资企业实施控制的长期股权投资
   B. 投资企业对被投资企业具有共同控制的长期股权投资

C. 投资企业对被投资企业不具有共同控制或重大影响，并且在活跃市场中没有报价、公允价值不能可靠计量的长期股权投资

D. 投资企业对被投资企业具有重大影响的长期股权投资

8. 在非企业合并情况下，下列各项中构成长期股权投资初始投资成本的有（　　）。

A. 投资时支付的不含应收股利的价款

B. 为取得长期股权投资而发生的交易费用

C. 与发行权益性证券直接相关的费用

D. 投资时支付款项中所含的已宣告而尚未领取的现金股利

五、判断题

1. 权益工具投资一般不符合本金加利息的合同现金流量特征，因此必须分类为以公允价值计量且其变动计入当期损益的金融资产。（　　）
2. 交易性金融资产在持有期间获得的股利或债券利息收入计入投资收益。（　　）
3. 资产负债表日，债权投资为到期一次还本付息债券投资的，应按票面利率计算确定的应收未收利息，借记"应收利息"科目，按投资摊余成本和实际利率确定的利息收入，贷记"投资收益"科目，按其差额，借记或贷记"债权投资——利息调整"科目。（　　）
4. 按照2014年《企业会计准则第2号——长期股权投资》，投资企业对被投资企业不具有共同控制或重大影响，并且在活跃市场中没有报价、公允价值不能可靠计量的投资应列入长期股权投资，并采用成本法核算。（　　）
5. 长期股权投资期末应按历史成本计量，不计提减值准备。（　　）

六、核算题

1. 甲银行20×6年1月1日购入面值为200万元，年利率为4%、年末分期付息的A债券；取得时支付价款208万元（含已到付息期但尚未领取的利息8万元），另支付交易费用1万元，甲银行将该项金融资产划分为交易性金融资产。20×6年1月5日，收到购买时价款中所含的利息8万元。20×6年12月31日，A债券的公允价值为212万元（不含利息）。20×7年1月5日，收到A债券20×6年度的利息8万元。20×7年4月20日，甲银行出售A债券，售价为216万元。不考虑其他因素。要求：

（1）编制与上述经济业务相关的会计分录。

（2）计算甲银行投资A债券的全部损益。

2. M银行20×5年1月1日购入某公司于当日发行的三年期债券，分类为以摊余成本计量的金融资产。该债券票面金额为100万元，票面利率为10%，M公司实际支付106万元。该债券每年年末付息一次，最后一年归还本金并支付最后一期利息，假设M银行按年计算利息。实际利率为7.688 9%。

要求：做出与此项投资相关的会计处理。

3. S银行有关投资的资料如下：
   （1）20×6年2月5日，S银行以银行存款从二级市场购入乙公司股票100 000股，划分为以公允价值计量且其变动计入其他综合收益的金融资产，每股买价11.5元，同时支付相关税费10 000元。
   （2）20×6年4月10日，乙公司宣告发放现金股利，每股0.4元。
   （3）20×6年4月20日，收到乙公司发放的现金股利40 000元。
   （4）20×6年12月31日，乙公司股票市价为每股11元。
   （5）20×7年12月31日，乙公司股票市价为每股12元。
   要求：根据上述经济业务编制有关会计分录。

4. C银行为上市公司，20×6年发生如下与长期股权投资有关的业务：
   20×6年1月1日，C银行向甲公司定向发行1 000万股普通股（每股面值1元，每股市价5元）作为对价，取得甲公司60%的股权。甲公司与C银行为同一集团公司控制。C银行通过人民银行准备金账户支付发行股票时发生的证券商佣金、手续费100万元。
   20×6年1月1日，集团公司合并财务报表中甲公司净资产账面价值为6 000万元，相关手续为当日办理完毕，C银行于当日取得控制权。
   20×6年3月10日，甲公司宣告分配现金股利300万元。20×6年3月20日，C银行收到该现金股利。
   20×6年度甲公司实现净利润1 000万元，其持有的期末公允价值增加了200万元。期末经减值测试，C银行对甲公司的股权投资发生减值270万元。
   要求：根据上述经济业务编制有关会计分录。

5. A银行有关长期股权投资的业务如下，请根据相关资料，绘制A银行会计报表。
   （1）20×5年1月2日，A银行以每股11元从证券市场买入乙公司股票200万股，每股价格中包含已宣告但尚未领取的现金股利0.4元，另支付相关费用20万元。A银行通过在××证券公司的账户划转款项。A银行购入的股票占乙公司有表决权资本的比例为30%，能够对乙公司实施重大影响。A银行与乙公司无关联关系；乙公司有关资产、负债的公允价值与其账面价值相同；A银行与乙公司适用的会计政策、会计期间相同。
   （2）20×5年1月21日，A银行收到××证券公司划来的乙公司的现金股利。
   （3）20×5年度，乙公司实现净利润600万元，当期乙公司因持有其他权益工具金融资产公允价值的变动计入其他综合收益90万元。
   （4）20×6年度，乙公司净亏损200万元。
   （5）20×7年3月10日，A银行将持有的乙公司股票全部出售，取得款项净额3 000万元，购买方开户行将款项通过人民银行账户划转至A银行。

第十一章 Chapter 11

其他资产业务

学习目标

1. 了解固定资产的界定、分类和确认条件
2. 掌握固定资产取得、折旧、减值准备、减少的核算
3. 了解无形资产的定义、分类和确认条件
4. 掌握无形资产的取得、摊销、减值、处置的核算

第一节 固定资产

一、固定资产概述

（一）固定资产的界定

固定资产，是指同时具有以下特征的有形资产：
（1）为生产商品、提供劳务、出租或经营管理而持有的；
（2）使用寿命超过1个会计年度。

银行应当根据固定资产定义，结合本行的具体情况，制定适合于自身的固定资产目录、分类方法、每类或每项固定资产的折旧年限、折旧方法，作为进行固定资产核算的依据。

（二）固定资产的分类

根据不同的标准，对固定资产可以进行如下分类。

按照经济用途划分，可分为经营用固定资产和非经营用固定资产；按照是否投

入使用,可分为使用中固定资产、未使用固定资产和不需用固定资产;按照所有权划分,可分为自有固定资产、租入固定资产;按照实物形态划分,可分为土地(指已经估价单独入账的土地)、房屋及建筑物、计算机设备、交通运输设备、安全防卫设施、办公机具、出纳机具和其他固定资产等。

(三)固定资产的确认条件

一项资产如要作为固定资产加以确认,首先需要符合固定资产的定义,其次还要符合固定资产的以下两个确认条件。

(1)与该固定资产有关的经济利益很可能流入企业。企业在确认固定资产时,需要判断与该项固定资产有关的经济利益是否很可能流入企业。在实务中,主要是通过判断与该固定资产所有权相关的风险和报酬是否转移到了企业来确定。不过所有权是否转移也不是判断的唯一标准。在有些情况下,某项固定资产的所有权虽然不属于企业,但是,企业能够控制与该项固定资产有关的经济利益流入企业,在这种情况下,企业应将该固定资产予以确认。如融资租赁方式下租入的固定资产。

(2)该固定资产的成本能够可靠地计量。可靠计量是指能够取得固定资产成本的确凿证据,或能够对固定资产的成本进行合理的估计。

固定资产的各组成部分具有不同使用寿命或者以不同方式为企业提供经济利益,适用不同折旧率或折旧方法的,应当分别将各组成部分确认为单项固定资产。

二、固定资产取得的核算

固定资产按取得方式不同,其成本的具体构成也不同。一般来说,固定资产应包括企业在建造、购置或以其他方式取得某项固定资产并在其达到使用状态前所发生的一切合理的、必要的支出,可以分为以下情形。

(1)购入的固定资产,其成本包括实际支付的买价及使固定资产达到预定可使用状态前发生的可归属于该资产的运输费、包装费、安装费等。企业需设置"固定资产"科目,如果购入的固定资产需要安装,还应设置"在建工程"科目。

【例11-1】甲银行购入汽车1辆,共支付含税价款234 000元、运输费3 330元,增值税税率分别为17%、11%,以银行存款付讫。

不含税价款 = 234 000 ÷ (1+17%) = 200 000 (元)
不含税运费 = 3 330 ÷ (1+11%) = 3 000 (元)

借:固定资产　　　　　　　　　　　　　　　203 000
　　应交税费——应交增值税(进项税)　　　 34 330
　贷:银行存款　　　　　　　　　　　　　　　　　　237 330

【例 11-2】 甲银行 5 月 7 日购入 1 套需要安装的电器设备,设备增值税专用发票上注明设备价款为 100 000 元,增值税税额 17 000 元;运输费增值税专用发票上注明设备运费为 4 000 元,增值税税额 440 元。5 月 22 日,支付安装工人工资 7 000 元。5 月 30 日安装完毕,设备达到预定可使用状态。

购入需要安装的固定资产,应先通过"在建工程"科目,核算安装费用和工程价款等;待完工后,一次转入"固定资产"科目。

(1) 5 月 7 日,会计分录为:

借:在建工程 104 000
　　应交税费——应交增值税(进项税) 17 440
　　贷:银行存款 121 440

(2) 5 月 22 日,会计分录为:

借:在建工程 7 000
　　贷:银行存款 7 000

(3) 5 月 30 日,会计分录为:

借:固定资产 111 000
　　贷:在建工程 111 000

(2) 自行建造的固定资产,按建造过程中实际发生的支出计量,分为物资成本、人工成本、相关税费、应予以资本化的借款费用以及应分摊的间接费用等。企业还须设置"工程物资""在建工程"等科目。

(3) 融资租入的固定资产,包括按租赁合同或协议确定的设备价款、运输费、途中保险费、安装调试费、手续费和应予以资本化的借款费用等。

(4) 在原有固定资产基础上进行更新改造、维护修理的,支出如果符合资本化条件,则应予以资本化,计入固定资产成本;如果不符合固定资产确认条件,则应予以费用化,计入当期损益。

【例 11-3】 甲银行管理部门发生固定资产修理费用 3 000 元。

借:业务及管理费 3 000
　　贷:银行存款 3 000

(5) 投资者投入的固定资产,应当按照投资合同或协议约定的公允价值确定,但合同或协议约定价值不公允的除外。

(6) 通过非货币性资产交换、债务重组、企业合并等方式取得的固定资产,应当按照《企业会计准则第 7 号——非货币性资产交换》《企业会计准则第 12 号——债务重组》《企业会计准则第 20 号——企业合并》等的规定处理。

(7) 盘盈的固定资产,应当作为前期差错处理。

三、固定资产折旧的核算

固定资产在使用过程中，由于有形或无形的损耗，其价值会逐渐降低，降低的价值有些会转移到所生产的产品中。为正确反映固定资产价值的转移，企业应合理计提折旧。

固定资产折旧是指在固定资产的使用寿命内，按照确定的方法对应计折旧额进行系统的分摊。应计折旧额是指固定资产的原价扣除预计净残值及固定资产减值准备后的余额。

固定资产使用寿命、折旧方法、预计净残值一经确定，不得随意变更。经复核确须变更的，应当作为会计估计变更处理。

（一）影响固定资产折旧的因素

（1）固定资产原值，即固定资产取得时的成本。在其他条件相同的情况下，固定资产的原值越大，各期计提的折旧额越高。

（2）固定资产预计净残值，即假定固定资产预计使用寿命已满并处于使用寿命终了时的预期状态，企业目前从该项资产处置中获得的扣除预计处置费用后的金额。企业应当根据固定资产的性质和使用情况，合理确定固定资产的预计净残值。

（3）固定资产使用寿命。企业应当根据固定资产的性质和使用情况，合理确定其使用寿命。确定时应当考虑预计生产能力或实物产量、预计有形损耗和无形损耗、法律或者类似规定对资产使用的限制等因素。

（4）固定资产减值准备。如果企业对固定资产计提了减值准备，则应根据减值后固定资产的账面价值，按其剩余使用寿命和预计净残值，重新计算未来各期的折旧额。

（二）固定资产计提折旧的范围与时间

除了已提足折旧的固定资产、单独计价入账的土地、提前报废的固定资产以外，企业应当对其拥有的全部固定资产（包括融资租入的固定资产）计提折旧。

固定资产应当从达到预定可使用状态开始，至终止确认为止，按月计提折旧。当月增加的固定资产，当月不提折旧，从下月起计提折旧；当月减少的固定资产，当月照提折旧，从下月起不提折旧。

（三）固定资产折旧方法

企业应当根据与固定资产有关的经济利益的预期实现方式，合理选择折旧方法。可选择的方法包括年限平均法、工作量法、双倍余额递减法、年数总和法。

1. 年限平均法

年限平均法又称直线法，是指将固定资产的应计提折旧额平均地分摊到固定资产的预计使用寿命内的一种方法。采用这种方法，每期的折旧额均相等。计算公式如下：

$$年折旧率 = (1 - 预计净残值率) \div 预计折旧年限 \times 100\%$$

$$月折旧率 = 年折旧率 \div 12$$

$$月折旧额 = 固定资产原值 \times 月折旧率$$

【例11-4】 甲银行某项固定资产原值80 000元，预计净残率2.5%，预计使用年限5年。采用年限平均法计提折旧。

$$年折旧率 = (1 - 2.5\%) \div 5 \times 100\% = 19.5\%$$

$$月折旧率 = 19.5\% \div 12 = 1.625\%$$

$$月折旧额 = 80\ 000 \times 1.625\% = 1\ 300（元）$$

采用年限平均法计提折旧比较简单、直观，但忽视了固定资产不同时期提供经济效益的差异，不符合固定资产价值的实现方式。

2. 工作量法

工作量法是指根据某项固定资产的实际工作量计提折旧的一种方法。计算公式如下：

$$单位工作量折旧额 = 固定资产原值 \times (1 - 预计净残值率) \div 预计总工作量$$

$$月折旧额 = 单位工作量折旧额 \times 当月工作量$$

【例11-5】 甲银行的一辆小轿车，初始价值为300 000元，预计行驶里程为9 000 000公里，预计净残值率为4%，本月行驶为15 000公里。

$$单位工作量折旧额 = 300\ 000 \times (1 - 4\%) \div 9\ 000\ 000 = 0.032（元/公里）$$

$$本月折旧额 = 0.032 \times 15\ 000 = 480（元）$$

3. 双倍余额递减法

双倍余额递减法是指在不考虑固定资产预计净残值的情况下，根据每期期初固定资产账面净值和双倍直线法折旧率，计提各期固定资产折旧的一种方法。同时，应在折旧年限的最后两年内，将固定资产账面扣除预计净残值后的余额平均摊销。计算公式为：

$$年折旧率 = 2 \div 折旧年限 \times 100\%$$

$$月折旧率 = 年折旧率 \div 12$$

$$月折旧额 = 固定资产账面净值 \times 月折旧率$$

$$最后两年年折旧额 = (固定资产账面净值 - 预计净残值) \div 2$$

【例 11-6】沿用【例 11-4】。采用双倍余额递减法计提折旧，各年折旧额如表 11-1 所示。

表 11-1　各年折旧额　　　　　　　　　　　　　单位：元

年份	期初账面净值	折旧率	折旧额	累计折旧额	期末账面净值
1	80 000	40%	32 000	32 000	48 000
2	48 000	40%	19 200	51 200	28 800
3	28 800	40%	11 520	62 720	17 280
4	17 280		7 640	70 360	9 640
5	9 640		7 640	78 000	2 000

其中：年折旧率 =2÷5×100%=40%

第四年、第五年将账面净值平均摊销：

年折旧额 =（17 280-2 000）÷2=7 640（元）

4. 年数总和法

年数总和法是将固定资产原值减去预计净残值后的余额，乘以一个逐年递减的分数计提折旧额的一种方法。其中逐年递减的分数为年折旧率，其分子为固定资产尚可使用的年数，分母为使用年数的逐年数字之总和。计算公式为：

年折旧率 = 尚可使用年数 ÷ 预计使用寿命的年数总和 ×100%

月折旧率 = 年折旧率 ÷12

月折旧额 =（固定资产原值 - 预计净残值）× 月折旧率

　　　　 = 应计提折旧总额 × 月折旧率

【例 11-7】沿用【例 11-4】，采用年数总和法计提折旧。

（1）计算各年折旧率。

年数合计数 =1+2+3+4+5=15

1～5 年固定资产尚可使用的年限分别为 5、4、3、2、1。

各年的折旧率分别是：5/15、4/15、3/15、2/15、1/15。

（2）计算该项固定资产应计折旧总额 =80 000×（1-2.5%）=78 000（元）

（3）计算各年应计提折旧额，如表 11-2 所示。

表 11-2　　　　　　　　　　　　　　　　　单位：元

年次	应计折旧总额	年折旧率	年折旧额	累计折旧额	账面余额
1	78 000	5/15	26 000	26 000	52 000
2	78 000	4/15	20 800	46 800	31 200
3	78 000	3/15	15 600	62 400	17 600
4	78 000	2/15	10 400	72 800	7 200
5	78 000	1/15	5 200	78 000	2 000

双倍余额递减法和年数总和法都属于加速折旧法，固定资产的使用初期计提折旧较多而在后期计提折旧较少，与固定资产的运营规律保持了一致趋势。

（四）固定资产折旧的账务处理

固定资产应当按月计提折旧，计提时贷记"累计折旧"科目，并根据用途计入相关资产的成本或者当期损益，即借记"在建工程""业务及管理费""其他业务成本"等科目。

【例11-8】甲银行月末计提机器设备折旧57 000元，经营出租房屋折旧60 000元，会计分录为：

```
借：业务及管理费                    57 000
    其他业务成本                    60 000
    贷：累计折旧                              117 000
```

四、固定资产减值准备的核算

企业应在资产负债表日判断固定资产是否发生了减值，即固定资产的可收回金额是否低于其账面价值，如果可收回金额低于账面价值，则应当按照差额计提固定资产减值准备。可收回金额应按照资产的公允价值减去处置费用后的净额与资产预计未来现金流量的现值，取两者之中的较高者。

企业期末应该将固定资产的可收回金额与其账面价值进行比较，如果其可收回金额大于其账面价值，那么不做任何处理；如果其可收回金额小于账面价值，那么说明固定资产发生了减值，应按所确定的固定资产减值数额，计提减值准备。资产减值损失一经确认，在以后会计期间不得转回。会计处理为：

```
借：资产减值损失
    贷：固定资产减值准备
```

五、固定资产减少的核算

（一）固定资产出售、报废、毁损

固定资产出售、使用期满发生报废或技术进步、管理不善发生的提前报废以及因各种不可抗拒的自然灾害而遭到毁损，应按规定程序办理固定资产出售、报废等手续，并通过"固定资产清理"账户核算。核算步骤如下：

（1）结转固定资产账面价值。将固定资产净额转入清理账户，结转固定资产原值、累计折旧、减值准备账户。会计分录为：

借：固定资产清理
　　累计折旧
　　固定资产减值准备
　贷：固定资产

（2）发生清理费用等，会计分录为：
借：固定资产清理
　贷：银行存款

取得处置收入等，会计分录为：
借：银行存款
　贷：固定资产清理
　　　应交税费——应交增值税

（3）结转清理净损益

固定资产清理后出现净收益，会计分录为：
借：固定资产清理
　贷：营业外收入——处置非流动资产利得

固定资产清理后出现净损失，会计分录为：
借：营业外支出——处置非流动资产损失
　贷：固定资产清理

【例 11-9】甲银行出售一台机器设备，原价为 500 000 元，已累计计提折旧 200 000 元，资产减值准备 10 000 元。在出售过程中支付清理费用 3 000 元，收到价款 351 000 元（含税）。出售机器设备的增值税税率为 17%，其他税费略。

根据上述资料，甲银行会计处理如下：

（1）结转固定资产账面价值，会计分录为：

借：固定资产清理	290 000	
累计折旧	200 000	
固定资产减值准备	10 000	
贷：固定资产		500 000

（2）支付清理费用，会计分录为：

借：固定资产清理	3 000	
贷：银行存款		3 000

（3）取得处置收入，会计分录为：

借：银行存款	351 000	
贷：固定资产清理		293 000
应交税费——应交增值税		51 000
营业外收入		7 000

（二）固定资产盘亏

为保证固定资产的安全完整，企业应定期对固定资产进行财产清查。如果发现盘亏，应通过"待处理财产损溢——待处理非流动资产损溢"科目核算，按管理权限报经批准后，转入"营业外支出——盘亏损失"核算。会计分录为：

借：待处理财产损溢——待处理非流动资产损溢
　　固定资产减值准备
　　累计折旧
　贷：固定资产
借：营业外支出——盘亏损失
　贷：待处理财产损溢——待处理非流动资产损溢

【例 11-10】甲银行年末对固定资产进行清查后发现丢失一台机器设备。该设备原价 50 000 元，已计提折旧 30 000 元，已计提减值准备 8 000 元。假如无其他费用发生。

甲银行的账务处理如下：

借：待处理财产损溢——待处理非流动资产损溢　　　　　　12 000
　　固定资产减值准备　　　　　　　　　　　　　　　　　　8 000
　　累计折旧　　　　　　　　　　　　　　　　　　　　　　30 000
　贷：固定资产　　　　　　　　　　　　　　　　　　　　　　　　　50 000

按规定报批后，甲银行账务处理如下：

借：营业外支出——盘亏损失　　　　　　　　　　　　　　12 000
　贷：待处理财产损溢——待处理非流动资产损溢　　　　　　　　　12 000

第二节　无形资产

一、无形资产概述

（一）无形资产的定义

无形资产是指企业长期使用或控制的没有实物形态的可辨认非货币性资产。通常包括专利权、非专利技术、商标权、著作权、特许权、土地使用权等。无形资产具有以下特征：

1. 不具有实物形态

无形资产通常表现为某种权利、某项技术或是某种获取超额利润的综合能力，它们不具有实物形态。

2. 具有可辨认性

要作为无形资产进行核算，该资产必须是能够区别于其他资产可单独辨认的，如企业特有的专利权、非专利技术、商标权、土地使用权、特许权等。满足下列条件之一的，应当认定为其具有可辨认性。

（1）能够从企业中分离或者划分出来，并能单独或者与相关合同、资产或负债一起，用于出售、转移、授予许可、租赁或交换的。

（2）源自合同性权利或其他法定权利，无论这些权利是否可以从企业或其他权利和义务中转移或者分离的。

商誉通常是与企业整体价值联系在一起的，其存在无法与企业自身相分离，不具有可辨认性，不属于本章所指的无形资产。

3. 属于非货币性资产

非货币性资产是指企业持有的货币资金和将以固定或可确定的金额收取的资产以外的其他资产。无形资产在持有过程中为企业带来未来经济利益的情况不确定，不属于以固定或可确定的金额收取的资产，属于非货币性资产。

（二）无形资产的分类

无形资产可按不同的标准进行分类。

（1）按形成来源不同，可分为外部取得的无形资产和内部形成的无形资产。外部形成的无形资产主要是指从外部购入的、投资者作为资本投入的以及通过其他外部渠道取得的无形资产。内部形成的无形资产主要是指企业自行研制开发的或在经营过程中累积形成的无形资产。

（2）按使用寿命是否确定，可分为使用寿命有限的无形资产和使用寿命不确定的无形资产。无形资产的使用寿命可以根据相关法律、合同等确定；没有明确的法律或合同规定的，企业应当综合各方面因素判断，例如，企业通过聘请相关专家进行论证、与同行业的情况进行比较以及参考企业的历史经验等，来确定无形资产为企业带来未来经济利益的期限。经过上述努力仍确实无法合理预见无形资产为企业带来未来经济利益期限的，应当视为使用寿命不确定的无形资产。

（三）无形资产的确认条件

无形资产应当在符合定义的前提下，同时满足以下两个确认条件时，才能予以确认。

1. 与该无形资产有关的经济利益很可能流入企业

通常情况下，无形资产产生的未来经济利益可能包括在销售商品、提供劳务的收入当中，或者企业使用该项无形资产而减少或节约了成本，或者体现在获得的其他利益当中。例如，金融企业在经营管理中使用了某种知识产权，使其降低了未来生产成本。实务中，要确定无形资产所创造的经济利益是否很可能流入企业，需要对无形资产在预计使用寿命内可能存在的各种经济因素做出合理估计，并且应当有确凿的证据支持。同时，还应关注一些外界因素的影响，如是否存在与该无形资产相关的新技术、新产品冲击，或据其生产的产品是否存在市场等。

2. 该无形资产的成本能够可靠地计量

成本能够可靠地计量是确认资产的一项基本条件，对于无形资产而言，这个条件显得更为重要。例如，企业内部产生的品牌、报刊名、刊头、客户名单和实质上类似项目的支出，由于不能与整个业务开发成本区分开来，成本无法可靠计量，因此，不应确认为无形资产。

二、无形资产取得的核算

无形资产通常按实际成本计量，即以取得无形资产并使之达到预定用途而发生的全部支出，作为无形资产的成本。企业须设置"无形资产"科目。对于不同来源取得的无形资产，其初始成本构成也不尽相同。

（一）外部取得的无形资产

（1）外购的无形资产，其成本包括：购买价款、相关税费以及直接归属于使该项资产达到预定用途所发生的其他支出等。其中，直接归属于使该项资产达到预定用途所发生的其他支出包括使无形资产达到预定用途所发生的专业服务费用、测试无形资产是否能够正常发挥作用的费用等。

对于采用分期付款方式购买的无形资产（如付款期限在 3 年以上），实质上具有了融资的性质，无形资产的成本应按购买价款的现值计量，现值与应付价款之间的差额作为未确认的融资费用，在付款期间内按照实际利率法摊销。为此企业需通过"长期应付款""未确认融资费用"等科目核算。

（2）投资者投入无形资产的成本，应当按照投资合同或协议约定的价值确定，但合同或协议约定价值不公允的除外。

（3）通过其他方式外部取得的无形资产，如通过非货币性资产交换、债务重组、政府补助等方式取得的无形资产，应按不同方式确定无形资产的成本。

（二）内部研发取得的无形资产

企业内部自行研究开发项目，应当区分研究阶段与开发阶段分别进行核算。对于研究阶段的支出，全部费用化计入当期损益；开发阶段支出符合资本化条件的计入无形资产成本，不符合资本化条件的计入当期损益。企业须设置"研发支出"科目核算。

1. 研究阶段

研究是指为了获取并理解新的科学或技术知识而进行的独创性的有计划的调查。研究阶段的特点表现为计划性和探索性，研究能否在未来形成成果具有很大的不确定性，进而企业无法证明其能够带来未来经济利益的无形资产的存在，不符合资产确认的条件，因此对于自行研发的项目，研究阶段有关支出应当在发生时全部费用化，计入当期损益。有关支出发生时，借记"研发支出——费用化支出"科目，贷记"应付职工薪酬"等科目；期末，应将发生的支出转入当期管理费用。

2. 开发阶段

开发是指在进行商业性生产或使用前，将研究成果或其他知识应用于某项计划或设计，以生产出新的或具有实质性改进的材料、装置、产品等的活动。相对于研究阶段而言，开发阶段在很大程度上具备了形成一项新产品或新技术的基本条件，因此研发项目在此阶段产生成果的可能性较大。

对于符合资本化条件的，当有关支出发生时，借记"研发支出——资本化支出"科目，贷记"应付职工薪酬"等科目；对于研发项目达到预定用途形成无形资产的，应按"研发支出——资本化支出"科目的余额，借记"无形资产"科目，贷记"研发支出——资本化支出"科目。

不符合资本化条件的，其相关处理与研究阶段的处理相同。

【例11-11】甲银行于20×6年1月5日开始自行研究开发一项无形资产。研究阶段支付现金300 000元、发生职工薪酬200 000元。进入开发阶段后，相关支出符合资本化条件前支付现金70 000元；符合资本化条件后发生职工薪酬400 000元、支付现金8万元。同年12月1日达到预定可使用状态并交付使用。

根据上述资料，甲银行会计处理如下：

（1）发生支出时，会计分录为：

借：研发支出——费用化支出　　　　　　　　　570 000
　　　　　　——资本化支出　　　　　　　　　480 000
　　贷：银行存款　　　　　　　　　　　　　　　　　　450 000
　　　　应付职工薪酬　　　　　　　　　　　　　　　　600 000

（2）达到预定可使用状态时，会计分录为：

借：业务及管理费　　　　　　　　　　　　　　　　570 000
　　无形资产　　　　　　　　　　　　　　　　　　480 000
　　贷：研发支出——费用化支出　　　　　　　　　　　　570 000
　　　　　　——资本化支出　　　　　　　　　　　　　480 000

三、无形资产摊销的核算

无形资产属于企业的长期资产，能在较长的时间里给企业带来效益。但其所具有的价值通常会在使用期限内逐渐减少直至全部丧失。因此，无形资产应在其估计的使用寿命内采用合理的方法进行摊销。使用寿命不确定的无形资产，不需要摊销。

（一）无形资产的摊销金额

无形资产的应摊销金额为其成本扣除预计残值后的金额。已计提减值准备的无形资产，还应扣除已计提的减值准备的累计金额。使用寿命有限的无形资产，除个别情况外其残值应当视为零。

（二）无形资产的摊销时间

无形资产的摊销期自其可供使用时开始至终止确认时止，具体为当月增加的无形资产，当月开始摊销；当月减少的无形资产，当月不再摊销。

（三）无形资产的摊销方法

无形资产的摊销方法有多种，如直线法、产量法、急速折旧法等。在选择摊销方法时，应当能够反映与该项无形资产有关的经济利益的预期实现方式，并一致地运用于不同会计期间；无法可靠确定其预期实现方式的，应当采用直线法进行摊销。

（四）无形资产摊销的账务处理

无形资产应当按期（月）摊销，摊销时贷记"累计摊销"科目，借记"业务及管理费""其他业务成本"等科目。

四、无形资产减值的核算

与固定资产相同，企业应在资产负债表日判断无形资产是否发生了减值，即无形资产的可收回金额是否低于其账面价值，如果可收回金额低于账面价值，则应当按照差额计提无形资产减值准备。资产减值损失一经确认，在以后的会计期间不得转回。

【例 11-12】甲银行于 20×6 年 7 月 1 日，成功研发一项销售产品用专利技术并确认为一项无形资产，账面价值为 150 万元。该项专利权法律规定的有效期为 5 年，采用直线法摊销。20×6 年 12 月 31 日，该项专利权存在可能发生减值的迹象，可收回金额为 130 万元。

20×6 年 12 月 31 日，摊销该项无形资产时：

借：业务及管理费　　　　　　　　　　　　　150 000
　　贷：累计摊销　　　　　　　　　　　　　　　　　　150 000

该项无形资产的账面价值为 135 万元（=150 万元 −15 万元），而可收回金额为 130 万元，故应计提减值准备 5 万元。

借：资产减值损失　　　　　　　　　　　　　 50 000
　　贷：无形资产减值准备　　　　　　　　　　　　　　 50 000

五、无形资产处置的核算

（一）无形资产出租

企业出租无形资产，是将其拥有的无形资产的使用权让渡他人，以收取租金。因企业仍享有无形资产的所有权，所以在出租期间应继续该项无形资产的摊销。租金收入一般贷记"其他业务收入"等科目，无形资产摊销成本及发生的与转让有关的各种费用，借记"其他业务成本"等科目。

（二）无形资产出售

企业出售无形资产，表明其放弃对该项无形资产的所有权。出售无形资产时，应当结转无形资产的账面价值，并将所取得的价款与该无形资产账面价值的差额计入当期损益。企业出售无形资产，不属于收入准则的规定范围，但出售无形资产确认其利得的时点，应比照收入准则中的有关原则进行判断。

出售无形资产时，应按实际收到的金额，借记"银行存款"等科目，按已计提的累计摊销，借记"累计摊销"科目，按该项无形资产已计提减值准备，借记"无形资产减值准备"科目，按应支付的相关税费及其他费用，贷记"应交税费——应交增值税（销项税）""银行存款"等科目，按其账面余额，贷记"无形资产"科目，按其差额，贷记"营业外收入——处置非流动资产利得"科目或借记"营业外支出——处置非流动资产损失"科目。

【例 11-13】甲银行以 212 万元出售一项无形资产（含税），适用的增值税税率为 6%。该无形资产原购入价为 500 万元，合同规定的受益年限为 10 年，转让时已使用 4 年，已计提减值准备 6 万元。

该项无形资产每年的摊销额 =500÷10=50（万元）；转让时无形资产的账面净值 = 500-50×4-6=294（万元）

借：银行存款	2 120 000	
累计摊销	2 000 000	
无形资产减值准备	60 000	
营业外支出——处置非流动资产损失	940 000	
贷：无形资产		5 000 000
应交税费——应交增值税（销项税）		120 000

（三）无形资产的报废

无形资产预期不能为企业带来未来经济利益的，应当将该无形资产的账面价值予以转销，其账面价值转作当期损益（营业外支出）。

思考练习题

一、重要概念

固定资产　　固定资产折旧　　年数总和法　　双倍余额递减法　　无形资产

二、思考题

1. 固定资产的初始计量是怎样的？
2. 什么是固定资产折旧？有哪些计提方法？不同的计提方法有什么影响？
3. 无形资产及其特征是什么？转让使用权与转让所有权的核算在会计上有什么不同？

三、单项选择题

1. 下列选项中不计入固定资产成本的是（　　）。
   A. 为增加固定资产使用效能或延长其使用年限而发生的改建、扩建等后续支出
   B. 购买价款
   C. 为维护固定资产的正常使用而发生的日常修理等后续支出
   D. 固定资产交付使用前所发生的可归属于该项资产的运输费、装卸费等
2. 某银行转让一项固定资产，该固定资产原价值 80 万元，已提折旧 40 万元，转让价 60 万元，支付清理费用 5 万元。清理完毕，计入损益类项目的是（　　）
   A. 营业外收入 20 万元　　　　　　B. 营业外收入 15 万元
   C. 营业外支出 20 万元　　　　　　D. 营业外支出 15 万元

3. 20×6年12月31日，某银行的一项固定资产计提减值准备前的账面价值为1 000万元，公允价值为980万元，预计处置费用为80万元，预计未来现金流量的现值为1 050万元。20×6年12月31日，甲公司应对该项固定资产计提的减值准备为（　　）万元。

   A. 0   B. 20   C. 50   D. 100

4. 某银行20×5年6月19日购入设备一台，取得的增值税专用发票上注明的设备买价为226万元，增值税额为38.42万元，支付的运输费为1.17万元，预计净残值为2万元，预计使用年限为5年，在采用年数总和法计提折旧的情况下，该设备20×6年应提折旧额为（　　）万元。

   A. 79.02   B. 75   C. 67.5   D. 70

5. 某银行的一台机器设备采用工作量法计提折旧。原价为153万元，预计可生产产品总产量为45万件，预计净残值率为3%，本月生产产品7.65万件。则该台机器设备该月折旧额为（　　）万元。

   A. 2.679 03   B. 2.629 59   C. 2.522 97   D. 2.522 835

四、多项选择题

1. 下列固定资产应计提折旧的有（　　）。
   A. 已全额计提折旧的固定资产　　B. 融资租入的固定资产
   C. 闲置不需用的机器　　　　　　D. 待售的固定资产

2. 商业银行计提固定资产折旧应借记的会计科目有（　　）。
   A. 资产减值损失　　　　　　　　B. 固定资产
   C. 业务及管理费用　　　　　　　D. 其他业务成本

3. 下列各项中，可能对固定资产处置损益产生影响的因素有（　　）。
   A. 累计折旧　　B. 增值税　　C. 固定资产减值准备　　D. 清理费用

4. 当期发生的下列各项费用，可能影响企业营业利润的有（　　）。
   A. 无形资产内部研发项目在研究阶段的有关支出
   B. 无形资产内部研发项目在开发阶段、符合资本化的有关支出
   C. 无形资产处置损益
   D. 已出租的无形资产的摊销费用

5. 下列关于自行研究开发无形资产的处理，不正确的有（　　）。
   A. 企业内部研究开发项目研究阶段的支出，不应当通过"研发支出"科目核算，应当在发生时直接计入业务及管理费
   B. "研发支出"科目期末借方余额，反映企业正在进行无形资产研究开发项目的全部支出
   C. 企业内部研究开发项目开发阶段的支出，均计入"研发支出—资本化支出"明

细科目

D. 企业内部研究开发项目研究阶段的支出，均计入"研发支出-费用化支出"明细科目

五、判断题

1. 无形资产价值在有效使用期限内应摊入成本，应全部在"业务及管理费"科目列支。（　　）
2. 某银行报废固定资产一项，处置的残值变价收入为 20 000 元，处置过程中人工费、拆除费、运输费等共计 21 500 元，超出变价收入的部分为费用。（　　）
3. 对于构成固定资产的各组成部分，如果各自具有不同的使用寿命或者以不同的方式为企业提供经济利益，企业应将各组成部分单独确认为固定资产，并且采用不同的折旧率或者折旧方法计提折旧。（　　）
4. 某银行购置的安全设备等资产，由于它们的使用不能直接为该银行带来直接经济利益，所以该银行不应将其确认为固定资产。（　　）
5. 在不考虑计提固定资产减值准备的情况下，某项固定资产期满报废时，无论采用年限平均法，还是采用加速折旧法，其累计折旧额一定等于该项固定资产应计提折旧总额。（　　）
6. 与固定资产有关的专业人员服务费和员工培训费均应计入固定资产成本。（　　）

六、核算题

资料：中国银行某分行发生下述业务。

1. 3 月营业大厅装修工程完工，工程总造价 300 000 元。
2. 5 月在营业大厅装设 1 台 ATM 机，本月完工。价款为 234 000 元（含税），另付运费 2 220 元（含税，税率 11%）、保险费 2 000 元、安装费 6 660 元（含税，税率 11%）。货款经中国银行异地某分行划付供应商。
3. 年末对该 ATM 机采用双倍余额递减法计提折旧。ATM 机预计使用寿命 10 年，预计净残值 10 000 元。
4. 报废设备一台，该设备原价 20 000 元，已提折旧 18 000 元，清理过程中发生清理费用 200 元，以现金支付，设备残料变卖，收入现金 1 000 元。忽略相关税费。

要求：根据以上资料编制相关会计分录。

Chapter 12 第十二章

所有者权益

学习目标

1. 了解所有者权益的概念、构成
2. 了解实收资本、资本公积、其他综合收益、一般风险准备和留存收益的概念及科目设置
3. 掌握实收资本的核算
4. 掌握资本公积、其他综合收益的概念与核算
5. 理解一般风险准备的计提方法,掌握一般风险准备的核算
6. 理解留存收益的来源与用途,掌握盈余公积的核算
7. 掌握未分配利润的核算

第一节 所有者权益概述

一、所有者权益的概念

所有者权益是指企业资产减去负债后由企业所有者享有的剩余权益,又称为股东权益。对商业银行来说是商业银行所有者对银行净资产享有的经济利益。

尽管所有者权益与负债都是银行资金的来源渠道,但二者在性质、权利、期限、风险等方面有明显的区别:所有者权益是投资人(如国家、法人)对银行净资产的求偿权,负债是债权人对银行资产的求偿权;商业银行投资人具有法定管理银行和委托他人管理银行的权利,债权人与银行只有债权债务关系;所有者权益在经营期间无须偿还,银行只分给投资人红利。而负债,银行必须按期偿还本金与利息;

债权人的风险低于股东的风险。

二、所有者权益的构成

商业银行所有者权益主要包括实收资本（股本）、资本公积、其他综合收益、盈余公积、一般风险准备和未分配利润。其中，盈余公积和未分配利润通常也被称作留存收益。

从投资主体来看，商业银行的资本包括国家投资、法人投资、个人投资和外商投资等，相应的有国家股、法人股、个人股及外资股。

国家股指由国务院授权的部门或机构持有，或者由国务院决定，由地方政府授权的部门或机构持有，并委派股权代表；法人股指企业法人以其依法可支配的资产投入的股份，或具有法人资格的事业单位、社会团体以国家允许用于经营的资产投入的股份；个人股指社会个人或银行业内部职工以个人合法资产投入的股份；外资股指外国和我国香港、澳门、台湾地区投资者投入的股份。

第二节　实收资本

一、实收资本概述

《中华人民共和国商业银行法》对商业银行的设立做出了最低资本限制的要求。设立全国性商业银行的注册资本的最低限额为10亿元人民币，设立城市商业银行的注册资本的最低限额为1亿元人民币，设立农村商业银行的注册资本的最低限额为5 000万元人民币。注册资本应当是实缴资本。

为了反映投资者的实际投资情况，非股份制银行、股份制银行应分别设置"实收资本""股本"账户，用于核算商业银行收到投资者投入的资本。账户余额在贷方，表示商业银行实际拥有的资本金总数。该账户按投资者类别设立明细科目。

二、实收资本的核算

（一）接受货币资金投资的核算

投资者以货币资金、银行存款作为资本投入，以实际收到日期和金额作为投入资本的入账依据。如果是以外币投入，应按照国家的有关规定，折合成记账本位币（人民币）入账。会计分录为：

　　借：存放中央银行款项（或现金）
　　　　贷：实收资本（或股本）——××投资者户

【例 12-1】 某股份制银行收到投资单位投入的现金 1 亿元，则银行会计分录如下：

借：存放中央银行款项　　　　　　　　　　100 000 000
　　贷：股本——××单位　　　　　　　　　　　　　　100 000 000

（二）接受非货币资金投资的核算

投资人以房屋、机器和建筑物等实物投资，或以专利权、著作权、租赁权、土地使用权等无形资产投资时，应按投资各方确认的价值作为实收资本入账。

（三）资本公积、盈余公积转增资本的核算

实收资本一般不得随意变动，但按法定程序，可将形成的资本公积、盈余公积转增资本金。转增资本金的会计分录为：

借：资本公积
　　盈余公积
　　贷：实收资本（或股本）

第三节　资本公积和其他综合收益

一、资本公积

（一）资本公积概述

资本公积是指由资本溢价（或股本溢价）和直接计入所有者权益的利得和损失形成的，由全体所有者分享的权益。其中，资本溢价（或股本溢价）是指企业收到投资者投入的超出其在企业注册资本（或股本）中所占份额的投资。资本公积可以用来转增资本。

银行应设置"资本公积——资本溢价（或股本溢价）"科目，核算企业收到投资者出资额超出其在注册资本或股本中所占份额的部分，同时还应设置"资本公积——其他资本公积"科目。

（二）资本公积的核算

1. 资本（或股本）溢价的核算

当商业银行新增投资者时，为了保护原有投资者的利益，新增的投资者的出资额，并不一定全部作为实收资本处理，其高于应出资比例的金额就形成了资本溢价。

在核算时，其会计分录为：

借：存放中央银行款项（或库存现金等）
　　贷：实收资本（投入资本等于按其投资比例计算的出资额）
　　　　资本公积——资本溢价（投入资本大于按其投资比例计算的出资额）

在股份制商业银行，如果银行按照高于股票面值的价格发行股票，那么将其称为溢价发行。在溢价发行的情况下，溢价部分扣除发行费用以后的差额就会形成资本公积，其会计分录为：

借：存放中央银行款项（或库存现金等）
　　贷：股本（股票面值）
　　　　资本公积—股本溢价（按股票溢价扣除发行费用后的余额）

【例 12-2】某股份制商业银行委托证券公司代理发行普通股票 3 000 000 股，每股面值为 1 元，溢价发行，每股价格为 2 元。经协议证券公司按发行收入的 5‰ 收取发行手续费。股票已全部售出，由银行办理转账。

借：存放中央银行款项　　　　　　　　　　　　5 970 000
　　贷：股本　　　　　　　　　　　　　　　　　　3 000 000
　　　　资本公积——股本溢价　　　　　　　　　　2 970 000

2. 其他资本公积的核算

直接计入"资本公积——其他资本公积"的资本公积的核算主要包括以下情形：
（1）以权益结算的股份支付。
（2）银行与股东之间的资本性交易（即"权益性交易"），如股东对企业的捐赠、债务豁免、代为偿债等。
（3）权益法下，被投资单位发生的不属于其他综合收益、净利润之外的其他权益变动，如被投资单位其他股东的资本性投入；其他股东增减资因素导致的对被投资单位的股权比例变动等。

二、其他综合收益

其他综合收益是指企业根据企业会计准则规定未在当期损益中确认的各项利得和损失，包括在以后的会计期间不能重分类进损益的其他综合收益和在以后的会计期间满足规定条件时将重分类进损益的其他综合收益两类。

第四节 一般风险准备

一、一般风险准备概述

(一) 一般风险准备的概念

一般风险准备是指金融企业运用动态原理,采用内部模型法或标准法计算风险资产的潜在风险估计值后,扣减已计提的资产减值准备,从净利润中计提的,用于部分弥补尚未识别的可能性损失的准备金。

一般风险准备是金融企业准备金的一部分。准备金,又称拨备,是指金融企业对承担风险和损失的金融资产计提的准备金,包括资产减值准备和一般风险准备。

金融企业应当根据资产的风险程度及时、足额计提准备金。准备金计提不足的,原则上不得进行税后利润分配。

(二) 一般风险准备的计提方法

当潜在风险估计值高于资产减值准备的差额时,计提一般风险准备。当潜在风险估计值低于资产减值准备时,可不计提一般风险准备。一般风险准备余额原则上不得低于风险资产期末余额的 1.5%。

金融企业应当根据自身实际情况,选择内部模型法或标准法确定潜在风险估计值。

(1) 具备条件的金融企业可采用内部模型法确定潜在风险估计值。

(2) 金融企业不采用内部模型法的,应当根据标准法计算潜在风险估计值,按潜在风险估计值与资产减值准备的差额,对风险资产计提一般准备。其中,信贷资产根据金融监管部门的有关规定进行风险分类,标准风险系数暂定为:正常类 1.5%,关注类 3%,次级类 30%,可疑类 60%,损失类 100%。计算公式为:

潜在风险估计值 = 正常类风险资产 ×1.5%+ 关注类风险资产
×3%+ 次级类风险资产 ×30%+ 可疑类风险资产 ×60%
+ 损失类风险资产 ×100%

二、一般风险准备的核算

商业银行应该设置"一般风险准备"科目,该科目属于所有者权益类,期末余额在贷方,反映商业银行提取的一般准备的余额。

当商业银行按规定提取一般风险准备时,会计分录为:

借:利润分配——提取一般风险准备
　　贷:一般风险准备

【例 12-3】 某股份制商业银 20×7 年年末资产减值准备为 30 亿元，按照标准法计算潜在风险估计值为 35 亿元，风险资产余额为 2 200 亿元。

该行 20×7 年年末潜在风险估计值高于资产减值准备的金额为 5 亿元，故应计提一般风险准备。计提后的一般风险准备 35 亿元高于风险资产余额的 1.5%（33 亿元），故符合要求。会计分录为：

借：利润分配——提取一般风险准备　　　　500 000 000
　　贷：一般风险准备　　　　　　　　　　　　　　　500 000 000

第五节　留存收益

一、留存收益概述

留存收益是指企业从历年实现利润中提取或形成的留存于内部的积累，它来源于企业在经营活动中所实现的净利润，具体来说是企业在一定时期实现的净利润中扣除分配给投资者的利润后的留存部分。

留存收益一方面可以满足企业维持和扩大经营活动的资金需求，另一方面可以弥补以后年度可能出现的亏损。留存收益一般包括盈余公积和未分配利润。

二、盈余公积的核算

盈余公积包括法定盈余公积金和任意公积金。

1. 盈余公积形成

法定盈余公积金是企业按照规定从净利润中提取而形成的。根据我国《公司法》的规定，有限责任公司和股份有限公司应按照净利润的 10% 提取法定盈余公积金，计提的法定盈余公积金累计达到注册资本的 50% 时，可以不再计提。

公司从税后利润中提取法定盈余公积金后，经股东大会决议，还可以从税后利润中提取任意公积金。

2. 盈余公积的用途

（1）弥补亏损。根据相关法规的规定，当企业发生亏损时，可以用在发生亏损后 5 年的税前利润来弥补，5 年内的税前利润仍不足以弥补的，应以税后利润弥补。当企业发生的亏损用税后利润仍不足以弥补的，可以用盈余公积弥补。

（2）转增资本（股本）。经股东大会决议，盈余公积可用于转增资本（股本）。

转增后，留存的盈余公积不得少于转增前注册资本的25%。

（3）发放现金股利或利润。若公司当年无利润，则原则上不得分配股利，但以盈余公积弥补亏损后，经股东大会决议，可以用盈余公积分配股利。分配后，该项盈余公积不得少于公司注册资本的25%。

3. 盈余公积的核算

核算盈余公积时，设置"盈余公积"账户，并在该账户下设置"法定公积金"和"任意公积金"两个明细科目。

（1）从税后利润中提取公积金时，其会计分录为：

借：利润分配——提取法定盈余公积金
　　　　——提取任意公积金
　贷：盈余公积——法定盈余公积金
　　　　——任意公积金

（2）用盈余公积弥补亏损时，其会计分录为：

借：盈余公积
　贷：利润分配——盈余公积补亏

（3）用盈余公积转增资本时，其会计分录为：

借：盈余公积
　贷：实收资本

（4）用盈余公积分配股利时，其会计分录为：

借：盈余公积
　贷：利润分配——盈余公积转入

同时，

借：利润分配——盈余公积转入
　贷：应付股利

三、未分配利润的核算

未分配利润是商业银行实现的净利润经过弥补亏损、提取盈余公积和向投资者分配利润后留待以后年度进行分配的结存利润，属于所有者权益的组成部分。未分配利润有两层含义：留待以后年度分配的利润和未指定用途的利润。

资产负债表日，商业银行首先将本期实现的各项收入与利得、费用与损失科目结转至"本年利润"科目；然后将"本年利润"结转至"利润分配——未分配利润"科目。

如果"利润分配——未分配利润"为贷方余额，则应按规定的程序进行利润分配。为此，商业银行还应在"利润分配"科目下，设置"提取法定盈余公积""提取任意盈余公积""提取一般风险准备""应付现金股利或利润""转作股本的股利""盈余公积补亏"明细科目。分配时借记"利润分配——×××"，贷记"盈余公积""一般风险准备""应付股利"等科目。最后，在"利润分配"下的明细科目之间进行结转，即除"未分配利润"明细科目外，应将"利润分配"科目所属的其他明细科目的余额，全部转入"利润分配——未分配利润"科目，该科目借贷方扎差后的余额为本期的未分配利润。

如果"利润分配——未分配利润"为借方余额，则表示为本期未弥补亏损。

【例12-4】甲银行20×7年年初未分配利润为850 000元（贷方），本年实现净利润为9 000 000元。本年按10%提取法定盈余公积金，提取一般风险准备60 000元，支付现金股利400 000元。

根据上述资料，甲银行会计处理如下：
（1）结转本年净利润，会计分录为：
借：本年利润　　　　　　　　　　　　　　　9 000 000
　　贷：利润分配——未分配利润　　　　　　　　　　　9 000 000
（2）分配利润，会计分录为：
借：利润分配——提取法定盈余公积　　　　　900 000
　　贷：盈余公积——法定盈余公积　　　　　　　　　　900 000
借：利润分配——提取一般风险准备　　　　　60 000
　　贷：一般风险准备　　　　　　　　　　　　　　　　60 000
借：利润分配——应付现金股利　　　　　　　400 000
　　贷：应付股利　　　　　　　　　　　　　　　　　　400 000
（3）"利润分配"明细科目之间的结转，会计分录为：
借：利润分配——未分配利润　　　　　　　　1 360 000
　　贷：利润分配——提取法定盈余公积　　　　　　　　900 000
　　　　　　——提取一般风险准备　　　　　　　　　　60 000
　　　　　　——应付现金股利　　　　　　　　　　　　400 000
以上账务处理完成后，甲银行20×7年年末的未分配利润为：
　　　850 000+9 000 000−900 000−60 000−400 000=8 490 000（元）

思考练习题

一、重要概念

所有者权益　实收资本　资本公积　盈余公积　未分配利润　一般风险准备

二、思考题

1. 所有者权益与负债的主要区别是什么，其中所有者权益的来源及构成是什么？
2. 什么是一般风险准备？它是如何提取的？
3. 商业银行一般风险准备与贷款损失准备有什么区别？
4. 其他综合收益核算的内容有哪些？
5. 商业银行与其他一般企业所有者权益的核算有哪些不同？

三、单项选择题

1. 下列不属于商业银行所有者权益类的会计科目是（　　）。
   A. 实收资本　　B. 资本公积　　C. 本年利润　　D. 一般风险准备
2. 下列各项，能够引起商业银行所有者权益减少的是（　　）
   A. 以资本公积转赠资本　　B. 提取法定盈余公积金
   C. 提取任意盈余公积　　D. 股东大会宣告派发现金股利
3. 某上市银行发行普通股 10 000 万股，每股面值 1 元，每股发行价格 5 元，支付手续费 200 万元，支付咨询费 600 万元，该银行发行普通股计入股本的金额为（　　）万元。
   A. 10 000　　B. 49 200　　C. 49 800　　D. 50 000
4. 在上市银行发生的下列交易或事项中，会引起所有者权益总额发生增减变动的是（　　）。
   A. 发放股票股利　　B. 提取一般风险准备
   C. 公允价值价格变动　　D. 注销库存股
5. 金融企业增资扩股时，投资者实际缴纳的出资额大于其按约定比例计算的其在注册资本中所占份额的部分，应作为（　　）。
   A. 实收资本　　B. 资本公积—资本溢价
   C. 其他综合收益　　D. 营业外收入

四、多项选择题

1. （　　）可以按规定用于转赠实收资本。
   A. 资本公积　　B. 盈余公积
   C. 其他综合收益　　D. 未分配利润　　E. 一般风险准备
2. 盈余公积金可用于（　　）
   A. 弥补亏损　　B. 转赠资本
   C. 分派利润或现金股利　　D. 发放职工奖金　　E. 弥补贷款损失
3. 在"利润分配"科目下分别设立（　　）等账户进行明细核算。
   A. 应交所得税　　B. 一般风险准备
   C. 提取盈余公积　　D. 应付利润　　E. 未分配利润

4. 下列不属于商业银行所有者权益的项目有（　　）。
   A. 实收资本　　　B. 利息收入
   C. 盈余公积　　　D. 本年利润　　　E. 一般风险准备
5. 下列项目中直接计入商业银行所有者权益的事项有（　　）。
   A. 权益法下被投资单位其他综合收益发生变动
   B. 权益法下被投资单位净利润发生变动
   C. 以权益结算的股份支付
   D. 公允价值发生变动
   E. 发生贷款损失

五、判断题

1. 股份制商业银行溢价发行股票，股本为股票面值与股份总数的乘积，溢价部分计入资本公积。（　　）
2. 盈余公积的主要用途是弥补亏损和转增资本。（　　）
3. 股份有限责任公司溢价发行股票时，股票溢价的净收入计入营业外收入。（　　）
4. 商业银行计提的资产减值准备计入当期损益，计提一般风险准备则属于利润分配的一部分。（　　）
5. 股票股利将留存收益转为股本，对于股东权益总额及每股账面价值均无影响。（　　）

六、核算题

资料：某股份银行发生下述业务。

1. A 投资者以现金 1 亿元、一项固定资产进行投资，固定资产合同约定价值为 0.5 亿元。增资后银行的股本为 8 亿元，A 投资者占 10%。
2. 该行增发 2 亿股，每股面值 1 元，共募集资金 6 亿元，另支付承销费等费用 500 万元。
3. 经股东大会决议，将法定盈余公积 2 000 万元转作为股本。
4. 20×7 年年初未分配利润为借方余额 80 万元，年末税前盈利为 1 080 万元。经核定可弥补上年度亏损。所得税税率为 25%。银行按 10% 提取法定盈余公积，提取一般风险准备 50 万元，拟向股东分配现金股利 60 万元。

要求：根据以上资料编辑会计分录。

Chapter 13 第十三章

财务损益

学习目标

1. 了解收入与利得、费用与损失的概念，明确利润的构成
2. 掌握收入与利得的核算
3. 掌握费用和损失的核算
4. 掌握利润形成的核算

第一节　收入与利得

一、收入与利得概述

(一) 收入

1. 收入的概念

收入是指企业在日常活动中形成的、会导致所有者权益增加的、与所有者投入资本无关的经济利益的总流入。《企业会计准则》所涉及的收入，包括销售商品收入、提供劳务收入和让渡资产使用权收入。企业代第三方收取的款项，应当作为负债处理，不应当确认为收入。

银行的日常活动是银行为完成其经营目标而从事的活动，以及与之相关的其他活动，包括银行提供的贷款服务、支付结算服务、理财服务等。在日常活动中形成的收入主要包括各种利息收入、手续费及佣金收入、其他业务收入等。

2. 收入的确认条件

收入在确认时除了应当符合收入定义外，还应当满足严格的确认条件：一是与

收入相关的经济利益很可能流入企业；二是经济利益流入企业的结果会导致企业资产的增加或者负债的减少；三是经济利益的流入额能够可靠地计量。

3. 收入的分类

（1）按照日常活动的重要性，可将收入分为主营业务收入和其他业务收入。主营业务收入是银行为完成其经营目标所从事的日常活动中主要项目产生的经济利益的流入，如银行办理贷款业务和结算业务取得的收入。其他业务收入是主营业务以外的其他日常活动产生的经济利益的流入。

（2）按照日常活动的性质，可将收入分为利息收入、中间业务收入、其他业务收入等。

（二）利得

1. 利得的概念

利得是指商业银行非日常活动所形成的、会导致所有者权益增加的、与所有者投入资本无关的经济利益的流入。

2. 利得与收入的主要区别

（1）来源不同。利得来源于商业银行资产或负债的价值的变化或者一些偶然发生的业务，而收入则来源于企业日常活动。

（2）去向不同。利得可以反映在两个方面：一是直接计入所有者权益，常见的业务有公允价值变动产生的利得、按照权益法核算的在被投资方除净损益外的其他权益变动时投资方按应享有的份额而产生的利得、现金流量套期工具产生的利得、外币报表折算差额等；二是直接计入当期损益，主要包括非流动资产处置利得、非货币性资产交换利得、债务重组利得、政府补助、盘盈利得、捐赠利得等导致增加的营业外收入。而收入仅反映在当期损益中。

二、收入的核算

（一）利息收入

利息收入是指商业银行通过发放各种贷款、与金融机构往来等取得的利息收入。

商业银行设置"利息收入"科目进行会计处理，该科目属于损益类，用以核算银行根据收入准则确认的利息收入。"利息收入"应按利息收入的类别进行明细核算，包括"银行存款利息收入""短期贷款利息收入""中长期贷款利息收入""贴现利息收入""抵押贷款利息收入""存放中央银行存款利息收入""存放同业款项利息收入""拆放同业利息收入""拆放金融性公司利息收入"等。期末应将"利息收入"余额结转至"本年利润",结转后该科目无余额。

1. 利息收入发生

对于贷款利息收入,银行应按合同利率计算确定的应收未收利息,借记"应收利息"等科目;按摊余成本和实际利率计算确定的利息收入,贷记"利息收入"科目;按其差额,借记或贷记贷款类科目——"利息调整"等科目。如果合同利率与实际利率不存在差额,则"利息收入"与"应收利息"之间也不存在差额。

对于存放中央银行存款或存放同业的利息收入,应在结息日或资产负债表日,按当日的活期存款利率或合同约定的利率计息,应借记"应收利息"科目,贷记"利息收入"科目。

2. 期末结转利息收入

资产负债表日,应将"利息收入"转入"本年利润",结转后该科目无余额。会计分录为:

借:利息收入
　　贷:本年利润

(二)手续费及佣金收入

这里的手续费及佣金收入指的是银行根据收入准则确认的手续费收入和佣金,包括办理结算业务、咨询业务、担保业务、代保管等代理业务以及办理受托贷款及投资业务等取得的手续费及佣金,如结算手续费收入、佣金收入、业务代办手续费收入、基金托管收入、咨询服务收入、担保收入、受托贷款手续费收入、代保管收入、代理买卖证券、代理承销证券、代理兑付证券、代理保管证券、代理保险业务等代理业务以及其他相关服务实现的手续费收入等。

商业银行设置"手续费及佣金收入"科目进行会计处理,该科目属于损益类。在"手续费及佣金收入"总账科目下,应按手续费收入的种类设置明细分类科目核算。银行在收取各种手续费时,记入该科目的贷方;期末应将"手续费及佣金收入"余额结转至"本年利润",结转后该科目无余额。

(1)发生手续费收入时,会计分录为:

借:单位活期存款等
　　贷:手续费及佣金收入

(2)期末结转时,会计分录为:

借:手续费及佣金收入
　　贷:本年利润

（三）其他业务收入

其他业务收入是指商业银行除经营存款、贷款、代理业务、金融企业往来以及外汇业务等主营业务以外的其他经营活动取得的收入。

商业银行设置"其他业务收入"科目进行核算，该科目属于损益类，用以核算银行根据收入准则确认的除主营业务以外的其他经营活动实现的收入，包括金银买卖收入、出租固定资产、出租无形资产等实现的收入等。"其他业务收入"科目按照收入种类进行明细核算。银行收取得其他业务收入时，记入该科目的贷方；期末应将"其他业务收入"余额结转至"本年利润"，结转后该科目无余额。

（1）发生其他业务收入时，会计分录为：

借：单位活期存款等
　　贷：其他业务收入

（2）期末结转时，会计分录为：

借：其他业务收入
　　贷：本年利润

三、利得的核算

（一）汇兑业务产生的利得

汇总业务产生的利得是指商业银行在办理外汇业务时，由于汇率变动而形成的利得，反之则为汇兑损失。商业银行设置"汇兑收益"科目进行核算，该科目属于损益类，借方反映因汇率变动而产生的汇兑损失，贷方反映因汇率变动而产生的汇兑收益。"汇兑收益"账户按货币兑换币种设置明细分类账户核算。

期末，"货币兑换"各外币明细科目的期末余额，应按照期末汇率折合为记账本位币。按照期末汇率折合的记账本位币金额与"货币兑换——记账本位币"科目余额之间的差额，如为贷方余额，借记"货币兑换——记账本位币"科目，贷记"汇兑收益"；如为借方余额，借记"汇兑收益"，贷记"货币兑换——记账本位币"科目。期末应将"汇兑收益"余额结转至"本年利润"，结转后该科目无余额。

（1）发生汇兑收益时，会计分录为：

借：货币兑换——××外币户
　　贷：汇兑收益——××外币汇兑收益户

（2）期末结转时，会计分录为：

借：汇兑收益
　　贷：本年利润

(二)公允价值变动产生的利得

公允价值变动产生的利得是指在公允价值计量模式下,由于公允价值上升而产生的利得,反之则为公允价值变动损失。它包括银行在初始确认时划分为以公允价值计量且其变动计入当期损益的金融资产或金融负债(包括交易性金融资产或金融负债和直接指定为以公允价值计量且其变动计入当期损益的金融资产或金融负债),以及采用公允价值模式计量的投资性房地产、衍生工具、套期业务中公允价值变动形成的应计入当期损益的利得(或损失)。

商业银行设置"公允价值变动损益"科目进行核算,该科目为损益类。"公允价值变动损益"科目应当按照交易性金融资产、交易性金融负债、投资性房地产等进行明细核算。期末应将"公允价值变动损益"余额结转至"本年利润",结转后该科目无余额。

(1)发生公允价值变动收益时,会计分录为:

借:交易性金融资产
　　贷:公允价值变动损益

(2)期末结转时,会计分录为:

借:公允价值变动损益
　　贷:本年利润

(三)投资收益

商业银行从事各项对外投资活动取得的利得(损失),包括银行根据长期股权投资准则确认的投资收益或损失,处置交易性金融资产、交易性金融负债、实现的损益,以摊余成本计量的金融资产和买入返售金融资产在持有期间取得的投资收益和处置损益等。

商业银行设置"投资收益"科目进行核算,该科目为损益类。"投资收益"科目应按照投资项目进行明细核算。期末应将"投资收益"余额结转至"本年利润",结转后该科目无余额。

(1)发生投资收益时,会计分录为:

借:应收股利/应收利息/长期股权投资等
　　贷:投资收益

(2)期末结转时,会计分录为:

借:投资收益
　　贷:本年利润

(四)营业外收入的核算

营业外收入是指商业银行发生的与其日常活动无直接关系的各项利得,包括银行取得的非流动资产处置利得、政府补助利得、盘盈利得、捐赠利得、非货币性资产交换利得、债务重组利得等。

商业银行设置"营业外收入"科目进行核算。该科目为损益类。"营业外收入"科目按上述不同项目进行明细核算。期末应将"营业外收入"余额结转至"本年利润",结转后该科目无余额。

(1)发生营业外收入时,会计分录为:

借:现金/固定资产清理/待处理财产损溢等
  贷:营业外收入

(2)期末结转时,会计分录为:

借:营业外收入
  贷:本年利润

第二节　费用与损失

一、费用与损失概述

(一)费用

1. 费用的概念

费用是指企业在日常活动中发生的、会导致所有者权益减少的,与向所有者分配利润无关的经济利益的总流出。

商业银行发生的费用主要包括利息支出、手续费及佣金支出、其他业务成本、业务及管理费、税金及附加等。

2. 费用的确认条件

费用的确认除了应当符合定义外,还应当满足严格的确认条件:一是与费用相关的经济利益应当很可能流出企业;二是经济利益流出企业的结果会导致资产的减少或者负债的增加;三是经济利益的流出额能够可靠计量。

与费用并行使用的一个概念通常是成本。成本是指企业为了生产产品或提供劳务而付出的或应付出的代价。相较于费用所表现出来的特征,成本强调按对象进行归集的价值投入,这种投入通过资源转移的量度表现出来,不会直接引起利润和所有者权益的减少。不过,成本最终会转化成费用。

(二) 损失

1. 损失的概念

损失是指由企业非日常活动所形成的、会导致所有者权益减少的、与向所有者分配利润无关的经济利益的流出。

2. 损失与费用的主要区别

（1）来源不同。损失来源于商业银行资产或负债的价值的变化或者一些偶然发生的业务。而费用则来源于企业的日常活动。

（2）去向不同。损失可以反映在两个方面：一是直接计入所有者权益，常见的业务公允价值变动产生的损失、按照权益法核算的在被投资方除净损益外的其他权益变动时投资方按应享有的份额而产生的损失、现金流量套期工具产生的损失、外币报表折算损失等；二是直接计入当期损益，主要包括处置固定资产和无形资产等非流动资产损失、非货币性资产交换损失、债务重组损失、盘亏、捐赠支出、非常损失、罚款等导致增加的营业外支出。而费用仅反映在当期损益。

二、费用的核算

(一) 利息支出

利息支出是指商业银行因向单位、个人以负债的形式筹集资金而付出的代价。银行以负债的形式筹集的资金主要包括吸收的各种存款、发行金融性债券、办理票据再贴现和转贴现、同业拆入等。

商业银行设置"利息支出"科目进行核算，该科目属于损益类，用以核算商业银行在进行存贷款业务中发生的利息支出，包括吸收的各类存款（单位存款、个人存款、保证金存款等）、与其他金融机构（包括中央银行、同业等）之间发生资金往来业务、发行债券、卖出回购金融资产等产生的利息支出。

"利息支出"应按利息支出的种类进行明细核算，包括"活期存款利息支出""定期存款利息支出""金融债券利息支出""再贴现、转贴现利息支出"等。期末应将"利息支出"余额结转至"本年利润"，结转后该科目无余额。

1. 利息支出发生

资产负债表日或结息日，银行应按金融工具确认和计量准则计算确定的各项利息费用的金额，借记"利息支出"，按合同约定的名义利率计算确定的应付利息的金额，贷记"应付利息"等科目，按其差额，借记或贷记存款类科目——"利息调整"等科目。如果合同利率与实际利率不存在差额，则"利息支出"与"应付利息"之间也不存在差额。

2. 期末结转利息支出

资产负债表日，应将"利息支出"转入"本年利润"，会计分录为：
借：本年利润
　　贷：利息支出

（二）手续费支出

手续费支出是指商业银行委托其他单位办理存款、结算业务所发生的手续费、佣金等支出。委托代办的手续费一律据实列支，不得预提。

商业银行设置"手续费及佣金支出"科目核算，该科目为损益类。"手续费及佣金支出"应按支出种类设置明细分类账户核算。银行支付手续费及佣金时，应记入该科目的借方；期末将"手续费及佣金支出"余额结转至"本年利润"，结转后该科目无余额。

（1）发生手续费支出时，会计分录为：
借：手续费及佣金支出
　　贷：库存现金／存放中央银行款项／存放同业等

（2）期末结转时，会计分录为：
借：本年利润
　　贷：手续费及佣金支出

（三）业务及管理费

业务及管理费是指商业银行在业务经营及管理工作中发生的各种耗费，包括固定资产折旧、业务宣传费、业务招待费、经营租赁费、差旅费、邮电费、电子设备运转费、外事费、印刷费、水电费、修理费、研究开发费、审计费、工杂费、汽车保险费、低值易耗品摊销、无形资产摊销、广告费、职工工资、职工福利费、劳动保险费、董事会费、职工教育经费等项目。这些项目除按有关规定可先提后用外，其他一律据实列支，不得预提。

商业银行设置"业务及管理费"科目核算，该科目为损益类，用以核算人员费用、业务管理费、折旧与摊销三大类费用。"业务及管理费"应按支出种类进行明细核算。银行支付费用时，记入该科目的借方；期末将"业务及管理费"余额结转至"本年利润"，结转后该科目无余额。

（1）发生业务及管理费支出时，会计分录为：
借：业务及管理费
　　贷：库存现金／累计折旧／累计摊销／应付职工薪酬等

（2）期末结转时，会计分录为：

借：本年利润

　　贷：业务及管理费

（四）其他业务成本

其他业务成本是指商业银行除主营业务活动以外的其他经营活动所发生的支出，对于商业银行来说主要包括出租固定资产的累计折旧、出租无形资产的累计摊销、采用成本模式计量的投资房地产的累计折旧或累计摊销等。

商业银行设置"其他业务成本"科目核算，该科目为损益类。"其他业务成本"账户应按支出种类进行明细核算。银行发生其他营业支出时，记入该科目的借方；期末将"其他业务成本"余额结转至"本年利润"，结转后该科目无余额。

（1）发生其他业务成本时，会计分录为：

借：其他业务成本

　　贷：累计折旧/累计摊销等

（2）期末结转时，会计分录为：

借：本年利润

　　贷：其他业务成本

（五）税金及附加

税金及附加是指应由本期负担的消费税、城市维护建设税、资源税、教育费附加、房产税、土地使用税、车船使用税、印花税等相关税费。

商业银行设置"税金及附加"科目，核算本期发生的以上各项税费。银行按规定计算确定的与经营活动相关的税费，记入该科目的借方；期末将"税金及附加"余额结转至"本年利润"，结转后该科目无余额。

（1）发生税金及附加时，会计分录为：

借：税金及附加

　　贷：应交税费

（2）期末结转时，会计分录为：

借：本年利润

　　贷：税金及附加

（3）实际缴纳税金及附加时，会计分录为：

借：应交税费

　　贷：存放中央银行款项等

（六）所得税费用

在中华人民共和国境内，企业和其他取得收入的组织为企业所得税的纳税人，应依法缴纳企业所得税。

商业银行设置"所得税费用"科目，核算其根据所得税准则确认的应从当期利润总额中扣除的所得税费用。该科目应当按照"当期所得税费用""递延所得税费用"进行明细核算。资产负债表日，银行按照税法规定计算确定的当期应交所得税，借记"所得税费用——当期所得税费用"，贷记"应交税费——应交所得税"科目；根据递延所得税资产的应有余额大于"递延所得税资产"科目余额的差额，借记"递延所得税资产"科目，贷记"所得税费用——递延所得税费用""资本公积——其他资本公积"等科目。递延所得税资产的应有余额小于"递延所得税资产"科目余额的，差额做相反的会计分录。

银行应予确认的递延所得税负债，应当比照上述原则调整"所得税费用""递延所得税负债"科目及有关科目。

期末，应将"所得税费用"余额转入"本年利润"，结转后该科目无余额。

三、损失的核算

（一）资产减值损失

资产减值损失是指商业银行在资产负债表日，经过对资产的测试，判断资产的可收回金额低于其账面价值而计提资产减值损失准备所确认的相应损失。计提的损失准备主要包括贷款损失准备、长期股权投资减值准备、债权投资减值准备、固定资产减值准备、在建工程减值准备、无形资产减值准备、商誉减值准备、抵债资产跌价准备等。

商业银行设置"资产减值损失"科目，核算根据资产减值等准则计提各项资产减值准备所形成的损失。"资产减值损失"账户应根据减值损失的项目进行明细核算。银行确定发生资产减值时，记入该科目的借方；期末将"资产减值损失"余额结转至"本年利润"，结转后该科目无余额。

（1）发生资产减值损失时，会计分录为：

借：资产减值损失

　　贷：贷款损失准备/固定资产减值准备/抵债资产跌价准备等

（2）期末结转时，会计分录为：

借：本年利润

　　贷：资产减值损失

除资产减值损失外，还有因汇率变动可能带来的汇兑损失，因公允价值变动可能带来的损失，对后两项的相关处理可以参照利得中"汇兑收益""公允价值变动损益"的处理。

(二)营业外支出的核算

营业外支出是指商业银行发生的与其日常活动无直接关系的各项净支出,包括处置非流动资产损失、非货币性资产交换损失、债务重组损失、罚款支出、捐赠支出、非常损失等。

商业银行设置"营业外支出"科目进行核算,该科目为损益类。"营业外支出"科目按支出项目进行明细核算。银行发生的营业外支出,记入该科目的借方;期末应将"营业外支出"余额结转至"本年利润",期末该账户无余额。

(1)发生营业外支出时,会计分录为:

借:营业外支出

　　贷:库存现金/固定资产清理/待处理财产损溢等

(2)期末结转时,会计分录为:

借:本年利润

　　贷:营业外支出

第三节　利　　润

一、利润的构成

利润是商业银行在一定会计期间内的经营成果。利润包括收入减去费用后的净额、直接计入当期利润的利得和损失等,即:

$$利润 = (收入 - 费用) + 直接计入当期损益的利得和损失$$

从利润的形成过程来看,利润包括营业利润、利润总额和净利润。

(一)营业利润

$$营业利润 = 营业收入 - 营业成本 - 业务及管理费 - 税金及附加 \\ - 资产减值损失 \pm 公允价值变动净损益 \pm 投资净收益$$

其中营业收入包括利息收入、手续费及佣金收入、其他业务收入,营业成本包括利息支出、手续费及佣金支出、其他业务成本。

(二)利润总额(即税前利润)

$$利润总额 = 营业利润 + 营业外收入 - 营业外支出$$

(三)净利润(即税后利润)

$$净利润 = 利润总额 - 所得税费用$$

二、利润的核算

(一) 结转所有损益类项目

商业银行设置"本年利润"科目来核算当年实现的净利润（或发生的净亏损）。会计期末，应将各收入与利得类科目余额转入"本年利润"科目的贷方，将各成本费用与损失类科目余额转入"本年利润"科目的借方，结转后各损益类账户无余额。

（1）结转各项收入与利得类科目贷方余额时，会计分录为：

借：利息收入
　　手续费及佣金收入
　　其他业务收入
　　汇兑收益
　　投资收益
　　公允价值变动损益
　　营业外收入
　贷：本年利润

（2）结转各项费用与损失类科目借方余额时，会计分录为：

借：本年利润
　贷：利息支出
　　手续费及佣金支出
　　业务及管理费
　　其他业务成本
　　税金及附加
　　所得税费用
　　汇兑收益
　　投资收益
　　公允价值变动损益
　　资产减值损失

(二) 结转本年利润

将损益类项目结转至"本年利润"后，若该科目为贷方余额，表示本年净利润；若该科目为借方余额，则表示本年亏损。

商业银行应将"本年利润"的余额结转至"利润分配——未分配利润"，结转后"本年利润"科目无余额。"本年利润"为贷方余额时，会计分录为：

借：本年利润
　贷：利润分配——未分配利润

如果出现亏损，则会计分录相反。

（三）分配利润

商业银行对于实现的净利润，应当按照相关规定，依据一定的程序进行分配。如果可供分配的利润为负数（即亏损），则不能进行后续分配；如果可供分配的利润为正数（即本年累计盈利），则进行后续分配。分配的顺序为：

（1）弥补以前年度亏损。

（2）提取法定盈余公积金。

（3）提取任意公积金。银行从税后利润中提取法定公积金后，经股东会或者股东大会决议，还可以从税后利润中提取任意公积金。

（4）提取一般风险准备。

（5）向投资者分配利润。银行按照利润分配方案分配给股东的回报，包括现金股利和股票股利。

经过上述分配后的留存，为银行的未分配利润。未分配利润可留待以后年度进行分配。如果发生亏损，可以按规定由以后年度利润进行弥补。

利润分配的相关核算见所有者权益中的未分配利润。

（四）结转"利润分配"科目下除"未分配利润"外的所有明细科目

"利润分配"明细科目之间的结转见第十二章所有者权益的相关内容。

【例13-1】20×7年年初，甲银行的未分配利润为300万元（贷方）。12月31日，决算前各损益类账户的余额为：利息收入2 600万元，手续费及佣金收入400万元，利息支出900万元，业务及管理费40万元，资产减值损失60万元，公允价值变动损益8万元（贷方），汇兑收益1万元（贷方），投资收益7万元（借方），税金及附加3万元，营业外收入1.2万元，营业外支出0.2万元。该银行按当年净利润的10%提取法定盈余公积，提取一般风险准备50万元，按每10股发放现金股利2元，按照10:1发放股票股利（当年登记在册的普通股股数为100万股）。假定所得税税率为25%。

甲银行的账务处理如下：

（1）结转损益类科目，会计分录为：

借：利息收入	26 000 000
手续费及佣金收入	4 000 000
汇兑收益	10 000
公允价值变动损益	80 000
营业外收入	12 000

贷：本年利润		30 102 000
借：本年利润	15 102 000	
贷：利息支出		9 000 000
业务及管理费		400 000
投资收益		70 000
税金及附加		30 000
资产减值损失		600 000
营业外支出		2 000
所得税费用		5 000 000

（2）结转本年利润，会计分录为：

借：本年利润	15 000 000	
贷：利润分配——未分配利润		15 000 000

（3）分配利润，会计分录为：

借：利润分配——提取法定盈余公积	1 500 000	
贷：盈余公积		1 500 000
借：利润分配——提取一般风险准备	500 000	
贷：一般风险准备		500 000
借：利润分配——应付现金股利	200 000	
贷：应付股利		200 000
借：利润分配——应付股票股利	100 000	
贷：股本		100 000

（4）结转"利润分配"科目下除"未分配利润"外的所有明细科目，会计分录为：

借：利润分配——未分配利润	2 300 000	
贷：利润分配——提取法定盈余公积		1 500 000
——提取一般风险准备		500 000
——应付现金股利		200 000
——应付股票股利		100 000

20×7年年末甲银行的未分配利润为：

　　3 000 000+15 000 000-2 300 000=15 700 000（元）

三、综合收益总额

综合收益总额等于净利润加上其他综合收益扣除所得税影响后的净额。

思考练习题

一、重要概念

收入　利得　费用　损失　利润　一般准备

二、思考题

1. 收入与利得的异同点各是什么？
2. 费用与损失的异同点各是什么？
3. 简述成本与费用之间的关系。
4. 商业银行的利润是如何构成的？
5. 简述商业银行利润分配的顺序。

三、单项选择题

1. 下列不属于损益类的会计科目的是（　　）
   A. 利息收入　　　　B. 利息支出　　　　C. 累计折旧　　　　D. 其他业务收入
2. 下列各项中，符合收入会计要素定义，可以确认为银行收入的是（　　）。
   A. 为客户提供咨询服务取得的收入　　B. 收到保险公司支付的赔偿金额
   C. 出售长期股权投资取得的净收益　　D. 出售无形资产净收益
3. 下列项目中，应计入银行其他业务收入的是（　　）。
   A. 罚款收入　　　　　　　　　　　B. 出售固定资产收入
   C. 黄金买卖收入　　　　　　　　　D. 出售无形资产收入
4. 在下列各项中，不属于税金及附加核算的是（　　）。
   A. 车船使用税　　B. 资源税　　　　C. 印花税　　　　D. 广告费
5. 20×6年10月15日甲银行将其一台闲置的机器设备经营租赁给B公司使用，租赁期开始日为11月1日，月租金为10万元于每年年末支付。该设备的原价为160万元，预计使用年限为20年，采用直线法计提折旧，未发生减值，则甲银行因该机器设备而影响当年损益的金额为（　　）万元（忽略相关税费）。
   A.14　　　　　　　B.8　　　　　　　C.20　　　　　　　D.12
6. 某银行20×6年度发生的有关交易或事项如下：①因出租房屋取得租金收入120万元；②因出纳差错造成库存现金短缺10万元；③机器设备发生日常维护支出40万元；④办公楼所在地的土地使用权摊销300万元；⑤因公允价值上升转回上年计提的减值损失100万元。不考虑其他因素，该银行本年度上述交易或事项中应确认的业务及管理费金额是（　　）万元。
   A. 240　　　　　　B. 250　　　　　　C. 340　　　　　　D. 350
7. 下列项目中，在利润分配中优先的是（　　）。
   A. 法定盈余公积　　　　　　　　　B. 弥补以前年度亏损

C. 任意盈余公积 　　　　　　　　D. 优先股股利

8. 下列各项中，属于"本年利润"科目年末借方余额反映的内容是（　　）。
   A. 本年实现的净利润　　　　　　B. 累计未分配利润
   C. 本年发生的亏损　　　　　　　D. 累计未弥补亏损

9. 下列各项中，不属于利润分配核算内容的是（　　）。
   A. 提取盈余公积　　　　　　　　B. 提取一般风险准备
   C. 向所有者分配利润　　　　　　D. 结转应交所得税

10. 下列哪个项目不能用于分派股利（　　）。
    A. 盈余公积　　B. 资本公积　　C. 本年税后利润　　D. 上年未分配利润

11. 某银行×月发生如下业务：①取得利息收入1 000万元，利息支出680万元；②计提当月固定资产折旧15万元；③计提贷款损失准备30万元；④取得当期交易性金融资产的股利收入65万元；⑤确认当月人员工资120万元。该银行当月的利润总额为（　　）万元。
    A. 205　　　　B. 220　　　　C. 235　　　　D. 250

四、多项选择题

1. 收入的特征表现为（　　）。
   A. 收入表现为所有者权益的增加
   B. 收入可能表现为资产的增加
   C. 收入从日常活动中产生，而不是从偶发的交易或事项中产生
   D. 收入可能表现为负债的减少

2. 下列税金中应计入税金及附加的有（　　）。
   A. 增值税　　　B. 车船费　　　C. 消费税　　　D. 印花税

3. 下列各项中，属于银行营业外支出的有（　　）。
   A. 固定资产出售损失　　　　　　B. 无形资产出售损失
   C. 罚款支出　　　　　　　　　　D. 贷款减值损失

4. 下列项目中，会影响银行净利润的有（　　）。
   A. 按规定程序批准后结转的固定资产盘亏
   B. 固定资产发生的可资本化的后续支出
   C. 财产清查中无法查明原因的现金短缺或现金长款
   D. 长期股权投资采用权益法，被投资单位发生与净损益无关的所有者权益总额变动

5. 下列项目中，可能引起银行营业利润增加的有（　　）。
   A. 出售无形资产取得的价款　　　B. 出租房产取得的租金收入
   C. 再贴现票据的利息收入　　　　D. 成本法下取得的现金股利

6. 下面属于损益类的会计科目有（　　）。
   A. 利息收入　　　　　　　　　　B. 公允价值变动损益
   C. 营业外收入　　　　　　　　　D. 应收利息
7. 下列项目中，属于当期营业利润扣除项目的有（　　）。
   A. 转让无形资产所有权的收益　　B. 计提的一般风险准备
   C. 资产减值损失　　　　　　　　D. 业务及管理费

五、判断题

1. 狭义的收入包括营业收入和投资收益。（　　）
2. "税金及附加"科目核算的内容有消费税、城市维护建设税、教育费附加以及资源税、房产税、车船使用税、印花税等。（　　）
3. 银行在提取盈余公积、提取一般风险准备以前，不能向投资者分配利润。（　　）
4. 银行在一定期间发生的利得或损失，均应计入营业外收入或营业外支出，从而会直接影响当期损益。（　　）
5. 无论以现金股利还是股票股利向投资者分配利润，会计处理均会导致银行当期所有者权益总额的减少。（　　）

六、核算题

1. A银行发生如下业务，据以编制会计分录。
   （1）结息日，A银行结计贷款企业利息800 000元、活期储蓄存款利息350 000元。次日，收取企业贷款利息760 000元，并支付了全部存款利息。
   （2）资产负债表日，A银行预提定期存款利息200 000元。
   （3）A银行向开户企业B公司收取委托贷款手续费10 000元。
   （4）A银行收到国库通过中央银行划转的代理兑付证券手续费款180 000元。
   （5）A银行计提并发放当月工资500 000元。
   （6）A银行处置一抵债房产，收到价款1 404 000元（含税），发生处置费用12 000元。该抵债房产的账面原价为1 500 000元，计提累计折旧33 000元。
   （7）A银行提取固定资产折旧600 000元。
   （8）A银行被投资单位宣告分派现金股利900 000元，A银行持有该企业股份60%。
   （9）A银行收到B银行的本季度存款利息通知单，金额8 400元。
   （10）A银行提取贷款减值准备580 000元。
   （11）A银行应缴纳印花税1 200元。
   （12）经批准，A银行将上月的出纳账款1 000元转作营业外收入。
2. B银行年初未弥补亏损为50 000元。本年末年度终了进行如下核算：
   （1）根据以下资料计算出该银行的利润总额并写出会计分录，然后结转本年利润。

项目	金额	项目	金额
利息收入	453 000	汇兑收益（贷方）	5 000
利息支出	200 000	投资收益（借方）	26 000
其他业务收入	8 000	营业外收入	130 000
其他业务支出	4 000	营业外支出	2 000
手续费及佣金收入	116 000	税金及附加	11 000
手续费及佣金支出	9 000	业务及管理费	170 000

（2）根据上题的利润总额，计算并缴纳所得税（所得税税率为25%），并结转出本年的净利润，分别写出相应的会计分录。

（3）按顺序进行利润分配，并计算本年的未分配利润。（提取盈余公积的比例为10%，提取一般风险准备60 000元）。

第十四章 财务会计报告

学习目标

1. 了解财务会计报告的目标和财务会计报告的种类
2. 了解资产负债表、利润表、所有者权益变动表及其作用、内容和格式
3. 理解现金流量表及其作用、现金流量表的编制基础、内容和填列方式
4. 掌握资产负债表的编制方法
5. 掌握利润表的编制方法
6. 掌握现金流量表的编制方法
7. 掌握所有者权益变动表的编制方法
8. 了解附注应该披露的内容

第一节 财务会计报告概述

一、财务会计报告的目标

财务会计报告（又称财务报告）是指企业对外提供的反映企业某一特定日期的财务状况和某一会计期间的经营成果、现金流量等会计信息的文件。

我国《企业会计准则——基本准则》第四条规定，"财务会计报告的目标是向财务会计报告使用者提供与企业财务状况、经营成果和现金流量等有关的会计信息，反映企业管理层受托责任履行情况，有助于财务会计报告使用者做出经济决策"。具体来说，商业银行财务会计报告的目标包含以下三个方面。

1. 财务报告的使用者

财务会计报告使用者包括投资者、债权人、政府及其有关部门和社会公众等，这些使用者对企业会计信息关心的角度和目的各不相同。

投资者关心的是商业银行财务状况和经营成果的综合信息及长期获利能力等；债权人关心的是商业银行的资本结构是否合理、有无债务偿还能力或现金支付能力等；财政税务机关关心的是商业银行是否依据会计准则和税收法规处理会计事项及计算缴纳税金、是否如实申报和依法纳税；监管部门关心的是商业银行的经营是否依法合规。此外，银行内部人员也是会计报告的使用者，如管理人员（包括各级行长、主任等），需要实时地了解银行资产、负债结构、头寸、经营业绩等财务信息，以便灵活调度头寸，维护银行信誉，增强银行实力，避免经营风险，获取更大效益。

2. 财务报告的内容

商业银行财务会计报告应反映两个方面的信息：一是银行的财务状况、经营成果和现金流量等方面的会计信息，包括如实反映银行拥有或控制的经济资源、对经济资源的要求权以及经济资源及其要求权的变化情况；如实反映银行的各项收入、费用、利得和损失的金额及其变化情况；如实反映银行各项经营活动、投资活动和筹资活动等形成的现金流入和流出情况等。二是要反映银行管理层受托责任履行情况。在现代公司制下，企业所有权和经营权相分离，管理层承担着妥善保管并合理有效运用来自于投资者和债权人的资产的责任，此受托责任的履行情况需借助报告来表现和验证，比如银行的偿债能力、营运能力、盈利能力等指标，都可以反映管理层的受托责任履行状况。

3. 财务报告的目的

商业银行业编制财务报告的主要目的是为了满足报告使用者的信息需要，为利益相关者做出正确的投资或管理决策提供帮助。因此，向财务报告使用者提供决策有用的信息是财务报告的基本目的。如果银行在财务报告中提供的会计信息与使用者的决策无关，没有任何使用价值，那么财务报告就失去了其编制的意义。

二、财务会计报告的种类

（一）按照财务会计报告的编制内容进行分类

财务会计报告按照编制内容，至少应当包括的部分有：资产负债表、利润表、现金流量、所有者权益（或股东权益）变动表、附注，且这些组成部分具有同等的重要程度。

会计报表一般包括资产负债表、利润表、现金流量表、所有者权益变动表等。

会计报表附注是对在资产负债表、利润表、现金流量表和所有者权益变动表等报表中列示项目的文字描述或明细资料，以及对未能在这些报表中列示项目的说明等。之所以要编制会计报表附注，首先，是因为它能够拓展企业财务信息的内容，突破会计报表内容既必须符合会计要素定义，又必须同时满足相关性和可靠性的限制；其次，可以突破揭示项目必须用货币加以计量的局限性；再次，可以充分满足财务报告是为其使用者提供有助于经济决策的信息的要求，增进会计信息的可理解性；最后，还能提高会计信息的可比性。比如，通过列式会计政策的变更原因及事后的影响，可以使不同行业或同一行业不同企业的会计信息的差异更具可比性，从而便于进行对比分析。

（二）按照财务会计报告的编报时间进行分类

财务会计报告按照编报时间，可以分为年度、半年度、季度和月度财务会计报告。月度、季度财务会计报告是指月度和季度终了提供的财务会计报告；半年度财务会计报告是指每个会计年度的前六个月结束后对外提供的财务会计报告。半年度、季度和月度财务会计报告统称为中期财务会计报告。另外，基于银行经营业务的特殊性，商业银行每天还要编制日报表。

第二节　资产负债表

一、资产负债表及其作用

资产负债表是反映企业在某一特定日期财务状况的会计报表。企业资产负债的变动充分体现了会计恒等式"资产＝负债＋所有者权益"，是提供会计信息的重要报表，其作用表现为以下几点。

（1）反映企业资产的构成及其状况，分析企业在某一日期所拥有的经济资源及其分布情况。资产代表企业的经济资源，是企业经营的基础，资产总量的高低一定程度上可以说明企业经营规模和盈利基础的大小。而企业的资产构成反映其生产经营过程的特点，有助于报表使用者进一步分析企业生产经营的稳定性。

（2）反映企业某一日期的负债总额及其结构，分析企业目前与未来需要支付的债务数额。负债的总额表示企业承担的债务的多少，负债和所有者的比重反映了企业的财务安全程度。负债结构反映了企业偿还负债的紧迫性和偿债压力的大小，有助于报表使用者进一步分析企业的财务风险。

（3）反映企业所有者权益的情况，了解企业现有的投资者所享有的权益。实收资本和留存收益是分析所有者权益的重要指标，反映了企业投资者对企业的初始投入和资本积累的多少，也反映了企业的资本结构和财务实力，有助于报表使用者分析、预测企业生产经营的安全程度和抗风险的能力。

二、资产负债表的内容和格式

按照报表各项目排列的方式不同，资产负债表有报告式（垂直式）和账户式两种格式。账户式资产负债表分为左、右两方，左方列示资产项目，右方列示负债与所有者权益项目，左右两方的合计数保持平衡。报告式资产负债表是将资产、负债和所有者权益项目采取垂直分列的方式反映的一种报表。资产和负债应当分别按照流动资产和非流动资产、流动负债和非流动负债列示。表 14-1 列示了商业银行资产负债表的一般格式。

表 14-1　商业银行资产负债表的一般格式

资产负债表

编制单位：　　　　年　月　日　　　　　　　　　　　　　　　　单位：

项目	期初数	期末数
资产：		
现金及存放中央银行款项		
存放同业款项		
贵金属		
拆出资金		
以公允价值计量且其变动计入当期损益的金融资产		
衍生金融资产		
买入返售金融资产		
应收利息		
发放贷款和垫款		
债权投资		
以公允价值计量且其变动计入其他综合收益的金融资产		
应收款项类投资		
长期股权投资		
投资性房地产		
固定资产		
在建工程		
无形资产		
递延所得税资产		
其他资产		
资产总计		
负债：		

(续)

项目	期初数	期末数
向中央银行借款		
同业及其他金融机构存放款项		
拆入资金		
以公允价值计量且其变动计入当期损益的金融负债		
衍生金融负债		
卖出回购金融资产款		
客户存款		
应付职工薪酬		
应交税费		
应付利息		
应付债券		
递延所得税负债		
其他负债		
负债合计		
所有者权益:		
实收资本		
资本公积		
盈余公积		
一般风险准备		
未分配利润		
其他综合收益		
所有者权益合计		
负债及股东权益总计		

三、资产负债表的编制方法

在资产负债表中,"期初数"栏内各项数字,应根据上期资产负债表"期末数"栏内所列数字填列。如果本期产负债表项目的名称和内容与上期有所不同,应对上期期末资产负债表相应项目的名称和数字,按照变化进行调整后,填入本期"期初数"栏内。

在资产负债表中,"期末数"栏内各项数字,主要是根据本期期末有关科目总账和分户账的期末余额或直接填列,或汇总填列,或减去相关备抵科目余额后填列,或综合分析填列的。

(一) 资产项目的填列说明

(1) "现金及存放中央银行款项"科目,反映银行的现金和存放于中央银行的各种款项，其中存放于中央银行的各种款项包括存放中央银行法定准备金、缴存央行财政性存款和超额存款准备金。本科目应根据"库存现金""银行存款"和"存放中央银行款项"科目期末余额的合计数填列。

（2）"存放同业款项"科目，反映银行存放于境内、境外银行与非银行金融机构的款项。该项目应根据"存放同业款项"科目的期末余额填列。

（3）"贵金属"科目，反映银行持有的黄金、白银等贵金属存货的价值。本科目应根据"贵金属"科目的期末余额填列，如果计提了减值，那么应以减去跌价准备后的净额列示。

（4）"拆出资金"科目，反映银行拆借给境内外其他金融机构的款项。本科目应根据"拆放同业"科目的期末余额，减去"贷款损失准备"科目所属相关明细科目期末余额后的金额分析计算填列。

（5）"以公允价值计量且其变动计入当期损益的金融资产"科目，反映银行持有的以公允价值计量且其变动计入当期损益的债券投资、股票投资、基金投资等金融资产。本科目应根据"交易性金融资产"科目的期末余额填列。

（6）"衍生金融资产"科目，反映银行期末持有的衍生工具、套期工具、被套期项目中属于衍生金融资产的金额。本科目应根据"衍生工具""套期工具""被套期项目"等科目的期末借方余额分析计算填列。

（7）"买入返售金融资产"科目，反映银行按返售协议约定先买入再按固定价格返售给卖出方的票据、证券、贷款等金融资产所融出的资金。本科目应根据"买入返售金融资产"等科目的期末余额填列，如果计提了坏账准备的，则应先减去"坏账准备"科目所属相关明细科目的期末余额再填列。

（8）"应收利息"科目，反映银行因存放中央银行款项、拆出资金、买入返售金融资产、交易性金融资产、发放贷款等资产应收取的利息。本科目应根据"应收利息"科目的期末余额填列，如果计提了坏账准备的，应减去"坏账准备"科目所属相关明细科目的期末余额填列。

（9）"发放贷款和垫款"科目，反映银行发放的贷款和贴现资产扣减贷款损失准备期末余额后的金额。本科目应根据"贷款""贴现资产"等科目的期末借方余额合计，减去"贷款损失准备"科目所属明细科目期末余额后的金额分析计算填列。

（10）"债权投资"科目，反映银行持有的以摊余成本计量的债权投资的账面价值。本科目应根据"债权投资"科目的期末借方余额，减去"债权投资减值准备"科目期末余额后的金额填列。

（11）"以公允价值计量且其变动计入其他综合收益的金融资产"科目，反映银行持有的以公允价值计量的债券、股票投资等金融资产。本科目应根据"其他债权投资""其他权益工具投资"科目的期末余额填列。

（12）"长期股权投资"科目，反映银行持有的对被投资单位实施控制、重大影响的权益性投资，以及对其合营企业的权益性投资。本科目应根据"长期股权投资"科目的期末余额，减去"长期股权投资减值准备"科目期末余额后的金额填列。

（13）"投资性房地产"科目，反映银行持有的投资性房地产。采用成本模式计量投资性房地产的，本科目应根据"投资性房地产"科目的期末余额，减去"投资性房地产累计折旧（摊销）"和"投资性房地产减值准备"科目期末余额后的金额填列；采用公允价值模式计量投资性房地产的，本科目应根据"投资性房地产"科目的期末余额填列。

（14）"固定资产"科目，反映银行各种固定资产原价减去累计折旧和累计减值准备后的净额。本科目应根据"固定资产"科目的期末余额，减去"累计折旧"和"固定资产减值准备"科目期末余额后的金额填列。

（15）"在建工程"科目，反映银行期末各项未完工程的实际支出，包括交付安装的设备价值、未完建筑安装工程已经耗用的材料、工资和费用支出、预付出包工程的价款等的可收回金额。本科目应根据"在建工程"科目的期末余额，减去"在建工程减值准备"科目期末余额后的金额填列。

（16）"无形资产"科目，反映银行持有的无形资产，包括专利权、非专利技术、商标权、著作权、土地使用权等。本科目应根据"无形资产"科目的期末余额，减去"累计摊销"和"无形资产减值准备"科目期末余额后的金额填列。

（17）"递延所得税资产"科目，反映银行确认的可抵扣暂时性差异产生的递延所得税资产。本科目应根据"递延所得税资产"科目的期末余额填列。

（18）"其他资产"科目，反映银行期末持有的存出保证金、应收股利、抵债资产、长期待摊费用、其他应收款等资产的账面余额。本科目应根据有关科目的期末余额填列。已计提减值准备的，还应扣减相应的减值准备。

除以上科目外，长期应收款账面余额扣减累计减值准备和未实现融资收益后的净额、抵债资产账面余额扣减累计跌价准备后的净额、"代理兑付证券"减去"代理兑付证券款"后的借方余额，也在本科目反映。

（二）负债项目的填列说明

（1）"向中央银行借款"科目，反映商业银行从中央银行借入在期末尚未偿还的借款。本科目应根据"向中央银行借款"科目的期末余额填列。

（2）"同业及其他金融机构存放款项"科目，反映银行从境内外银行、非银行金融机构借入的、期末尚未偿还的款项。本科目应根据"同业存放款项"科目的期末余额填列。

（3）"拆入资金"科目，反映银行从境内外金融机构拆入的、期末尚未偿还的款项。本项目应根据"同业拆入"科目的期末余额填列。

（4）"以公允价值计量且其变动计入当期损益的金融负债"科目，反映银行持有的以公允价值计量且其变动计入当期损益的保本理财产品、结构性金融工具、可转让存款证等金融负债。本科目应根据"交易性金融负债"科目的期末余额填列。

（5）"衍生金融负债"科目，反映衍生工具、套期项目、被套期项目中属于衍生金融负债的金额，应根据"衍生工具""套期项目""被套期项目"等科目的期末贷方余额分析计算填列。

（6）"卖出回购金融资产款"科目，反映银行按回购协议约定先卖出再按固定价格买入的票据、证券等金融资产所融入的资金。本科目应根据"卖出回购金融资产款"的期末余额填列。

（7）"客户存款"科目，反映银行吸收的除同业存款以外的其他各种存款，包括单位存款（企业、事业单位、机关、社会团体等）、个人存款、信用卡存款、特种存款、转贷资金和财政性存款等。本项目应根据"吸收存款"科目的期末余额填列。

（8）"应付职工薪酬"科目，反映银行根据有关规定应付给职工的工资、职工福利、社会保险费、住房公积金、工会经费、职工教育经费、非货币性福利、辞退福利等各种薪酬。

（9）"应交税费"科目，反映银行按照税法规定计算应缴纳的各种税费，包括增值税、所得税、税金及附加（消费税、资源税、土地增值税、城市维护建设税、房产税、土地使用税、车船使用税、教育费附加、印花税）等。银行代扣代交的个人所得税，也通过本项目列示。本项目应根据"应交税费"科目的期末贷方余额填列。如"应交税费"科目期末为借方余额，应以"-"号填列。

（10）"应付利息"科目，反映银行按照合同约定应当支付的利息，包括吸收的存款、分期付息到期还本的长期借款应支付的利息、银行发行债券应支付的利息等。本项目应当根据"应付利息"科目的期末余额填列。

（11）"应付债券"科目，反映银行为筹集长期资金而发行的债券本金和利息。本项目应根据"应付债券"科目的期末余额填列。

（12）"递延所得税负债"科目，反映银行确认的应纳税暂时性差异产生的所得税负债。本科目应根据"递延所得税负债"科目的期末余额填列。

（13）"其他负债"科目，反映企业存入保证金、应付股利、其他应付款、递延收益等负债的账面余额，应根据有关科目的期末余额填列。

除以上科目外，长期应付款账面余额减去未确认融资费用后的净额、"代理兑付证券"减去"代理兑付证券款"后的贷方余额，也在本科目中反映。

（三）所有者权益项目的填列说明

（1）"实收资本"（或"股本"）科目，反映银行各投资者实际投入的资本（或股本）总额。本科目应根据"实收资本"（或"股本"）科目的期末余额填列。

（2）"资本公积"科目，反映银行资本公积的期末余额。本科目应根据"资本公积"科目的期末余额填列。

（3）"盈余公积"科目，反映银行盈余公积的期末余额。本科目应根据"盈余公积"科目的期末余额填列。

（4）一般风险准备"科目，反映银行从净利润中提取的一般风险准备金额。本科目应根据"一般风险准备"科目的期末余额填列。

（5）"未分配利润"科目，反映银行尚未分配的利润。本科目应根据"本年利润"科目和"利润分配"科目的余额计算填列。未弥补的亏损在本科目内以"-"号填列。

（6）"其他综合收益"科目，反映银行根据会计准则规定未在当期损益中确认的各项利得和损失。其他综合收益在资产负债表中作为所有者权益的构成部分，采用总额列报的方式进行列报。

第三节 利 润 表

一、利润表及其作用

利润表是指反映企业在一定会计期间的经营成果的会计报表。在某一会计期间，符合确认条件的各项收入、费用、利润均应按照规定的计量方法和格式，在利润表中列示。

利润表能够反映商业银行实现的收入、发生的费用以及计入当期的利得和损失等金额及其结构，是银行经营业绩的综合体现，有助于使用者分析评价银行的盈利能力、盈利质量与未来的盈利状况。

二、利润表的内容和格式

利润表通过一定的表格反映企业的经营成果。按照排列方式的不同，利润表的结构有单步式和多步式两种。按照规定，我国企业一般采用多步式利润表。

商业银行的利润表中一般会体现以下内容：

营业利润＝营业收入－营业支出

利润总额＝营业利润＋营业外收支净额

净利润＝利润总额－所得税费用

综合收益总额＝净利润＋其他综合收益的税后净额

表 14-2 列示了商业银行利润表的一般格式。

表 14-2 商业利润表的一般格式

利润表

编制单位：　　　　　年　月　日　　　　　　　　　　　　　　　　单位：

项目	本期金额	上期金额
一、营业收入		
利息净收入		
利息收入		
利息支出		
手续费及佣金净收入		
手续费及佣金收入		
手续费及佣金支出		
公允价值变动收益（损失以"-"号填列）		
投资收益（损失以"-"号填列）		
汇兑收益（损失以"-"号填列）		
其他业务收入		
二、营业支出		
税金及附加		
业务及管理费		
资产减值损失		
其他业务成本		
三、营业利润（亏损以"-"号填列）		
加：营业外收入		
减：营业外支出		
四、利润总额（亏损总额以"-"号填列）		
减：所得税费用		
五、净利润（净亏损以"-"号填列）		
六、其他综合收益的税后净额		
七、综合收益总额		
八、每股收益		
（一）基本每股收益		
（二）稀释每股收益		

注：根据《企业会计准则第16号——政府补助》，企业应当在利润表中的"营业利润"项目之上单独列报"其他收益"项目，计入其他收益的政府补助在该项目中反映。政府补助是指企业从政府无偿取得的货币性资产或非货币性资产，但不包括政府作为企业所有者投入的资本。

三、利润表的编制方法

利润表"上期金额"栏内各项数字，应根据上年该期利润表"本期金额"栏内所列数字填列。如果上年该期利润表规定的各个项目的名称和内容同本期不相一致，应对上年该期利润表各项目的名称和数字按本期的规定进行调整，填入利润表"上期金额"栏内。

利润表"本期金额"栏内各个项目的数据来源主要是根据损益类科目的本期发生额分析填列的。

（1）"营业收入"科目，反映"利息净收入""手续费及佣金净收入""投资收益""公允价值变动收益""汇兑收益""其他业务收入"等科目的金额合计。

1）"利息净收入"科目，应根据"利息收入"科目金额，减去"利息支出"科目金额后的余额计算填列。

"利息收入""利息支出"科目，反映银行经营存贷款业务等确认的利息收入和发生的利息支出。本科目应根据"利息收入""利息支出"等科目的发生额分析填列。

2）"手续费及佣金净收入"科目，反映"手续费及佣金收入"科目余额减去"手续费及佣金支出"科目金额后的金额。"手续费及佣金收入""手续费及佣金支出"等科目，反映银行确认的包括办理结算业务等在内的手续费、佣金收入和发生的手续费、佣金支出。本科目应根据"手续费及佣金收入""手续费及佣金支出"等科目的发生额分析填列。

3）"投资收益"科目，反映银行以各种方式对外投资所取得的收益。本科目应根据"投资收益"科目的发生额分析填列。如为投资损失，本科目以"－"号填列。

4）"汇兑收益"科目，反映银行外币货币性科目因汇率变动形成的净收益。本科目应根据"汇兑损益"科目的发生额分析填列。如为净损失，以"－"号列示。

5）"其他业务收入"科目，反映上述业务以外的其他业务收入，包括存货性贵金属买卖收入、租赁收入等。本科目应根据"其他业务收入"科目的发生额分析填列。

（2）"营业支出"科目，反映"税金及附加""业务及管理费""资产减值损失""其他业务成本"等科目的金额合计。

1）"税金及附加"科目，反映银行经营业务应负担的消费税、城市建设维护税、资源税、土地增值税、教育费附加、房产税等。本科目应根据"税金及附加"科目的发生额分析填列。

2）"业务及管理费"科目，反映银行在业务经营和管理过程中发生的人员费、折旧费、电子设备运转费、安全防范费等费用。本科目应根据"业务及管理费"科目的发生额分析填列。

3）"资产减值损失"科目，反映银行各项资产发生的减值损失。本科目应根据"资产减值损失"科目的发生额分析填列。

4）"其他业务成本"反映上述业务以外的其他业务支出，包括存货性贵金属买卖支出、租赁支出等。本科目应根据"其他业务成本"科目的发生额分析填列。

（3）"营业利润"科目，反映银行实现的营业利润。如为亏损，本科目以"－"

号填列。

1)"营业外收入"科目,反映银行发生的与经营业务无直接关系的各项收入。本科目应根据"营业外收入"科目的发生额分析填列。

2)"营业外支出"科目,反映银行发生的与经营业务无直接关系的各项支出。本科目应根据"营业外支出"科目的发生额分析填列。

(4)"利润总额"科目,反映银行实现的利润。如为亏损,本科目以"-"号填列。

"所得税费用"科目,反映银行应从当期利润总额中扣除的所得税费用。本科目应根据"所得税费用"科目的发生额分析填列。

(5)"净利润"科目,反映银行实现的净利润。如为亏损,本科目以"-"号填列。

(6)"其他综合收益"科目,反映银行根据企业会计准则规定未在损益中确认的各项利得和损失扣除所得税影响后的净额。

(7)"综合收益总额"科目,反映净利润和其他综合收益扣除所得税影响后的净额相加后的合计金额。如为亏损,则本科目以"-"号填列。

综合收益是指银行在某一期间除与所有者以其所有者身份进行的交易之外的其他交易或事项所引起的所有者权益变动。

第四节 现金流量表

一、现金流量表及其作用

现金流量表是反映企业在一定会计期间现金和现金等价物流入和流出的会计报表。

现金流量表将权责发生制基础上的收入和费用、利得和损失,转换成收付实现制基础上的现金流入和流出,其作用表现在:一是有助于评价银行的支付能力、偿还能力和周转能力;二是有助于预测银行未来现金流量;三是有助于分析银行收益质量及影响现金净流量的因素。

二、现金流量表的编制基础

现金流量表以现金及现金等价物为基础编制,划分为经营活动、投资活动和筹资活动。

现金是指银行库存现金以及可以随时用于支付的存款。它包括库存现金、存放中央银行的超额准备金、存放同业款项、存放系统内款项等。不能随时用于支取的存款不属于现金。

现金等价物是指银行持有的期限短、流动性强、易于转换为已知金额现金、价值变动风险很小的投资。期限短，一般是指从购买日起三个月内到期。现金等价物通常包括三个月内到期的短期债券投资等。权益性投资变现的金额通常不确定，因而不属于现金等价物。

商业银行应当根据具体情况，确定现金等价物的范围，一经确定不得随意变更。商业银行的现金及现金等价物通常包括库存现金、存放中央银行可随时支取的备付金、存放同业款项、到期日三个月以内的拆放同业款项及短期国债投资等。本节提及的现金，包括现金及现金等价物。

三、现金流量表的内容和填列

现金流量表包括主表和补充资料两部分。主表是按照经营活动、投资活动和筹资活动三类现金流量，以营业收入为起点，分别从现金流入和流出两个方面列报有关现金收支项目和现金流量净额的表格，即主表以直接法编制；补充资料以净利润为起点，通过调整不涉及现金的收入、费用、营业外收支等有关项目的增减变动，据以计算出经营活动产生的现金流量，即补充资料以间接法编制。

（一）商业银行现金流量表主表的内容与填列方法

1. 经营活动产生的现金流量

经营活动是指商业银行除投资和筹资活动以外的所有交易和事项，由此而产生的现金流入和流出即为经营活动产生的现金流量。

（1）"客户存款和同业存放款项净增加额"科目，反映银行本期吸收的境内外金融机构以及非同业存放款项以外的各种存款的净增加额。本科目可以根据"吸收存款""同业存放"等科目的记录分析填列。

（2）"向中央银行借款净增加额"科目，反映银行本期向中央银行借入款项的净增加额。本科目可以根据"向中央银行借款"科目的记录分析填列。

（3）"向其他金融机构拆入资金净增加额"科目，反映银行本期从境内外金融机构拆入款项所取得的现金，减去拆借给境内外金融机构款项而支付的现金后的净额。本科目可以根据"同业拆入"和"拆放同业"等科目的记录分析填列。本科目如为负数，则应在经营活动现金流出类中单独列示。

（4）"收取利息和手续费及佣金的现金"科目，反映银行本期收到的利息和手续费。本项目可以根据"利息收入""手续费及佣金收入""应收利息"等科目的记录分析填列。

（5）"客户贷款及垫款净增加额"科目，反映银行本期发放的各种客户贷款，以及办理商业票据贴现、转贴现融出及融入资金等业务款项的净增加额。本科目可以根据"贷款""贴现资产""贴现负债"等科目的记录分析填列。

（6）"存放央行和同业款项净增加额"科目，反映银行本期存放于中央银行以及境内外金融机构的款项的净增加额。本科目可以根据"存放中央银行款项""存放同业"等科目的记录分析填列。

（7）"支付利息和手续费及佣金的现金"科目，反映银行本期支付的利息、手续费及佣金。本科目可以根据"利息支出""应付利息""手续费及佣金支出"等科目的记录分析填列。

（8）"支付给职工以及为职工支付的现金"科目，反映银行本期实际支付给职工的工资、奖金、各种津贴和补贴等职工薪酬，但是应由在建工程、无形资产负担的职工薪酬以及支付的离退休人员的职工薪酬除外。本科目可以根据"现金""银行存款""应付职工薪酬"等科目的记录分析填列。

（9）"支付的各项税费"科目，反映银行本期发生并支付的、本期支付以前各期发生的以及预交的教育费附加、矿产资源补偿费、印花税、房产税、土地增值税、车船使用税、增值税、消费税、所得税等税费。本期退回的增值税、所得税等除外。本项目可以根据"应交税费""现金""银行存款"等科目分析填列。

（10）"支付的其他与经营活动有关的现金"科目，反映银行除上述各科目外，支付的其他与经营活动有关的现金，如罚款支出、支付的差旅费、业务招待费、保险费、经营租赁支付的现金等。其他与经营活动有关的现金，如果金额较大的，应单列科目反映。本科目可以根据"现金""业务及管理费"等科目分析填列。

2. 投资活动产生的现金流量

投资活动是指商业银行长期资产（固定资产、在建工程、无形资产、其他长期资产等）的购建和不包括在现金等价物范围内的投资及其处理活动，由此产生的现金流入和流出即为投资活动产生的现金流量。

（1）"收回投资收到的现金"科目，反映银行出售、转让或到期收回除现金等价物以外的交易性金融资产、长期股权投资而收到的现金，以及收回长期债权投资本金而收到的现金，但长期债权投资收回的利息除外。本科目可以根据"交易性金融资产""债权投资""其他债权投资""其他权益工具投资""长期股权投资""投资性房地产""现金""存放中央银行款项"等科目的记录分析填列。

（2）"取得投资收益收到的现金"科目，反映银行因股权性投资而分得的现金股利，从子公司、联营企业或合营企业分回利润而收到的现金，以及因债权性投资而取得的现金利息收入，但股票股利除外。本科目可以根据"应收股利""应收利息""投资收益""现金""存放中央银行款项"等科目的记录分析填列。

（3）"处置固定资产、无形资产和其他长期资产收回的现金净额"科目，反映银行出售、报废固定资产、无形资产和其他长期资产所取得的现金（包括因资产毁损而收到的保险赔偿收入），减去为处置这些资产而支付的有关费用后的净额。如处置固定资产、无形资产和其他长期资产所收回的现金净额为负数，则应作为投资活动产生的现金流量，在"支付的其他与投资活动有关的现金"科目中反映。本科目可以根据"固定资产清理""现金""存放中央银行款项"等科目的记录分析填列。

（4）"投资支付的现金"科目，反映银行进行权益性投资和债权性投资所支付的现金，包括企业取得的除现金等价物以外的交易性金融资产、债权投资而支付的现金，以及支付的佣金、手续费等交易费用。企业购买债券的价款中含有债券利息的，以及溢价或折价购入的，均按实际支付的金额反映。本科目可以根据"交易性金融资产""债权投资""其他债权投资""其他权益工具投资""投资性房地产""长期股权投资""现金""存放中央银行款项"等科目的记录分析填列。

（5）"购建固定资产、无形资产和其他长期资产支付的现金"科目，反映银行购买、建造固定资产、取得无形资产和其他长期资产所支付的现金及增值税款、支付的应由在建工程和无形资产负担的职工薪酬现金支出，但为购建固定资产而发生的借款利息资本化部分、融资租入固定资产所支付的租赁费除外。为购建固定资产、无形资产和其他长期资产而发生的借款利息资本化部分，在"分配股利、利润或偿付利息支付的现金"科目中反映；融资租入固定资产所支付的租赁费，在"支付的其他与筹资活动有关的现金"科目中反映，不在本科目中反映。本科目可以根据"固定资产""在建工程""工程物资""无形资产""现金""存放中央银行款项"等科目的记录分析填列。

3. 筹资活动产生的现金流量

筹资活动是指导致商业银行资本（包括实收资本或股本、资本或股本溢价等）以及业务经营范围以外的债务（包括发行债券等）规模和构成发生变化的活动，由此产生的现金流入和流出即为筹资活动产生的现金流量。

（1）"吸收投资收到的现金"科目，反映银行收到投资者投入的现金扣减支付的佣金、宣传费、咨询费等费用后的净额。吸收投资过程中由银行直接支付的审计、咨询等费用，不在本科目中反映，而在"支付的其他与筹资活动有关的现金中反映"。本科目可以根据"实收资本（或股本）""资本公积""现金""存放中央银行款项"等科目的记录分析填列。

（2）"发行债券收到的现金"科目，反映商业银行本期发行债券收到的本金。本科目可以根据"应付债券""存放中央银行款项"等科目的记录分析填列。

（3）"偿还债务支付的现金"科目，反映银行以现金偿还其发行债券的本金。债券利息在"分配股利、利润或偿付利息所支付的现金"项目中反映,不在本科目中反映。本科目可以根据"交易性金融负债""应付债券""现金""存放中央银行款项"等科目的记录分析填列。

(4)"分配股利、利润或偿付利息支付的现金"科目,反映银行实际支付的现金股利、债券利息、融资租赁利息等流出的现金。本科目可以根据"应付股利""应付利息""利润分配""在建工程""现金""存放中央银行款项"等科目的记录分析填列。

4. 汇率变动对现金的影响

"汇率变动对现金的影响"科目,反映银行外币现金流量及境外子公司的现金流量折算为记账本位币时,所采用的现金流量发生日的即期汇率或按照系统合理的方法确定的、与现金流量发生日汇率近似的汇率,与"现金及现金等价物净增加额"中外币现金净增加额按期末汇率折算为本位币金额之间的差额。

5. 现金及现金等价物净增加额

商业银行的流量表主表如表 14-3 所示。

表 14-3 现金流量表主表示例

现金流量表

编制单位： 　　年　　月　　日 　　　　　　　　单位：

项　目	本期金额	上期金额
一、经营活动产生的现金流量		
客户存款和同业存放款项净增加额		
向中央银行借款净增加额		
向其他金融机构拆入资金净增加额		
收取利息和手续费及佣金的现金		
收到其他与经营活动有关的现金		
经营活动现金流入小计		
客户贷款及垫款净增加额		
存放央行和同业款项净增加额		
支付利息和手续费及佣金的现金		
支付给职工以及为职工支付的现金		
支付的各项税费		
支付其他与经营活动有关的现金		
经营活动现金流出小计		
经营活动产生的现金流量净额		
二、投资活动产生的现金流量		
收回投资收到的现金		
取得投资收益收到的现金		

(续)

项 目	本期金额	上期金额
处置固定资产、无形资产和其他长期资产收回的现金净额		
收到其他与投资活动有关的现金		
投资活动现金流入小计		
投资支付的现金		
购建固定资产、无形资产和其他长期资产支付的现金		
支付其他与投资活动有关的现金		
投资活动现金流出小计		
投资活动产生的现金流量净额		
三、筹资活动产生的现金流量		
吸收投资收到的现金		
发行债券收到的现金		
收到其他与筹资活动有关的现金		
筹资活动现金流入小计		
偿还债务支付的现金		
分配股利、利润或偿付利息支付的现金		
支付其他与筹资活动有关的现金		
筹资活动现金流出小计		
筹资活动产生的现金流量净额		
四、汇率变动对现金的影响		
五、现金及现金等价物净增加额		
加：期初现金及现金等价物余额		
期末现金及现金等价物余额		

（二）商业银行现金流量表补充资料的内容与填列

商业银行现金流量表补充资料主要包括以下内容：

（1）将净利润调节为经营活动的现金流量

（2）不涉及现金收支的重大投资和筹资活动

（3）现金及现金等价物净变动情况

商业银行现金流量表补充资料如表14-4所示。

表14-4　现金流量表补充资料

现金流量表补充资料	本期金额	上期金额
一、将净利润调节为经营活动的现金流量		
净利润		
加：资产减值准备		
固定资产折旧		
无形资产摊销		
长期待摊费用摊销		

(续)

现金流量表补充资料	本期金额	上期金额
处置固定资产、无形资产的损失/(收益)		
债券利息收入		
已减值金融资产利息收入		
公允价值变动损失/(收益)		
投资损失/(收益)		
发行债券利息支出		
发行存款证利息支出		
递延所得税资产减少/(增加)		
递延所得税负债增加/(减少)		
经营性应收项目的减少/(增加)		
经营性应付项目的增加/(减少)		
经营活动产生的现金流量净额		
二、不涉及现金收支的重大投资和筹资活动		
债务转为资本		
融资租入固定资产		
三、现金及现金等价物净变动情况		
现金及现金等价物的年末余额		
减：现金及现金等价物的年初余额		
现金及现金等价物的净变动额		

四、现金流量表的编制方法

(一) 直接法和间接法

直接法是指通过现金收入和现金支出的主要类别直接列示经营活动的现金流量。采用直接法编制经营活动的现金流量时，一般以利润表中的营业收入为起算点，调整与经营活动有关项目的增减变动，然后计算出经营活动的现金流量。

间接法是以本期净利润为起算点，调整不涉及现金的收入、费用、营业外收支等有关项目的增减变动，剔除投资活动、筹资活动对现金流量的影响，据此计算出经营活动的现金流量。

采用直接法编制的现金流量表，便于分析商业银行经营活动产生的现金流量的来源和运用，预测现金流量的未来前景。现金流量表中的经营活动现金流量净额是以直接法反映的，同时要求在现金流量表的补充资料中单独按照间接法反映经营活动现金流量的情况。

(二) 直接法编制现金流量表主表

采用直接法下编制现金流量表时，可以使用工作底稿法或 T 形账户法，也可以根据有关科目记录分析直接填列。

1. 工作底稿法

工作底稿法是以工作底稿为手段，以利润表和资产负债表数据为基础，对每一项目进行分析并编制调整分录，从而编制出现金流量表。采用工作底稿编制现金流量表，需将工作底稿纵向分成三段：第一段是资产负债表项目，它分为借方项目和贷方项目两部分；第二段是利润表项目；第三段是现金流量表项目。工作底稿横向分为五栏，即项目栏、期初数栏、调整分录借方栏、调整分录贷方栏和期末数栏（本期数栏）。其中，期初数栏和期末数栏在资产负债表部分要填写，利润表和现金流量表部分在期初数栏空置不填，期末数栏则改称为本期数。利润表部分本期数栏对照本期利润表填写，现金流量表部分本期数栏用来编制正式的现金流量表。

工作底稿法的程序是：

第一步，将资产负债表的期初数和期末数过入工作底稿的期初数栏和期末数栏。

第二步，对当期业务进行分析并编制调整分录。编制调整分录时，要以利润表项目为基础，从"营业收入"开始，对资产负债表项目逐一进行调整。其中，对资产负债表项目的调整主要是调整期初、期末余额的差额。在调整分录中，有关现金和现金等价物的事项，并不直接借记或贷记现金，而是分别记入"经营活动产生的现金流量""投资活动产生的现金流量""筹资活动产生的现金流量"有关项目，借记表明现金流入，贷记表明现金流出。

第三步，将调整分录过入工作底稿中的相应部分。

第四步，核对调整分录。借贷合计应当相等，资产负债表项目期初数加减调整分录中的借贷金额以后，应当等于期末数。

第五步，根据工作底稿中的现金流量表项目部分编制正式的现金流量表。

2. T形账户法

T形账户法，是以T形账户为手段，以利润表和资产负债表为基础，对每一项目进行分析并编制调整分录，从而编制出现金流量表的一种方法。T形账户一般适用于业务种类较少、会计科目相对较少的企业。

3. 分析填列法

分析填列法是直接根据资产负债表、利润表和有关会计科目明细账的记录，分析计算出现金流量表各项目的金额，并据以编制现金流量表的一种方法。

(三) 间接法编制现金流量表补充资料项目

企业应当采用间接法在现金流量附注中将净利润调整为经营活动的现金流量，即编制现金流量表的补充资料。间接法是以净利润为出发点进行调整的。利润表中的净利润是按权责发生制确定的，其中有些收入、费用、营业外收支等项目并没有实际发生现金流入和流出，通过对这些项目的调整，即可将净利润调整为经营活动现金流量。

采用间接法将净利润调整为经营活动的现金流量时，需要调整的项目包括四大类：一是实际没有支付现金的费用；二是实际没有收到现金的收益；三是不属于经营活动的损益；四是经营性应收应付项目的增减变动。

第五节　所有者权益变动表

一、所有者权益变动表及其作用

所有者（股东）权益变动表是反映构成所有者权益的各组成部分当期的增减变动情况的报表。综合收益和与所有者（或股东，下同）的资本交易导致的所有者权益的变动，应当分别列示。

通过所有者权益变动表，既可以为报表使用者提供所有者权益总量增减变动的信息，也可以为其提供所有者权益增减变动的结构性信息，特别是能够让报表使用者理解所有者权益增减变动的根源，为报表使用者评价企业保值增值能力提供信息。

二、所有者权益变动表的内容和格式

根据《企业会计准则第 30 号——财务报表列报》，所有者权益变动表至少应当单独列示反映下列信息的项目：

（1）会计政策变更和前期差错更正的累积影响金额。

（2）综合收益总额，在合并所有者权益变动表中还应单独列示归属于母公司所有者的综合收益总额和归属于少数股东的综合收益总额。

（3）所有者投入资本和向所有者分配利润等。

（4）按照规定提取的盈余公积。

（5）所有者权益各组成部分的期初和期末余额及其调节情况。

商业银行的所有者权益变动表示例如表 14-5 所示。

表 14-5　所有者权益变动表示例

所有者权益变动表

编制单位：　　　　年　月　日　　　　　　　　　　　　　　　单位：

项目	本年金额 / 上年金额					
	（实收资本）股本	资本公积	其他综合收益	盈余公积	一般风险准备	未分配利润	所有者权益合计
一、上年年末余额							

(续)

项目	本年金额/上年金额						
	(实收资本)股本	资本公积	其他综合收益	盈余公积	一般风险准备	未分配利润	所有者权益合计
加：会计政策变更							
前期差错更正							
二、本年年初余额							
三、本年增减变动金额							
(一) 净利润							
(二) 其他综合收益							
综合收益总额							
(三) 所有者投入和减少资本							
1. 所有者投入资本							
2. 股份支付计入所有者权益的金额							
3. 其他							
(四) 利润分配							
1. 提取盈余公积							
2. 提取一般风险准备							
3. 对所有者（或股东）的分配							
4. 其他							
(五) 所有者权益内部结转							
1. 资本公积转增资本（或股本）							
2. 盈余公积转增资本（或股本）							
3. 盈余公积弥补亏损							
4. 其他							
四、本年年末余额							

三、所有者权益变动表的编制方法

（1）"上年年末余额"栏，反映银行上年资产负债表中实收资本（或股本）、资本公积、其他综合收益、盈余公积、一般风险准备、未分配利润的年末余额。

"会计政策变更"和"前期差错更正"栏，反映银行采用追溯调整法处理的会计政策变更的累积影响金额和采用追溯重述法处理的会计差错更正的累积影响金额。

（2）"本年增减变动金额"栏下相关项目反映的内容。

1）"净利润"项目，反映银行当年实现的净利润（或净亏损）金额，并对应列在"未分配利润"栏。

2）"其他综合收益"项目，反映银行其他综合收益（含持有的当年公允价值变动的金额、权益法下被投资单位其他综合收益变动的影响等）的金额，并对应列在"其他综合收益"栏。

3)"上述1)和2)小计"项目为综合收益总额,反映银行当年实现的净利润(或净亏损)金额和其他综合收益的合计额。

(3)"所有者投入和减少资本"栏下相关项目反映的内容:

1)"所有者投入资本"项目,反映银行当年所有者投入的资本,包括实收资本和资本溢价,并对应列在"实收资本"和"资本公积"栏。

2)"股份支付计入所有者权益的金额"项目,反映银行处于等待期中的权益结算的股份支付当年计入资本公积的金额,并对应列在"资本公积"栏。

(4)"利润分配"下各项目,反映银行当年按照规定提取的盈余公积金额、提取的一般风险准备金额、对所有者(股东)分配的利润(股利)金额,并对应列在"盈余公积""一般风险准备""未分配利润"栏。

(5)"所有者权益内部结转"下各项目,反映不影响当年所有者权益总额的所有者权益各组成部分之间当年的增减变动,包括资本公积转增资本(或股本)、盈余公积转增资本(或股本)、盈余公积弥补亏损等项的金额。

第六节　附　　注

附注是对在资产负债表、利润表、现金流量表和所有者权益变动表等报表中列示项目的文字描述或明细资料,以及对未能在这些报表中列示项目的说明等。

附注应当披露财务报表的编制基础,相关信息应当与资产负债表、利润表、现金流量表和所有者权益变动表等报表中列示的项目相互参照。

附注一般应当按照下列顺序由多至少披露:

(1)企业的基本情况

1)企业注册地、组织形式和总部地址。

2)企业的业务性质和主要经营活动。

3)母公司以及集团最终母公司的名称。

4)财务报告的批准报出者和财务报告批准报出日,或者以签字人及其签字日期为准。

5)营业期限有限的企业,还应当披露有关其营业期限的信息。

(2)财务报表的编制基础。

(3)遵循企业会计准则的声明。企业应当声明编制的财务报表符合企业会计准则的要求,真实、完整地反映了企业的财务状况、经营成果和现金流量等有关信息。

(4)重要会计政策和会计估计。重要会计政策的说明,包括财务报表项目的计量基础和在运用会计政策过程中所做的重要判断等。重要会计估计的说明,包括可能导致下一个会计期间内资产、负债账面价值重大调整的会计估计的确定依据等。

企业应当披露采用的重要会计政策和会计估计,并结合企业的具体实际披露其重要会计政策的确定依据和财务报表项目的计量基础，及其会计估计所采用的关键假设和不确定因素。

（5）会计政策和会计估计变更以及差错更正的说明。企业应当按照《企业会计准则第 28 号——会计政策、会计估计变更和差错更正》的规定，披露会计政策和会计估计变更以及差错更正的情况。

（6）报表重要项目的说明。企业应当按照资产负债表、利润表、现金流量表、所有者权益变动表及其项目列示的顺序，对报表重要项目的说明采用文字和数字描述相结合的方式进行披露。报表重要项目的明细金额合计，应当与报表项目金额相衔接。

企业应当在附注中披露费用按照性质分类的利润表补充资料，可将费用分为耗用的原材料、职工薪酬费用、折旧费用、摊销费用等。

（7）或有和承诺事项、资产负债表日后非调整事项、关联方关系及其交易等需要说明的事项。

（8）有助于财务报表使用者评价企业管理资本的目标、政策及程序的信息。

思考练习题

一、重要概念

财务会计报告　资产负债表　利润表　现金流量表　所有者权益变动表　附注　直接法　间接法　其他综合收益　综合收益

二、思考题

1. 简述财务会计报告目标的内涵。
2. 财务会计报告的编制内容包括什么？
3. 简述商业银行资产负债表列报的具体项目。
4. 简述商业银行利润表列报的具体项目。
5. 简述采用直接法和间接法编制现金流量表的区别。
6. 简述采用工作底稿法编制现金流量表的程序。
7. 简述商业银行所有者权益变动表列报的具体项目。

三、单项选择题

1. 资产负债表是反映企业（　　　）财务状况的会计报表。
　　A. 某一特定日期　　B. 一定时期内　　C. 某一年份内　　D. 某一月份内
2. 我国资产负债表中的资产类项目主要按照项目的（　　　）排列。
　　A. 稳定性　　B. 重要性　　C. 金额大小　　D. 流动性
3. 资产负债表的许多项目通常是根据（　　　）填制的。

A. 账户的发生额 B. 账户的发生额和余额
C. 账户的期末余额 D. 账户的期初余额

4. 资产负债表中的下列项目，可以根据相关科目余额直接填列的是（　　）。
A. 发放贷款和垫款 B. 固定资产
C. 实收资本 D. 拆出资金

5. 某银行年末贷款与垫款账户的余额共计 500 亿元，贷款损失准备账户余额为 5 亿元，一般风险准备账户余额为 3 亿元。该银行当期资产负债表中"发放贷款和垫款"科目的金额为（　　）亿元。
A. 492　　　　B. 495　　　　C. 497　　　　D. 500

6. 商业银行处置固定资产的净收入属于（　　）。
A. 经营活动的现金流量 B. 投资活动的现金流量
C. 筹资活动的现金流量 D. 不影响现金流量

7. 下列事项中会引起商业银行现金流量净额变动的是（　　）。
A. 将现金存入中央银行 B. 通过同业存款账户购买 1 个月到期的债券
C. 偿还同业拆借利息 D. 客户以其银行存款偿还到期贷款

8. 在某年 12 月 31 日银行编制的年度利润表中"利息收入"的"本期数"一栏，反映的是（　　）。
A. 本年"利息收入"的累计发生额
B. 本年"利息收入"的余额
C. 当年 12 月的"利息收入"的发生额
D. 当年 12 月的"利息收入"的余额

9. 下列项目中，属于商业银行经营活动产生的现金流入是（　　）。
A. 处置固定资产和无形资产 B. 发行债券
C. 存放中央银行和同业款项 D. 向中央银行借款

10. 编制现金流量表方法之一的间接法是将净利润调节为（　　）的方法。
A. 经营活动产生的现金流量 B. 投资活动产生的现金流量
C. 筹资活动产生的现金流量 D. 以上三种活动产生的现金流量

四、多项选择题

1. 反映银行某一期间会计信息的文件是（　　）。
A. 资产负债表 B. 现金流量表
C. 利润表 D. 基本会计报表及附注

2. 下列各项中，影响银行营业利润的账户有（　　）。
A. 主营业务收入 B. 其他业务成本
C. 营业外支出 D. 税金及附加

3. 下列项目中，属于商业银行筹资活动产生的现金流量的是（   ）。
   A. 吸收客户存款所收到的现金   B. 吸收投资者投资所收到的现金
   C. 发行债券所收到的现金   D. 向中央银行借款收到的现金
4. 下列项目中，属于商业银行投资活动产生的现金流量有（   ）。
   A. 固定资产的购建和处置   B. 无形资产的购建和处置
   C. 贷款取得的利息收入   D. 以现金形式收回的贷款本金
5. 下列各项中，属于所有者权益变动表单独列示的项目有（   ）。
   A. 提取盈余公积   B. 其他综合收益
   C. 当年实现的净利润   D. 资本公积转增资
6. 下列各项目中，应根据有关科目余额减去其备抵科目余额后的净额填列的是（   ）。
   A. 贵金属   B. 发放贷款和垫款
   C. 应收利息   D. 买入返售金融资产

五、判断题

1. 财务会计报告至少应当包括资产负债表、利润表、现金流量、所有者权益变动表、附注，其中资产负债表、利润表、现金流量是最重要的。（   ）
2. 在资产负债表上，固定资产一般应当分别列示其原价、累计折旧和账面净值。（   ）
3. 向其他金融机构拆入的资金属于商业银行筹资活动产生的现金流量。（   ）
4. 所有者权益变动表能够反映所有者权益各组成部分当期增减变动情况，有助于报表使用者理解所有者权益增减变动的原因。（   ）
5. 其他综合收益反映企业根据会计准则规定未在损益中确认的各项利得和损失扣除所得税影响后的净额。（   ）
6. 公允价值变动损益、投资收益不属于其他综合收益的范畴。（   ）

六、核算题

甲银行 20×7 年 1 月 1 日有关科目的余额如表 14-6 所示。该银行 20×7 年发生的经济业务如下：

（1）甲银行收到客户卓红存入现金 60 000 元，办理定期储蓄存款。
（2）甲银行收到同城交换的进账单，金额 210 000 元，收款人为本行客户乙公司。
（3）甲银行接受客户乙公司申请，发放抵押贷款 500 000 元。第二天，银行收到该公司签发的支票，支付货款 500 000 元。
（4）甲银行支付对公客户本季度存款利息 134 000，收取对公贷款利息 920 000 元，其中 20 000 元因客户账户余额不足未能扣收。
（5）甲银行收到开户企业提交的转账支票，金额为 28 000 元，用以支付本行的佣金。

（6）甲银行提取贷款损失准备 45 000 元。

（7）甲银行计提固定资产折旧 89 089 元。

（8）甲银行处置抵债资产收入 250 000 元，发生相关税费 9 000 元。该项资产账面价值 200 000 元，未提取减值准备。款项已通过中央银行收妥。

（9）甲银行收到南湖商业银行归还同业拆借款项，本金为 200 000 元，利息为 170 000 元。

（10）甲银行本期持有的交易性资产公允价值下降了 18 973 元。

（11）甲银行将一项远期外汇合同指定为一项外汇贷款承诺的套期工具。资产负债表日，该项远期外汇合同的公允价值下降了 5 000 元。（指定为现金流量套期）。

（12）甲银行向乙证券公司支付本行发行债券的利息 59 364 元。该证券公司在本行开立账户。

（13）甲银行收到农发行转来本行债券投资利息 130 000 元。本行在该农发行开立账户。

（14）甲银行通过中央银行向某证券公司支付佣金 10 000 元。

（15）甲银行支付房产税 16 000 元。

（16）甲银行结转本期各损益类科目。

（17）甲银行计算应交所得税费用并结转本年利润，通过中央银行缴纳所得税，所得税税率为 17%。

（18）甲银行按净利润的 10% 提取法定准备金。

（19）甲银行提取一般风险准备 40 000 元。

（20）甲银行分配现金股利 120 000 元。

（21）甲银行结计本年未分配利润。

表 14-6 期初科目余额表   单位：元

科目名称	借方余额	科目名称	贷方余额
现金	95 884	向中央银行借款	3 648
存放中央银行款项	800 000	同业存放款项	759 676
存放同业款项	93 868	拆入资金	144 757
拆出资金	208 267	交易性金融负债	11 965
交易性金融资产	58 973	被套期项目	16 657
套期工具	14 225	吸收存款	4 209 528
应收利息	29 860	应付职工薪酬	159 967
贷款	3 217 874	应交税费	9 169
贷款损失准备	−30 000	应付利息	59 364
债权投资	218 420	应付债券	79 200

（续）

科目名称	借方余额	科目名称	贷方余额
其他债权投资	157 013	负债合计	5 453 931
长期股权投资	86 666		
抵债资产	249 467	股本	174 263
固定资产	689 089	资本公积	8 438
累计折旧	−20 000	盈余公积	109 021
无形资产	1 427	一般风险准备	61 228
		未分配利润	64 152
		股东权益合计	417 102
总计	5 871 033	总计	5 871 033

要求：

（1）根据上述资料编制20×7年年末资产负债表。

（2）根据上述资料编制20×7年年末利润表。

（3）根据上述资料编制20×7年年末现金流量表及其补充资料（本行确定的现金及现金等价物为库存现金、存放中央银行可随时支取的备付金和存放同业款项）。

（4）根据上述资料编制20×7年年末所有者权益变动表。

参考文献

[1] 企业会计准则编审委员会.企业会计准则 [M].上海：立信会计出版社，2017.
[2] 企业会计准则编审委员会.企业会计准则应用指南 [M].上海：立信会计出版社，2017.
[3] 企业会计准则编审委员会.企业会计准则案例讲解 [M].上海：立信会计出版社，2017.
[4] 中国注册会计师协会.会计 [M].北京：中国财政经济出版社，2017.
[5] 中国人民银行支付结算司.支付结算制度汇编 [M].北京：长安出版社，2009.
[6] 程婵娟.银行会计学 [M].北京：科学出版社，2013.
[7] 丁元霖.银行会计 [M].上海：立信会计出版社，2014.
[8] 韩俊梅，岳龙.商业银行会计学 [M].北京：经济科学出版社，2011.
[9] 志学红.银行会计 [M].北京：中国人民大学出版社，2015.
[10] 罗熹.农业银行新编会计实务 [M].北京：经济管理出版社，2009.
[11] 张慧珏，莫桂青.银行会计 [M].2版.上海：上海财经大学出版社，2016.
[12] 孟艳琼.金融企业会计 [M].2版.北京：中国人民大学出版社，2016.